澳门 / 与 / 英国人

MACAO AND THE BRITISH, 1637-1842

（1637-1842）

Prelude to Hong Kong

香港的前奏

〔英〕高 志（Austin Coates） / 著

叶 农 / 译

社会科学文献出版社
SOCIAL SCIENCES ACADEMIC PRESS (CHINA)

澳門特別行政區政府文化局
INSTITUTO CULTURAL do Governo da R.A.E. de Macau

译　序

《澳门与英国人（1637～1842）：香港的前奏》系澳门学研究的重要著作。澳门学是一门以澳门历史文化为基础，从政治、经济、法律、文化、宗教、新闻、社会、城市、区域合作等多个角度研究澳门问题的新兴学科。在目前复杂的国际环境中，研究澳门学，对于推动"一国两制"在澳门全面、完整、严格的实施，确保澳门的繁荣稳定，加强粤澳合作，建设粤港澳大湾区，都具有重大的现实意义。

作为外交官、作家、旅行家，著者高志系英国著名作曲家埃里克·高志（Eric Coates）之子，于1922年出生于英国伦敦。

他的一生可以分为两个阶段。第一个阶段是为英国在远东的殖民政府服务的阶段。在第二次世界大战期间，他来到东方，在印度、缅甸、马来西亚、印度尼西亚等地的英国皇家空军情报单位服役。第二次世界大战后，他进入民事机构，于1949～1956年出任港英政府助理辅政司与新界理民官。之后应其要求，他被调到亚洲的一些其他地方任职，包括1957～1959年出任马来西亚沙捞越（Sarawak）华人事务官，1959～1962年出任科伦坡与槟榔屿的英国高级专员公署的首席秘书。

1962 年，他辞去公务员工作，开始专心写作，进入了作为职业作家的第二个人生阶段。1965 年，他定居香港，继续写作并到处旅行，成了许多亚洲名人的座上客，如泰戈尔、印度画家贾米尼·罗伊（Jamini Roy）、甘地等。1993 年，他移居葡萄牙，住在位于里斯本周边的一座房子里，直到 1997 年逝世。他享年 74 岁，终生未婚。

高志出版了大量与港澳问题有关的著作，如以澳门为活动背景的小说《失约之城》（*City of Broken Promises*，1967），介绍自己在香港新界地区任特别理民官时经历的《洋大人》（*Myself a Mandarin*，1968），为皇家香港赛马会建立一百周年纪念而撰写的中国沿海赛马历史《中国赛马》（*China Races*，1980）等。

1966 年，伦敦的保罗有限公司（Routledge and Kegan Paul）出版了本书的早期版本——《香港的前奏》（*Prelude to Hong Kong*），香港牛津大学出版社于 1988 年将其再版，书名改为《澳门与英国人（1637~1842）：香港的前奏》，共 232 页。2009 年，香港大学出版社又将其再版，本次翻译出版即以此为底本。

总览全书，高志在大量历史细节的基础上，梳理了 1842 年香港被割让给英国之前英国人的在华活动，提出了一些新观点。

19 世纪的西方如何对待中国？

高志认为，鸦片战争爆发前本有许多机会避免事态升级，但中英双方却一再做出错误决定，终致战争爆发。通过本书，我们也可以窥见作者描述的在鸦片战争爆发之前的 50 年里，存在于中英双方间的"误解"。高志在分析律劳卑使团失败原因时提到，"有人认为……在与和中国一样古怪的国家打交道时，英国没有做好充分准备……毫无疑问，律劳卑勋爵并非带领使团出使中国的合适人选，这是英国人常犯错误的典型例子，他们总是以出身或者其他与正事无多大关系的标准来任命高等职位。"（见本书第十章第五节）当然，这个问题今天仍然存在，许多西方人依旧以西方的视角看待中国，忽视了中国自身的发展准则，并且想当然地按照西方的标准来看待、要求中国。

鸦片在英国对华贸易中扮演了什么角色?

高志认为鸦片实际上并不是英国打开中国大门的主要议题："鸦片贸易的泡沫越来越大，这个巨大泡沫反射出的影像甚至令我们当中的许多人误以为鸦片才是中英贸易的主要议题，以为是鸦片让我们逼迫中国打开通商大门。然而事实并非如此。在鸦片是茶叶贸易所需资金的主要提供者时，它当然可以被描述为贸易的主要议题，但那样的日子早已不复存在了。1815 年后，中国人随时可以戳破这个不断膨胀的鸦片泡沫……"（见第十章第七节）但从该章第六节高志给出的具体数据中，我们可以看到鸦片在英国对华贸易中所占比重之大："渣甸高航速的鸦片飞剪船发挥了功效，原先东印度公司的船只每年在印度和中国之间只能往返两次，而这些飞剪船能往返四次。每年被运到中国的鸦片数量从 1833～1834 年贸易季的 20486 箱，增长到 1835～1836 年贸易季节的 30202 箱，1838年其总量已经超过 40000 箱。1837 年，伶仃洋上的趸船数量从 5 艘增加到了 25 艘。换句话说，鸦片本来就已十分巨大的贸易量在五年的时间内翻了一番，最后占英国向中国出口货物总量的五分之三。"由此可见，在英国发动鸦片战争的动机问题上，高志也是非常矛盾的。

需要说明的是，19 世纪 30 年代，英属印度的主要收入来自鸦片贸易。高志指出："随着茶叶贸易量增长以及它对鸦片贸易的依赖度加深，尽管广州的贸易条件与以前一样受到限制，但另一个因素也助长了鸦片贸易无法被禁止的气焰。在印度，东印度公司正在由一个仅有几处沿海殖民地的简单贸易机构，转变为一个管辖范围不断扩张的'政府'。这些殖民地作为一个正在衰落的帝国的组成部分，急需更新交通设施和军事保障体系，并实行一套可行的财政及行政服务体系。东印度公司垄断了鸦片贸易，它买下鸦片，然后在加尔各答将其拍卖销售。到18世纪60年代，鸦片这一产于孟加拉地区的一年生作物，成为帮助英国维持对印度殖民统治的不可或缺的收入来源。"因此，东印度公司开始采取以邻为壑的做法："加尔各答的东印度公司官员知道鸦片在中国属于禁运品，但他们仅需对印度负责，而无须对中国负责。无视中国利益可能会导致他们在很久之后的某一时刻受到谴责；但面对真实而又近在眼前的利益，他们采取了这样的态度：只要将这些每年都要售出的作物运至中国的不是公司的船，他们并不关心它们去哪儿了，不关心它们是如何被销售的，也不关心其买主是谁。"（见第三章第四节）

而此时，清朝政府对于鸦片的态度发生了变化，朝廷上下开始认识到鸦片对中国经济及国民身体素质与精神状态的负面影响。因此，清朝政府采取了严厉措施禁止鸦片贸易，这触犯了英国的经济利益，导致了战争的爆发。

英国发动鸦片战争的原因是什么？

《鸦片战争：毒品、梦想与中国的涅槃》（*The Opium War：Drugs，Dreams and the Making of China*）作者、英国汉学家蓝诗玲（Julia Lovell）曾指出："探究鸦片战争爆发的原因，你会发现，非常明显的，大不列颠不愿意或者说是没有能够做到去了解中国这个地方，才导致敌意形成。战前50年时间里，英国人、美国人以及欧洲人对中国变得越来越没有耐心：西方国家希望中国按照他们制定的规则以及新近制定的国际准则行事。然而中国却有着自己的安全考量以及政治、经济和文化规则。正是西方这种日益增长不愿向其他世界规则妥协的态度，导致了鸦片战争以及接下来一系列战争的爆发。"①

在本书中，高志站在英国的视角，对这一问题给出了解释："从最广义的角度看，英国人在中国的目标——一旦这一目标达成，岛屿和赔偿等较小的问题就将迎刃而解——是改变中国将外国人视为夷人的这一传统观念，让'天朝上国'意识到中国并非世界上唯一的文明国度，意识到必须平等对待来自其他文明国度的人。"（见第十三章第四节）从这段叙述中我们不难看出，高志认为英国发动战争的根本原因是打破中国的"中国中心观"，让中国打开国门，而割让岛屿、赔偿鸦片贸易损失对于当时的英国政府来说不过是"较小的问题"，这在某种程度上是英国人的一种自我安慰或自我辩护。

高志将鸦片战争期间英国商人在中国的行动与英国本土的流行观点讽刺地称作"理论与实践的二重性"："珠江的英国散商向中国带去了他们认为中国人可以吸食的鸦片；而与此同时，在伦敦，英国人以公正和国家荣誉的名义展开了激烈的辩论，提出要结束英国人长期在中国人手下遭受虐待的局面（却极少有人提到鸦片）。"由此可见，英国国内当时并不认为"鸦片"有多么重要，他们认为发动战争是因为英国人在中国受到了不公正对待。这种虚伪的态度在某种意义上依然存在于今天的英国社会，例如时至今日，在英国中学教科书中，"鸦片战争"仍被称作"英中战争"或"通商战争"。

以上为本书提出的几个主要观点。广大读者在阅读过程中，应

---

① 转引自潘晶《蓝诗玲：认识这个国家的愤怒与羞耻》，《看历史》2012 年 3 月。

该对高志立场的偏颇之处有清楚的认识。高志在记叙英国海外殖民扩张进程中一些历史人物的所思所为时，因自己的英国人身份而具有一定局限性。读者们应该以批判的眼光看待这些描述展现出的帝国心态与殖民意识，以及作为英国人的高志对其的不自觉辩护。例如他辩称鸦片贸易之所以会出现，主要是因为中国人对吸食鸦片的喜爱，因为中国人对鸦片有无止境的需求，而不是外国人将鸦片强加于中国人（见第三章第四节）。又如在涉及鸦片战争的章节，他很少提及战争的非正义性，他所谈论的更多是英国远征军的克制："（义律）充分利用了他获得的训令中的部分条令，即仅在极端情况下他有权使用武力。在每个紧急关头，他都有意向中国人表明，仅在受到挑衅的情况下他才会诉诸武力，而且他从不错过任何一次与中国和谈的机会。这样一来，从良心、上级及自己对中国现实情况的敏锐洞察给出的相互矛盾的命令中，他选择了一个不可思议却被人误解的方针。"（参见第十三章第六节）有鉴于此，本次翻译工作的目的，一方面在于为学术研究提供新的视角，另一方面在于为广大普通读者提供了解西方历史观的新途径。

高志在大量史料的基础上撰写了本书，据书后所附的参考书目，仅其直接参考的文献就有博克塞著《葡萄牙贵族在远东：1550～1770年》（*Fidalgos in the Far East, 1550 – 1770*）、白乐嘉著《西方开拓者与他们发现》（*The Western Pioneers and Their Discovery of Macao*）、龙思泰著《早期澳门史》（*An Historical Sketch of the Portuguese Settlements in China*）等23种著作。但高志极少注明所引文字出自何处，可见他并非严格意义上的历史学家。但从史学写作方法来看，高志采取的是历史叙事的写作手法，并未对这段历史进行宏大叙事，而是选取约翰·威德尔来华、马戛尔尼使团访华、女性涌入澳门等事件进行细致描写和分析。为了加强叙述的可读性，高志在书中进行了大量的细节穿插和文字渲染，如本书第十四章以"破碎的魔镜"为题，隐喻中国传统的宇宙观与现实之间的矛盾导致天朝上国的幻想破灭。这种写作手法增强了历史叙述的生动性与趣味性，因此除相关历史研究者外，本书同样适合普通历史爱好者阅读。

　　总之，高志从 1637 年英国人来华时的曲折经历与冲突时的隆隆炮声开始着笔，以香港新建大厦的铮铮凿石之声结束叙述，将香港开埠之前英国人与葡萄牙管制下的澳门之间错综复杂的关系，以及欧洲人两百多年来在华从事贸易活动的种种努力展现出来。其生动笔触勾勒出的曲折复杂的历史过程、个性鲜明的典型人物，明晰了澳门的历史发展轨迹，丰富了澳门历史叙事，拓展了澳门学研究的视角与视野。希望本书的翻译能够在广大澳门学研究者间起到抛砖引玉的作用。

译　者

二〇一七年夏于广州暨南园

致

白乐嘉（J. M. Braga）

出于感激与友谊

目　录

导　言／1

第一章　约翰·威德尔的访华航行／4

第二章　法国人一马当先／32

第三章　永久居留与司法／61

第四章　马戛尔尼（勋爵）使团／87

第五章　英国对澳门的威胁／98

第六章　人道主义者，请别忘了女士们／108

第七章　不和是绝对的／125

第八章　首次鸦片危机／132

第九章　人道主义者对鸦片的困惑／147

第十章　巴麦尊的贸易新体系／161

第十一章　对峙／182

第十二章　背海一战的英国人／198

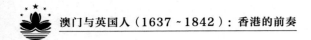
第十三章　义律被误解的方针 / 208

第十四章　破碎的魔镜 / 227

参考文献 / 233

索　引 / 237

译后记 / 242

导　言

正如旅游宣传册曾含糊其辞地指出的，英国人对香港的首次占领发生在 1841 年，当时鸦片战争仍在进行。事实上，我们不能孤立地看待英国获得香港的管治权和随之而来的冲突（对于中英两国它都是史上最非同寻常的交锋）。它们是历史发展的产物，其源头至少可以追溯到 1841 年之前的两个多世纪。如果将进入中国沿海的欧洲先驱者——葡萄牙人的经验也包括在内，则该源头又可再向前推 100 多年。

在这段漫长时期的绝大部分时间里，香港都只是一座无名岛屿，而不是问题的关键；甚至对当时在那里居住的屈指可数的中国村民和管辖它的低级中国官员来说，它都只是无数无名岛屿中的一座。历史的序幕在两个地方拉开：中国南方的最大城市广州，它的规模比当时欧洲任何一座城市都大；以及被葡萄牙人占领的狭小的澳门，它坐落在广州以南 83 英里的珠江口。

1513 年，葡萄牙人首次航行至中国，加入这一历史进程。在克服了诸多障碍（其中最棘手的是中国官方的不情愿）后，他们坚持尝试与中国进行贸易。通过在 1557 年与中国地方当局达成协议，他们获准在澳门修建永久性建筑物。澳门在短短的几年内就成ix 为——并且在几十年后依然是——富庶的城市，多年来它毫不设防，独树一帜，与广州保持着密切的贸易往来。

两座城市都位于热带，夏季湿热多雨，冬季干燥凉爽且天气宜人，春季通常乌云密布且伴有细雨。这一沿海地区在 7～10 月的晚夏时节容易受到台风侵扰。

这是一块河网密布的土地，船只是当时唯一的交通工具。河流地带广阔平坦，其间散落着一些孤零零的山丘。当地居民的主要营生是务农和捕鱼，种植最多的农作物是水稻。当地种植有松树、樟树、榕树，盛产的水果包括荔枝、龙眼、枇杷、柚子、香蕉、梅子和梨子等，冬季还有种类繁多的橙子如柑橘（澳门是它们的原产地）。除了这些当地水果，葡萄牙人还从南美引进了很多其他品种，包括木瓜、番石榴、番荔枝和菠萝。他们也引进了花生，在中国，三分之二的食物都是用花生油烹饪的。

河中美食有虾、蟹、生蚝，池塘养殖是一种专门的职业。珠江沿岸的众多村庄都搭建在水上。不同于在陆地上捕鱼的庄稼人，另一类渔民完全在船上生活。他们无家可归，被禁止上岸居住与穿上履鞋，他们的孩子被禁止接受教育。其中很多人都是海盗，他们频繁出没的地方是零星散落在珠江口附近的石头遍布的岛屿。

虽然这里物产丰富，但是中国政府认为它是文明的边缘地带，一个距饱经风霜、文明灿烂的北京 1000 多英里的偏远之地。拥有几千年悠久历史的中华文明发迹于北方遥远的黄河谷地，在那里采用中原人生活方式、名字和语言的氏族逐渐将它发展壮大，很快他x 们就从所有生活在那里的部族中脱颖而出。公元前 221 年，中国从一个文化实体转变为政治实体，被统一到一个帝制政府之下。这也是我们故事的发生地广东被纳入中国人控制范围的时间。广州成为一个拥有防御工事的城市，它通过水上运河与北方取得联系，该运河是古代中国最杰出的工程之一。大约 1000 年之后，由于人口南迁和北方的人口压力，广东成为特色鲜明的中国人的栖居地。在我们的故事开始之时，中国人完全控制该地区的时间已长达 600多年。

在我们即将讨论的两座城市中，澳门虽然比广州要小得多，但是它与我们要谈论的问题有着更为重要的联系。正是由于葡萄牙人长期驻留澳门（这种驻留经常是不稳定的），西方才从 1557 年起便开始与中国保持着持续不断的联系，中国的大门才没有完全关闭。虽然这个口开得很小，让人很难挤进去，但是如果没有它，进入的可能性就将完全消失。

让我们前往澳门这一早期外国访客的必经之地吧。坐在驶向南湾（Praia Grande）这一优雅的月牙形海湾的驳船上，人们可看到海边的拉丁式建筑物，在它们之后矗立着修道院及教堂低矮的穹顶和塔楼。这幅让欧洲人意想不到的独特景象是澳门给每一位越洋而来的访客的问候。　　　　　　　　　　　　　　　　　　　　　　　　xi

第一章　约翰·威德尔的访华航行

一　天主圣名之城

1637 年 6 月 27 日，约翰·威德尔（John Weddell）船长指挥的四艘英国商船停靠在澳门正南面一个石头密布、绿草如茵的小岛旁。商务专员彼德·芒迪（Peter Mundy）是参与这次航行的主要人员，在当时船上的英国人中，他的旅行阅历最为丰富。通过他的旅行日记，我们可以对首次英中商旅有一个异常清晰的认识。

在回应威德尔船上所鸣礼炮之后，澳门方面立马派出一艘小船，以警告英国人如果没有得到葡萄牙兵头（Captain-General）[①]的准许，任何人都不得擅自靠近澳门。第二天，彼德·芒迪乘坐威德尔的驳船，将一封英王查理一世（King Charles Ⅰ）写的信与另一封威德尔写的信送往澳门。陪同芒迪上岸的还有会计约翰·蒙太尼（John Mountney）和能说葡萄牙语（东方贸易的通用语）的秘书兼通事托马斯·罗宾逊（Thomas Robinson）。兵头多明我

---

① 葡萄牙派驻澳门的总督被澳门早期华人称为兵头。——译者注

（Domingos da Câmara Noronha）在几名议事会[1]成员的陪同下简短地接见了他们。罗宾逊递交了书信。在得知答复将于第二天送到船上后，英国人才撤回。

在回船之前，他们受邀到耶稣会修道院——遥远的耶稣会在远东的传教总部享用午餐，修道院以此感谢英国人从马六甲带来了几位耶稣会士。午餐过后，他们被带去参观这座城市的建筑奇观——耶稣会圣保禄大教堂。

直至今天的一百多年来，在面对这座壮丽恢宏的教堂的废墟时，哪个游客不会惊叹不已、印象深刻呢？如今呈现在眼前的是一座巨大的石雕前壁，它矗立在庄严的石阶顶端，兀立苍天，其窗户像空洞的眼睛。1835 年，一场大火使整座教堂化为乌有。即便它如此千疮百孔以至于早已看不出其原本的模样，圣保禄大教堂依然是亚洲基督教令人难忘的地标。

彼德·芒迪看到的前壁两年前才在耶稣会的日本学生和皈依者的帮助下建成。教堂外观庄严肃穆，内部极其华丽奢侈。"其屋顶是我记忆中见过的最美穹顶，"芒迪写道，"精湛的工艺，木质的雕刻，奇异的装饰，精美的色彩。"这是巴洛克式的奢华，完成这一杰作的人在木雕和绘画方面都胜人一筹。

关于澳门，彼德·芒迪写道："它建立在群山之巅，房屋旁有花园与绿树围绕，构成一道亮丽的风景线。它有点儿像果阿，但不及果阿大。他们的房子盖了两层瓦片，又用石灰砌一遍，以防御常有的飓风或者狂风（中国人称其为台风）的肆虐。这也是他们不

---

① 议事会是澳葡自治社会中代表、维护葡人利益的权力机构，它被葡萄牙国王授权管理葡人内部的政治、司法和行政，成立于 1583 年，又称议事公局、议事局、市政厅、市政议会等。——译者注

在教堂上修高塔或尖顶的原因。"①

当时澳门城建成已有80年，全城上下只有一位来自葡萄牙的女性。最早在此定居的葡萄牙人的妻子都来自马来西亚和日本，她们把自己国家的许多习俗也带了过来。澳门女性的穆斯林传统并没有完全消失，在公众场合她们依然轻纱遮面。贵妇在出行时乘坐（日式）轿子，中式轿子刚刚开始流行。大街上，女性穿着颜色亮丽、设计精巧的马来西亚布裙和高筒软木底鞋；但是在家里，她们不再因为陌生人而包裹自己，而是摘掉轻纱和布裙，然后换上日本和服。总之，日本的影响显而易见，在中日贸易中，澳门的主导地位崭露头角。

虽然澳门表面呈现出繁华的景象，但是英国人很快就察觉到葡萄牙人在那里的地位并没有想象中那样稳固。获准驻留澳门后，葡萄牙人饱受困扰。每年都要前往长崎的日本船队已经准备离岸，但是澳门商人在广州春季的交易会上购买的商品还未运达，"这些商品遭到禁运并受到扣押，中国人向葡萄牙人索要一大笔赎金来造一艘比被扣押的船规模更大的、超过规定标准的货船。在其他各种场合中，他们想方设法从葡萄牙人身上榨取钱财，这里有许多华人与葡萄牙人住在同一个城镇或者毗邻而居。中国人有自己的官员和法官，来甄别杀害、折磨、虐待一个中国人这三者间的区别"。

换句话说，葡萄牙人在澳门的驻留有点含糊。与果阿和马六甲不同，澳门对葡萄牙人的法令并非百依百顺。

二　勘察珠江

第二天，兵头给出了答复。由于他的上司（驻果阿的葡萄牙

---

① 为了行文方便，本章的一些引文采用了现代的措辞。

图1 澳门被毁坏的圣保禄大教堂

注：圣保禄大教堂是基督教在亚洲最令人难以忘怀的地标之一。

图片来源：陈显耀摄。

总督）没有下达命令，多明我很遗憾地表示他无法给予英国人任何帮助，不过可以为船队提供应急之需。威德尔的船队还是没能获准进入港口。巡逻船每天两次运来食物，但是任何人都不许靠近船队。

在英国人检修船只而没有实施任何其他行动的那几天里，一个中国官员为向广州汇报他们业务的性质来到了船上。"他穿着长袍（黑色的薄纱外套），里面的衣服被奇怪地套到头上。他在脸前举着一个大木板，上面写着中文，那似乎是权威和使命的象征。"几天之后，一位更重要的官员"乘一艘大船而来，他们在船上敲打半球型的鼓和大铜锣，锣鼓喧天，节奏整齐。他们的船上也有一些旗帜和彩带"。

大约一天之后，澳门的货物从广州被运来了。英国人意识到在葡萄牙船队安全前往日本之前，葡萄牙人都不会与他们做交易。葡萄牙人的游船在他们周围驶过，营造出一种节日的氛围，但英国人没有心情加入庆祝。这些船都不会靠得太近。新教徒彼德·芒迪眼睛一亮，说道："中国的货物不会给我们带来开除教籍的痛苦。"

很显然，在某种程度上，葡萄牙人在珠江口的驻扎发挥着类似于过滤器的作用。不通过他们，外国人无法和中国人取得联系。实际上，正是因为这样，葡萄牙人才被允许到澳门定居。这样做的最初目的是保证珠江下游地区不受海盗的侵扰。中国人同时也考虑到，让航海而来的外国人将其他航海而来的外国人拒之门外，这也许是最合适不过的做法。

当然，英国人并没有意识到这种奇怪的局面。在他们看来，葡萄牙人尽力阻止他们上岸是出于自身利益的考虑。两个星期后，威德尔决定找机会绕开澳门，直接与广州建立联系。罗宾逊和蒙太尼坐上船队的船载艇，被派往珠江上游"寻求与中国人洽谈、贸易的机会"。

他们从 15 ~ 20 英里宽的江口沿河而上，到达了狭窄的入口"虎门"（在欧洲语言中它写作"Bocca Tigris"）。他们从那里溯江而上，并通过打手势的方式让当地人了解他们的意图。在行驶了一段距离之后，他们遇见了一支中国帆船船队，由官职与海军准将相当的官员指挥。中国船队的船员中有从澳门逃出的非洲奴隶，他们会讲一些葡萄牙语，可以充当通事。

在刚碰面时，这个指挥官充满敌意；但在得知英国人在无人引水的情况下航行了如此之远后，他开始变得友好周到。他表示，如果英国人肯离开船载艇，在余下的航程中换乘小帆船，那么他们就可以继续前往广州。英国人知道让他们换船不是因为水浅，而是船载艇有令中国人胆怯的威慑力，然而小帆船上同样装备有武器，且它们可以装载的人数是中国船队的三倍。

乘着小帆船，他们来到了在广州下游方向约 13 英里远的第一道关卡。海关官员告诉他们，除非通过恰当的渠道，即通过澳门地区的中国官员，否则他们无法提出贸易申请；但是如果他们能够以和平的方式回到船上然后离开，那么他们将在获得贸易执照一事上得到各种帮助。带着这则信息，罗宾逊和蒙太尼乐观地回到了威德尔身边。

但是，作为历经沧桑的老练海员，威德尔不会轻易相信一个官员给出的答复。在澳门申请执照就意味着葡萄牙人会从中插手。在船载艇离开船队后，就有来自议事会的葡萄牙人前来向他们解释，中国人不允许其他人在这条河上交易。在威德尔看来，温柔的手段终告失败，现在要使出狠招了。

7 月 29 日，威德尔船长带领所有船只驶向珠江。

三　在虎门

　　在讲接下来的故事前，我本想把关注点放在我的英国同胞的身上，以尽可能完整地呈现他们的经历。但这样做会违背我们的初衷，因为如此一来我们将同他们一样，带着困惑和疑虑，在对自己的处境毫不知情的情形下驶离中国。有鉴于此，我提议我们不妨偶尔揭开覆盖在他们周围的帷幕，仔细观察那个他们不了解的世界。让我们现在就开始行动吧！

　　根据任何一种标准，无论它属于过去还是现在，中国的统治都令人钦佩。当时中国是世界上最大的国家，拥有最多的人口，以及全世界最优秀的政府。建设一个司法、和平及秩序盛行的国家（就像如今一样），一个与奴隶制毫不沾边的国家，这样的任务是何等的艰巨，而当时的中国就做到了，这真是天大的奇迹。

　　负责这些事务的主要是 mandarins，① 也就是行政人员，他们的领导直接对皇帝负责。官员任命的基础是关于儒学经典的竞争性考试，② 因此这些行政人员大多满腹经纶、颇具才干。事实上，这种官僚制度就是其他所有政府官僚制度的原型，其中包括我们（英国）的官僚制度。随着对中国和其组织结构的了解日益加深，来自中国的思想于 17 世纪末在欧洲曾十分风行，这对西方官僚制度的发展产生了潜移默化的影响。

　　在这个时候，中国官员已通过便捷的渠道获得了消息，风声在

---

①　mandarin 即中国的官吏。葡萄牙人最早使用了这个词，它与任何中国官职或爵位无关。据说它的源头是马来词 mentri（意为大臣或官员），以前有一个中国人曾将它误读为 man-da-li。

②　即科举考试。——译者注

广州传播开来，据说充满危险、来路不明的外国人已经抵达澳门并试图进入珠江。官府最大的顾虑（随着讨论的深入，我们将会逐渐了解这种顾虑的产生原因）是尽最大努力避免任何可能需要上报到北京的骚乱。如果能通过好言相劝使外国人离开，并把扰乱程度降到最低，这将再好不过。如果一定要使用武力，那只能在有把握取胜的前提下使用。在武斗方面，这些野蛮的外国人游刃有余，要想胜利就只能耍花招。所以，要不惜一切代价避免发生直接冲突。

对于住在澳门的葡萄牙人来说，其难处是在中国人的眼里英国人长得很像荷兰人，而中国人对荷兰人的评价很低。在荷兰人第一次踏上中国的海岸时，他们的红头发和深邃的蓝眼睛就给当地人留下了骇人的印象。他们立即被归类为红毛夷——一种中国人从未见过的新物种。在威德尔造访澳门的两年之前，英国商船"伦敦"号（*London*）在葡萄牙人的特许下到过澳门，当时英国船员就被当作了红毛夷。因为此项放任英国人进入澳门的疏漏，中国的官员对澳门处以了大笔罚款。威德尔这次沿河而上的侵入意味着另一笔巨额罚款。因此中国人和葡萄牙人联合起来，希望悄无声息地尽快将英国人赶走。对于此点，英国人还没有弄明白。最后，他们把这些麻烦都归咎于葡萄牙人，认为葡萄牙人在为保住自己的垄断地位而耍花招，而英国人相信这种垄断只是一个骗局。可事实上，这不是骗局，葡萄牙人确实是唯一有权与中国进行海上贸易的外国人。

中国人两次发出命令英国人停下的警告，可是他们没有听从，继续向前航行，并充满警惕地经过了两支中国舰队。第二支舰队有40艘装备精良的大帆船，一位舰队指挥官被派出与英国人斡旋。他谦恭有礼，表示出很体贴的样子。他向威德尔保证，只要他们肯再等一等，一定很快就能获准直上广州。在前行一小段距离后，英国人进入虎门，并在虎门口一个废弃的炮台——欧洲人称其为亚娘鞋炮台（Anunghoi Fort）——下停了下来，他们决定在那里等待前行的许可。

许多舢板和小船停在他们周围，当然，没有命令谁都不能靠近英国船。当一队英国人试图到岸上寻找食物时，驻守炮台的官兵对其做出了恐吓行为。他们于是迅速退回船上，挂上英军团旗而非英格兰国旗，开始进行一些其他战前准备。

中国人对这一切心知肚明，因此他们立马派出一名信使和一名通事，恳求威德尔再等六天，称那时一定会下达继续前行的许可。同时，英国人也满怀忧虑地注意到，炮台上已驻满了官兵并备齐了大炮。

次日，另一队英国人举着白旗上岸购买食物。白旗没有任何特殊含义（在中国，白色与丧事有关），他们的登陆受到抵制。但是，英国人强行上岸，购买了他们需要的物资，并在一群乡下人的目瞪口呆和聒噪中巡视了一个村子。

7

他们获得了一些简单的招待。

"当地人给我们一种被称作'茶'的饮料，就是把某种草药放在水里面煮沸。必须趁热喝，而且饮茶有益健康。"

那天晚上，当芒迪在船舱中写下这段文字时，他根本预想不到茶在未来中欧关系中将扮演何种角色，预想不到流经他嘴唇的这种液体竟能改变许多国家的社会生活，这种诱惑让更多外国人迫不及待地前来叩开中国的大门。

令人感到奇怪的是，尽管粤语词语"cha"被传到了印度当地的语言中，它却没有被传到英国。在两个世纪后，它才经由驻印度的英国士兵之口，以俚语的形式传入英国。这是因为17世纪下半叶，当饮茶的习惯被首次引进欧洲时，法国人和英国人与中国的制茶大省福建联系紧密。在那里，汉语词"茶"的发音是"teh"。

于是法国人将"thé"引入欧洲，其在英语中的版本为"tea"，它原本的发音与法语几乎相同。①

四　李叶荣

六天的苦苦等待终于结束，中国人又客气地要求英国人再等四天。这对威德尔来说太多了，于是他派出驳船去探查情况。

驳船向前行驶，然后，炮台开火了。在再次竖起红色的旗帜后，英国人开始还击。炮台的一发炮弹击中了旗舰，但只造成了轻微伤害。除此之外，中国人的炮火没有构成其他威胁。由于被固定在一个位置，炮台上的大炮瞄准不了目标；又由于火药被掺假，好几发炮弹在出膛后就掉进了炮台围墙下的草地。

如此待遇让英国人感到愤怒难耐，他们不会让对手的低劣牵制住自己。他们继续开火，中国人还没有来得及填装第二发炮弹就落荒而逃。然后，英国人登上并占领了这座废弃的炮台，他们升起了国旗。在回到船上之前，他们大肆破坏了这个地方，还带走了一些仍能使用的大炮。

困扰欧洲人数十年的中国的另一面出现了。这是一个和平、繁荣且被治理得井井有条的庞大国家。难道他们就只用这样的军队来保卫这一如此伟大的帝国？这怎么可能呢？一些礼仪性的大炮、一小队衣衫褴褛的虾兵蟹将、一支害怕英国小小船载艇的海军，这些事实究竟意味着什么？在 1842 年以前，这个谜底一直未能被揭开。中国在军事方面到底是强国还是弱国？

8

---

① 见 Alexander Pope，*The Rape of the Lock*："统治着三片国土的伟大安娜！你有时在这里听政，有时喝茶"（Here thou, great ANNA! Whom three Realms obey, Dost sometimes counsel take – and sometimes tea）。

威德尔对于下一步的行动迟迟未做决定，在这时，会说葡萄牙语的广州代表意外来访，形势开始好转。这个在澳门长大的中国人属于在早期中欧交往史中表现突出的那个有趣群体，也就是在澳门、马尼拉或者其他欧洲人定居点生活过的中国人。因为从小被基督教家庭收养，或者在小时候被欧洲神父选定继承衣钵，他们成了基督徒。许多这一类型的中国人不满足于现状，或者有着勃勃雄心，于是后来他们脱离了基督教环境，回到了自己的同胞中。两面性是他们的独有特征，这使他们成为两个种族间危险而有利可图的交往过程中的中间人。

　　我们找不到关于这个人的记录，但是我们仍然可以对其形成清晰的认识。他一看就是中国人，但少年时期与外国人的接触使他的行为举止发生了改变。他眼神里流露出智慧与敏锐，他可以洞察我们的幽默和情绪。我们会认为他已经告别了其中国祖先的异教徒生活方式，认为他值得我们的同情和帮助。他举止温文尔雅，或者可以说带有些许阴柔之气，如果穿上西装，他很容易被人误认为欧亚混血儿。他对中国人的弱点和缺陷的微妙解读让我们忍俊不禁。

　　但他已经不再作西式装扮，而是梳着中式发型，戴着官帽，穿着长袍，留着一缕络腮胡，在一两根手指上蓄着修剪整齐的指甲。只要稍稍一想，我们就能发现这张聪明睿智的面孔不过是文雅的伪装，实际上他观察力敏锐而又沉默寡言，置身事外而又深谋远虑。我们可以想象他将会如何斩钉截铁地把我们的弱点和缺陷告诉他的中国朋友。

　　当然，他有两个名字。在西方的著述中我们找不到他的中文名，而在中文著述中也找不到其在欧洲语言中的名字。这种情形在当时十分普遍。

　　他向威德尔及其英国同胞介绍说自己的名字是保禄·罗雷特

（Paulo Norette）。① 他（在知道英国人是新教徒后）称自己憎恨葡萄牙人和天主教教士。他说他们讲解了很多基督教的错误教义，然后对他施加迫害，所以在绝望中他逃到了广州，把可怜的妻儿留在了澳门。现在他是一位政府官员，与最高级别的官员如广东总兵关系密切。英国人不是见过总兵了吗？事实上，他就住在广东总兵位于广州的宅院里。帮助英国人取得贸易执照，以此摧毁给他及千万同胞带来痛苦的万恶的天主教徒，对此他感到万分愉快。

这真是让人皆大欢喜的进展。"在这些地方开展贸易这件事出现了几分希望，"彼德·芒迪在当天的日记中写道。李叶荣将去请求高级官员批准英国代表团沿河而上，以便他们前往广州递交申请贸易的禀文。

第二天，他带着代表团获准的喜讯回来了。蒙太尼、罗宾逊和另一个英国人带着几件精致的礼物登上李叶荣的帆船，他们在第二天晚上就抵达了广州。带着一份别人为他们用中文草拟的禀文，他们在第三天下午被引导上岸，来到广东总兵的宅邸。这是一座大宅，里面设有内庭，由士兵把守。在内堂，他们像中国平民拜见高官时那样，向广东总兵卑躬屈膝地递交了禀文。李叶荣从他们手中收走禀文，他将通过更多繁杂程序将其转交给上级官员。之后，这些商人回到船上并再次沿河而下。他们航行了一天一夜，然后在次日午夜回到了威德尔身边。

五 中国官员的俸禄

关于李叶荣的来历，我想冒昧地先提供一条广泛流传的线索，

---

① 一说其中文名为李叶荣，后文均采用此名。——译者注

刚来到东方的英国人对此毫不知情。让我们再一次揭开帷幕，看看其背后的故事。

李叶荣是谁？

他自称是一名在管辖区域内异常娴熟地把事务处理得有条不紊的朝廷官员。要是英国人对中国有更深入的了解，他们就能发现他故事中的漏洞，甚至能在他第一次与威德尔见面时就有所察觉。

他的妻儿住在澳门。

撇开其他事实不谈，仅从此点就可以很明显地看出，李叶荣绝不是一位官员。官员把自家的妻儿留在被西洋夷人控制的地盘上，这有谁能相信？此外，他坦言自己曾帮葡萄牙人做通事并从他们手中领过薪水。他对葡萄牙人的憎恨、他与过去断掉的联系、妻儿仍滞留澳门的事实，这些都违背了中国官僚体系的众多惯例。

那么，他又是谁呢？

不久后，澳门议事会宣称李叶荣曾受雇于他们，在前一届广州交易会上充当通事，但骗了澳门商人 80000 两白银，因此他不敢返回住在澳门的妻子身边，并请求广州当局允许他留在广州。

如果这是真相（这也是我们所掌握的关于他的最确切信息），在广东总兵（掌管珠江防御事务的最高指挥官）这样的重要人物面前假扮官员，他为什么要这样做呢？

让我们来计算一下时间。罗宾逊和蒙太尼在 1637 年 8 月 17 日晚上 7 点左右到达广州。次日下午 3 点，他们获得总兵接见。在整个中国历史上，有哪个外国人（除非他是一位亲密的朋友），能在抵达后 24 小时之内就获得一位高级官员的接见呢？只有使团才有此等殊荣，而且这种情况极少发生。觐见高官意味着数日、数周甚至数月的等待，意味着获得引见、送出精心准备的礼物、举办奢侈的宴席并撰写满是谦辞的禀文。如果不是别有用心，广东总兵是不可能如此迅速地接见这些英国人的。

所以问题应该反过来问。与李叶荣这样的人打交道，广东总兵用意何在？

这样一来，我们便可找到根源。在澳门开展贸易活动——中国唯一合法的海上对外贸易——利润十分丰厚，其主要获益者是政府财政。但是中国的官吏们没有固定的薪酬，他们必须自己从本地的财政收入中领取生活费用，并将领取的数量汇报给上级官员。显然，只要对财政收入进行小小的调整，就可私吞大量财物。大部分通过科举考试获得一官半职的人，最终都会变得家境殷实，这种情况不足为奇。

朝廷偶尔会发现这类贪污行为，并给予严厉的惩罚，但这种情况极少发生，除非有监察官员上书皇帝，或者贪污明目张胆到北京都能明显察觉当地财政收入大大低于正常水准。不管身处哪种官位，官员都可把用于别处的钱财据为己有，在财政上营私舞弊，并经常相互欺骗。这类情况十分恶劣，已经到了无法压制的程度。此外，在某种程度上，皇帝自己也被卷入其中（对于这一点，后文会有更清晰的说明），这也增加了压制的难度。

与葡萄牙人有贸易往来的官员自然处于尤其有利的经济地位。每一个与此直接相关的人员，从两广总督到直接蚕食澳门的更低级别的官吏，都靠此获得钱财，虽然他们的贪污可能不及广东海道副使那样彻底。海道副使作为一个大部门的领导直接对两广总督负责，其职责包括掌管关税、船舶吨税，以及监管海上贸易。由于他是海上贸易的最大受益者（他及他的亲信或许知道实际收入是多少以及能从中榨取多少利润），一旦这种贸易被破坏，他的利益也将受损，因此在这个层面上，他算得上葡萄牙人的盟友。

然而英国人在溯珠江而上时碰巧遇到了广东总兵。身居水师职

12

位的他无法获得只有行政官员才能享有的外贸收入，但广州宅邸的维护、船只的维修及船员的工资都需要花钱，因此总兵在英国人身上看到了有利可图之机。在得知这批新来者的目的是获得贸易执照后，或换句话说，在得知他们不是海盗而是希望获得一个葡萄牙人拥有的那种合法落脚点后，总兵马上采取了一系列行动。由于他是第一个与英国人打照面的人，申请贸易的禀文必然会被递入他手中，然后再由他转交给海道副使。这不合常理，但并非不可行，而且总兵还能靠外贸收入缓解其经济负担。

美中不足的是，只有在逃的非洲奴隶可以和这些外国人交谈，让他们充当中间人可能会使英国人起疑心。因此，第一次见到罗宾逊和蒙太尼时，他并没有给出明确的提议，也没有冒险与其正面相抗，而是勉强让他们驶向第一道关卡。不幸的是，那里的海关官员——他是海道副使的属下——让他们返回，从澳门申请入关。由于失去了交易对象，广东总兵只能打道回府。

但是，意外发生了。红毛夷没有按照指令行事，而是以更大的规模再次进入珠江。他们已溯江而上的船只使澳门感到惊慌，消息很快就传到了广州。在总兵的命令下，官兵进驻虎门的亚娘鞋炮台，采取措施以阻止这些野蛮人驶近。英国人断言葡萄牙人应该为此负责，因为是他们劝说广州的官员将英国人拒之门外的，但是这种指责显示出他们对当时的局面缺乏了解。广州不需要葡萄牙人的劝告。一旦这些精心安排的贸易环节中出现了任何纰漏，海道副使以及政府内部所有的既得利益者都将面临损失。

广东总兵再一次把握住了机会。统领 40 艘舢板的指挥官理智地派出信使，命令英国商船不得继续前行。他还发现英国人想要的仍然只是贸易执照，这一事实已经被上报给广东总兵，在总兵眼中，这正是采取行动的好时机。

　　李叶荣就是在这一时刻以迫切需要的通事身份出现的。显然，他是由总兵某个与商人有来往的朋友介绍而来，如果总兵这一冒险之举能够成功，这个朋友也希望能从中获利。在总兵的内堂正式地递交禀文是为了把这件不正常的事情按正常化的方式处理，为了让英国人觉得这个场合庄重且意义重大，为了让他们认识到总兵是他们的恩主，为了让他们觉得整个流程都已被安排得天衣无缝、无可置疑。

　　到目前为止，一切都进行得十分顺利，英国人已经完全信服。彼德·芒迪把那位彬彬有礼的冒牌货李叶荣称作"我们的官员"。到芒迪死亡之时，英国人中都没人知道李叶荣的真正立场是什么，也没人清楚他到底在玩什么把戏。

　　总兵把英国人的禀文递交给海道副使。这是一份历经磨难的文书，它的起草十分仓促草率。如果李叶荣在极尽口舌讨好广州当局时没有在禀文中反复提到自己，比如夸奖自己在交易中是有多么的忠诚，那么这种草草了事的文书或许能被勉强接受。仅依靠这份禀文我们无法得知总兵是如何被误导的。也许他对能说会道的李叶荣十分信任，甚至都懒得在文书递交之前再过一道眼。他也是匆匆忙忙的。英国人已经缴获了一些大炮，如果不满足他们的要求，他们将造成更多破坏。

　　海道副使发现了其中的不同寻常之处。总兵的人一走，他便开始与副手交谈，声音大得旁人都能听见。

　　"这些红毛夷难道都是文盲？"

　　"是的，大人。"

　　"那这信到底是谁写的？"

　　"我会查明的，大人。"

　　大概一个小时之后，海道副使就明白了事情的来龙去脉：一个三

14

流的书法家被雇来书写信件，而内容则是由一个请求留在广州的澳门通事口述下来的——是的，就是禀文提到的那个诚信的中间人……

海道副使权衡了一下，他无疑必须回绝这封禀文。这些红毛夷和他们那帮为钱卖命的华人手下肯定会将整个市场弄得一团糟。至少从这个方面来说，小心谨慎还是有必要的。既然是总兵送来了这封禀文，那么这次拒绝首先不能让他丢失颜面，一旦总兵丢了颜面，他定然会实施报复。而且很显然，总兵知道一些不该让两广总督知道的事情，海道副使不能冒险。

凭着足够的老练和圆滑，海道副使联名总兵草拟了一封信。在再三考虑英国人可能进攻珠江这一实际情况之后，他下达了如下命令：

> 吾在此命令，吾将派出官员，携此指令，即刻将其传达给红毛夷，而红毛夷在得令后即刻起锚，将船驶往外海。尔等夷人胆敢以武力相逼进行贸易，对此我们已予以禁止。对吾辈来说，此种行径如同犬羊，既缺常识，又无理性。①

我们不难感受到他此刻的犹豫不决。他该提及那个通事吗？最好不要。他现在不如将精力放在那三个妄图闯入广东的红毛夷身上。接下来，他又以同样的老练继续下令：

> 吾与总兵都将密切关注尔等一举一动。汝若敢伤及一草一木，吾誓将血刃，片甲不留。

---

① 由于书中没有给出相关引文的出处，因此，此段及后文对海道副使命令的引用并非出自原始历史文献，而是译自本书英文原文。——译者注

这份已经完成的文书最终被送到了总兵手里。这封信本身就表达出了一切，需要做的只是简略的通读，它包含的信息太多了。在最后一次润色文本的时候，海道副使建议由总兵派员将其转交给红毛夷。总兵不可能在不暴露自己的情况下拒绝他的要求，海道副使如此算计着。

玩政治还是得靠老手，懂得这个道理的可不只总兵一人。

六　中国政府体制下的威胁手段

中外关系的另一面——这在今后将变得至关重要——开始显现出来。海道副使的命令在中国政府的框架下看确实完美无瑕；但从外国人的角度看，它充斥着傲慢之情与侮辱。毕竟这封信使用了具有威胁性的语言。

其实官员们一直以来只是希望尽量在不使用武力的情况下维护当地的和平与秩序。官方公告中的威胁或者无节制的羞辱实际上是政府体制中必不可少的一部分。不能按照字面上的含义理解它们，使用它们仅是为了显示出问题的严重性，以及当局为此能拿出的极端手段。但在实际情况中，真正被运用的多半是非武力的间接手段。你必须认真揣摩言外之意，首先确定对你的最低要求是什么，然后尽你所能采取措施，尽量避免发生最坏情况。这是一个古老体制下的既定体系，至少在之前数千年中它一直行之有效。16

出于大事化小的目的，中国官方公告中的威胁看起来很严重，但如果跟来自欧洲人的威胁相比，它则不具有同样的挑衅意味。它传达的是事态的严重性，而非直接的力量交锋。在之后的叙述中，我们会看到更多类似于此的中西理解层面上最基本的不同所带来的后果。

七　李叶荣的两面性

　　李叶荣是把海道副使的指令翻译成英文的最佳人选，同时也只有他最清楚威胁和侮辱性的语言会在威德尔这类人身上激起怎样的反应。李叶荣很清楚此次任务的危险性，为了最大程度利用危险，他说服自己独自启程。因为"我们的官员"不仅足智多谋，还有胆有识，他知道只要不让总兵发现，他就可以帮自己的商人朋友做点交易，然后从中猛赚一笔。

　　登上英国人的商船时他满脸笑容，先是按照指令向威德尔的旗舰递交了通告，然后对其做了"翻译"。他告诉英国人，如果他们愿意正常支付关税，当局就会允许他们自由买卖，在江口建立一处备有防御工事的定居地，并通过他——他将自己描述为助理同知（Assistant Sub-Prefect）——开展各种事宜的谈判。

　　他要求三个英国人陪他一起返回广州，带上金钱和想要销售的货物。同时，他还不忘回个人情给总兵，令英国人将他们抢夺的所有大炮归还至炮台。这让英国人对他的威信印象深刻。

　　李叶荣总是把身边的一切安排得妥妥当当。罗宾逊、蒙太尼和蒙太尼的弟弟这三个英国人夜里在广州的码头上了岸。他们乔装成中国人的模样，乘着轿子被带去坐落在城郊的一幢大宅子里，他们就是在这里与前来拜访的广东商人做了不少交易。招待他们的主人是李叶荣的一个商人朋友，主人不允许他们离开这座屋子，也提前做好了一些措施以免他们在街上被人发现。本来英国人心中还有些怀疑，然而当他们看到李叶荣有能力践行诺言的证明时，这些怀疑也被打消了很多。过了一些时日，罗宾逊和李叶荣带着第一批出口货物——满满两帆船的白糖去见威德尔。接下来木匠们也前来为这

17

些货物打包装箱，这一活动弄出了很大动静。

传达给这些英国人的威胁并没有发挥作用，他们的船依然在虎门江面上活动，这不可避免地被上报给了海道副使。在听到这些消息的时候，海道副使并没有直接做出回应，而是暗中通告澳门议事会，除非他们保证让英国人离开，否则他们就应该开始做最坏的打算了。议事会很好地理解了这则信息的内涵。

兵头情绪激昂地派出了三艘帆船，这些帆船"装载着配有武器的葡萄牙人、混血儿和奴隶……他们声称如此装备仅仅是为了自卫，因为附近的岛屿和河流上有很多海盗和亡命之徒"。在帆船驶进虎门后，葡萄牙人向威德尔船长递交了一份对其晓之以理的禀文，指出忽视中方命令的严重性，同时以朋友的名义乞求他体谅澳门市民的难处并起航离开此地。

此刻，威德尔感到信心十足。贸易终于走上正轨，助理同知是他们的朋友，总兵也是。逃跑出来的奴隶向他汇报了葡萄牙人想要将他逐出广州的阴谋，这愈加令他感到葡萄牙人正在愚弄他。这些情绪自然影响了他写给澳门兵头的答复。

> 我们收到了你那封言辞粗鲁的信件，你对我们如此鄙视，完全不将我们放在眼里，对此我们感到十分震惊。你竟然妄想以这样一封满是空洞的威胁的信件使我们放弃这项收益如此丰厚的事业……要知道，这片土地并不属于你，而是属于中国的皇帝。既然如此，我们何必非要等待卡斯提尔（the King of 18 Castile）国王①或其在此地的小小总督颁发的许可呢？
>
> 我们现在还有其他事情，没有工夫去逐一回复你这些言语

---

① 1580～1640 年，西班牙与葡萄牙由同一位（西班牙）国王管辖。

粗暴的信件……这远不及我们手上的事务重要。

就这样，葡萄牙人被打发了。

八　中国安保部队出动

当葡萄牙代表团找到李叶荣时，他正和威德尔在一起。如果此时英国人还对实际情况一无所知的话，这很明显给李叶荣敲响了警钟。一个葡萄牙代表团正获许溯江而上，而他们通常只能通过小三角洲前往广州。这意味着中国人默许了他们的行进路线，也意味着巨大的行政之轮已开始转动，游戏即将结束，如果还想赚钱就必须抓紧行动。李叶荣隐藏了内心的焦虑，如数接下了威德尔的又一笔投资，并在壮起胆子将所有余货交给罗宾逊后离开商船前往广州。第二天，罗宾逊紧跟其后。

威德尔与葡萄牙人在9月6日会面；9月7日，李叶荣离开了；9月8日，罗宾逊跟随其后。李叶荣安全地脱身了，但当罗宾逊抵达广州时，整整三天的晴朗天气足以令盯梢者报告葡萄牙人拦截任务的失败，让他们做好采取攻击性行动的准备。即使那些红毛夷是文盲，但至少有一门语言他们还是懂的。

在9月9日～10日之间那个晚上的退潮时分，有一支黑色帆船队被船载艇发现了。一开始值班的人以为它们是来送货的，因此让它们顺利通过。但当这支船队接近三艘大型英国船中的第一艘时，某个警卫人员开了一炮以示警告，当即就有两艘帆船被大火吞没，随后它们一艘接着一艘被点燃。在一片火光中，人们能够勉强看到所有帆船都被用锁链连在了一起，它们笔直地朝着英国船队漂去，火箭和爆炸物从这些船只四下射出，半裸的中国人从船上跳下潜入水中。

19

警告的炮声响过之后不久，所有英国船员都被惊醒，他们急忙割开缆绳并升起船帆，然后划出小船，以极大的勇气驶向火船以拖走它们，并在大船与火船之间留足通道，让那些熊熊燃烧、嘶嘶作响的家伙"在木料燃烧的噼啪声和呼啸而过的火箭中"慢慢漂走。

虽然船队没受什么伤害，但英国人感到十分震惊。这就像彼德·芒迪指出的那样，"从现在开始我们不再相信与李叶荣的交易，并开始担心我们在广州的商人"。

他们的害怕是完全有理由的。海道副使的耐心现在已经被耗尽。在同一天晚上，罗宾逊在广州城附近被捕，然后他被移交至官府的帆船上，他的商货被查收并被运走。从罗宾逊帆船船员的口中，当局终于寻到了其他商人的所在地，并发现李叶荣也染指其中。

当海道副使听到这个最新消息时，他的神情有些尴尬，因为这意味着总兵也被牵连其中。正如我们看到的那样，他不敢让自己的同事丢脸，而这种非法交易又不得不终止——如果总兵确有牵连，那就不要将其公之于众以免激起总兵的怨恨，而应该让英国商人们毫发无伤；但同时要采取一些行动，让总兵知道他的行为已经被发现了，让他无话可说。那座城郊房子的主人和他的儿子被铁链锁颈、抓捕入狱，住在房子里的其他人则被赶了出来。在清走食物和燃料之后，海道副使的人将英国人锁在房里，房子的大门外有守卫站岗。

不用说，总兵很快就知晓了这件事，同时他还了解到自己的手下背着自己偷偷从事着非法交易。总兵与他的同事海道副使一样感到十分恼火，提议采取最严厉的措施，海道副使表示同意。于是他心满意足地下达命令，李叶荣被立即逮捕，并被狠狠地打了一顿。根据这段航程的航行日志，负责执法的官员"没有放过这个可怜

的人，他身上的每一寸皮肤都遭到了抽打"。到了此时，无须再为
20 总兵的颜面担心了，因为李叶荣的后背挽救了它。

九　威德尔的暴行

同时，在虎门，由于英国商人们没有从广州返回，"最好的做法是尽我们所能地报复中国人，让他们的高层听到抱怨，这样一来他们就会知道，我们之所以这样做，是因为他们扣留了我们的商人和公司的资产"。英国人在此待了好几天，他们只做了两件事——抢劫路过的帆船或洗劫村庄，以便搜刮牲畜和供给。他们还烧毁了一个村庄；在另一个村庄里，他们又屠杀了几个中国人。最后，连亚娘鞋的炮台都被他们炸毁了。

他们希望自己的同胞能被释放，但他们所做的这一切都使这一希望落空。且他们再次受到了黑人奴隶的影响，这些黑奴警告他们说，为对付他们，中国人正在集结一大支舰队。如果他们还想继续待下去，就必须退回到附近的外海。英国人听从了这个建议，退出了珠江口，将船驶至了伶仃岛。

然后在这一过程中，威德尔有了另外一个主意。现在正是换季的时候。等到秋风刮起来时，日本船队便会返回澳门。将船队停泊在其能够到达的最远指挥距离，威德尔再一次向澳门兵头写信，将这一切归咎于他，并要求他释放所有商人，将扣押的货物归还，并且赔偿这次航行的损失。这封信以夸张的言辞结尾，其中包含有一个暗示：澳门的行动可能会导致大不列颠和西班牙间和平的破裂。

这封信导致的结果有着典型的葡萄牙风格。多明我没有给出很长的回复，他仅仅写了一张确认收到来函的便条，然后加上："……根据阁下所言，您收到的针对我们的消息，恐怕与事实不

符。我们已经要求把您的船只从马六甲带来的耶稣会神父巴托洛梅·雷波雷多（Bartolomeu de Reboredo），也就是您十分要好的朋友，以友好的方式拜访您以便告知事情的真相，如果您对此满意，我们将不胜荣幸。"

21

威德尔大吃一惊。他无法恐吓或痛骂雷波雷多神父这位学识渊博的前乘客，只能听其逐一回复他之前在信里提出的问题，听其解释事情的真相。最后，神父温和地告诉他，如果想要英国商人获释，就只能依靠葡萄牙人的影响力来促成此事，因为中国人是不会理睬来自其他国家的外国人的。

威德尔没有被神父的解释说服，对他来说没有一句话是有多少道理的。然而，他还是从神父的话中体会到，如果想活着再次见到自己的手下，就必须听从这些警告。他极为艰难地控制住自己的情绪，写了一封言辞谦卑的回信。在信中，他乞求兵头原谅他作为外国人的无知，并请求他"尊敬的阁下"能够代表英国人帮他款待中国人。他还要求兵头允许他在澳门做一些生意，以"作为这次航行巨大开支的补偿"。

22

雷波雷多神父返回了澳门。第二天，威德尔被邀请到岸上签署一份贸易协定。而这位英国船长的回复是，除非有两位高贵的葡萄牙人事先充当人质，否则他不愿离开自己的船队。作为回应，兵头简单地派出另外一个代表前去重复他的邀请。于是，威德尔带着强烈的不安之情前往澳门，然后发现当地为他组织了一个市民招待会。鸣放礼炮后，主要的市民都来到码头迎接他，并为他举行了宴会。在餐桌上，他就着"竖琴和吉他的优美乐声"，用银质的器皿进餐，还用银质高脚杯饮用来自葡萄牙的红酒。在接下来三天不到的时间里，葡萄牙代表团起身前往广州，尝试解救英国商人；而此刻，彼德·芒迪则在岸边一所小出租屋里进行着"有限的交易"。

十　威德尔随后的谦逊及其离开

广州的英国人在得到代表团的援救之前，就早已经在他们的总兵朋友的帮助下获得了自由，还做了几笔利润丰厚的生意。看起来似乎只要让英国人完成交易他们就会立即离去，海道副使就会识时务地睁只眼闭只眼，总兵就能大赚一笔。但海道副使明显有了另外的主意，因为在下一年，他向澳门征收了这个城市在历史上被处以的最高罚款。

葡萄牙人的救援团处于两难的境地，他们夹在对海道副使的恐惧与他们的兵头和议事会的期待之间。直到英国人完成交易，驾驶着他们满载货物的帆船驶离珠江，救援团才能够开始为其提供"保护"。葡萄牙人驾船驶近英国人，等待着他们离开广州城。葡萄牙人用中文大声向英国人的帆船发出威胁，吓得英国船员只好降下船帆，让葡萄牙人的船队拖带着他们顺流而下。

因此，就算葡萄牙人没能按预期完成任务，表面上看却并非如此。在一大群满脸骄傲的葡萄牙围观者的注视中，英国人跟着他们的解救者开进了澳门港口，这令威德尔感到十分欣慰。当威德尔及其手下看清越来越近的三位愁眉苦脸的英国同胞时，他们才隐约察觉事情的真相并非表面上那么简单。

但是，就算在从罗宾逊一行口中得知此次任务圆满成功后，威德尔也没有动摇自己的决心，那就是完成船队现在可以做的生意，然后离开。耶稣会士为他重新翻译了那封被李叶荣不实翻译的文书。信里命他们离开这个国家的强硬要求、李叶荣的承诺、总兵的协助以及葡萄牙人不断抱怨的态度使威德尔认识到，他对中国的了解是多么的微不足道。

　　根据中国官员的命令，他签署了一份正式投降书，表示他和他的手下违背了中国的法律，如若再犯便甘愿接受中国人和澳门城给予的处罚。相比威德尔对中国人的生命财产做出的伤害而言，这种待遇已经是很仁慈的惩罚了（葡萄牙人还为此支付了一笔赔偿金）；在威德尔自己看来，这却是一次公开的羞辱。尤其当他不得不按照各种礼节，将投降书恭恭敬敬地上交给负责的中国官员时，这种感觉更是无以复加。中国的官员还是坐着两个人抬着的轿子前来澳门的，他身边不仅撑着遮阳伞，还伴有刺耳的音乐和旗帜。

　　和许多脾气暴躁的人一样，威德尔只能垂头丧气，像被扔到水里的火。他尝够了这些，变得既恼怒又焦躁，只想做完生意立马走人。

　　但这次航行的苦难还远未结束。11月，前往日本的船队在阴沉悲伤的氛围中回到澳门，带来了大量葡萄牙难民，他们都是从日本正值高潮的基督教迫害运动中逃出来的。许多难民跑到威德尔跟前，恳请他带着他们西去。他们的乞求实在是令人同情，以至于威德尔竟违背兵头的意愿，同意让一部分人上船。大约一天之后，彼德·芒迪来前去拜访兵头的住处。然而他还没来得及登上台阶，多明我就气急败坏地冲了出来，用粗俗的语言朝着他大声咆哮，质问他以为自己是在哪，是在伦敦还是在西班牙国王管辖下的土地上。也许是太过气愤，多明我甚至都没来得及解释生气的理由，就命令芒迪立刻离开澳门，如果第二天一早这里还有一个英国人在，他就会直接把其绞死。随即他就返回了兵头官邸，只留下芒迪哑口无言地愣在台阶上。①

24

---

　　①　兵头希望所有四肢健全的人都留在澳门。日本关闭了贸易之门，因此对中国人来说澳门将失去作用，在不久的将来，他可能不得不采取措施阻止中国人收回澳门。

当天晚上，芒迪用来开展贸易的小屋就被一群兵头的护卫包围了。他们带着照明物，还配有武器。很明显，他们被命令将英国人赶回船队。芒迪和他的同伴们只好低下头，他告诉这些突袭者，他们只计划再多待两天，清算完所有的债务，然后就会离开。护卫们相信了他的话，于是他们撤离了。

两天后，也就是 12 月 27 日（这恰好也是他们抵达澳门的六个月后），英国船队起航离开了，用彼德·芒迪的话说，他们"被这个城市和国家，甚至可以说是在刀枪相逼之下"驱逐了。

这次航行并不成功，许多钱在他们离开的时候还没来得及投资，且更大的灾难正等着他们。随着威德尔的主动性和船队的自信心不断滑落，船队陷入了个人冲突和内斗之中。彼德·芒迪在中转两次之后抵达了英国的多佛（Dover）。他是为数不多的成功返航者。船队在北苏门答腊地区的亚齐（Achin）解散了，随后一切都没有了。罗宾逊最后死在了马达加斯加岛。人们最后一次听到约翰·威德尔与蒙太尼兄弟的消息时他们在南印度的坎纳诺尔（Cannanore）。他们的船队再也没能返回英格兰。人们推测这些船只连同其船员可能在阿拉伯海的某处失踪了。

十一　中国对威德尔航行的评价

于是，英国人与中国的第一次通商之旅就此结束了。尽管这次航行并没有取得多少商业上的成果，但它仍然有着重要的地位，因为中国官场人士从这次经历中得出了一个关于英国人的结论，那就是虽然这些红毛夷相当危险，但只要对其施以威胁，他们还是能够被控制住的。因此，在中国的官方文件中，这个故事是这样的：一支全副武装的英国船队闯入珠江，然后被严厉的威胁驯服，最后他们投降并灰溜溜地走人。中国人并不明白事情的真相，那就是这一次，投降之所以发生，是因为威德尔的情绪发生了变化。他们只认识到，那套对付难以驾驭的夷人的陈旧方法获得了成功并被证明有效。没有一个政府拥有的行政记录比中国更加全面，也没有一个国家比中国更加偏好遵循旧例。从后来的类似经历以及相关的记录看，就是这种根植在中国官员心中的对威胁这种工具的盲信，最终给中国带来了其在 19 世纪遭遇的那种耻辱。

　　在审视威德尔的这段航行时，我们发现了一些在之后的历史中引发困惑的要素：一方面，在英国人那边，为何每一位像芒迪这样性情温和而有节制的人身边，总是有一个性情暴躁的威德尔呢？对于英国人性格的矛盾性，中国人感到十分的困惑。另一方面，在中国，为什么会存在当地商人想要和外国人通商，官方却不愿意对这种贸易给予许可的矛盾呢（虽然一旦贸易真正进行，他们又都渴望从中获利）？西方人对此感到同样困惑。而这些困惑所指向的，是存在于中国人与外国人之间的理解认知断层。如果想要建立有序的国际关系，就必须消除这种思想上的断层。而这一断层的存在基于如下事实：欧洲人像对待其他国家那样对待中国，用与其他国家交往的方式与中国交往；而对中国人而言，他们的国家是独一无二、至高无上的，是人类文明的唯一中心，华夏大地之外皆无魅力。如果双方都了解这一事实的存在，这种思想上的断层或许就不太重要了。然而奇怪的是，在很长一段时间内，他们都没有认识到这一点。而等到欧洲人确实开始了解中国人是如何看待他们自己与世界其他部分的关系，并隐约明白该如何与中国人进行谈判时，一切都已为时太晚，中国已沦为被武力打开国门的牺牲品。

26

27

第二章 法国人一马当先

一 荷兰使团进京

在威德尔访华至 1675 年的 38 年间，英国访华航行的次数屈指可数，且没有一次航行是有利可图的。在澳门与日本间的贸易被禁止之后，这块弹丸之地对于中国人已毫无价值，多亏耶稣会士在北京的影响力，澳门才得以苟延残喘，免于陷入绝境。1673 年，当东印度公司的"回归"号（*Return*）驶进澳门水域时，英国人发现澳门已变得贫困不堪。他们在此停留了 8 个月，做葡萄牙人唯一允许他们从事的现金交易。迫切需要开展贸易的澳葡当局，就少量的中国货物向英国人提出了荒唐的价格要求，阻止他们与中国商人直接做生意。为了榨干英国人口袋里最后一个先令，澳葡当局还故意拖延发放出港证，以至于英国人不得不假装自己的船员即将反叛，以此作为借口来获得放行。在这一时期，在东方的英国人越来越深刻地意识到，与中国的贸易是几乎分文不赚且毫无意义的。

然而，遥远的欧洲对中国的兴趣正在增加，这种兴趣还受到了

1656 年荷兰使团进京一事，以及他们出版自己经历的决定的鼓舞。这个出版决定在当时显得非同寻常，因为涉及贸易与地理事务的经历通常是需要保密的。在这本值得称颂的著作中，荷兰人对中国进行了详细的描述，书中还附有地图及插图。它是第一本摆在欧洲人面前的这类著作，唤起了公众的巨大兴趣，被译成多种语言。 28

荷兰人去北京的目的是与皇帝就一个协议进行谈判，说服他允许他们与中国进行贸易。荷兰人一开始就发现，中国长期隔绝于其他大陆，因此中国人在地理上对于其国界以外的地方几乎一无所知。使团成员们费了九牛二虎之力才让官员相信了荷兰的存在，相信使团成员并不是四处游荡的劫掠者。总之，他们在与中国皇帝与官员的沟通中，碰到了一些稀奇古怪、令人费解的难题。

对此，我们需要从另外的角度来进行解读。中国神秘的中心论起源于不可追溯的远古时期，至明清已经发展成一个高度进化的宇宙观体系。在这一体系中，北京是宇宙的中心，是天地阴阳的平衡点；中国的皇帝则是"天子"，是尘世中受人景仰的万物之主，他与生俱来地拥有并践行仁德，同时他主持一些与农业相关的仪式，严格依照天象行事，以此祈求风调雨顺、国泰民安，进而维持天地之间的平衡。

在这样的宇宙观中，来自其他大陆的外国使团是不存在的。中国是唯一的文明国度（事实上中国就是文明的代名词），在中国之外的其他族群都是部落夷人，这些异族当然不配与天子讨价还价。没有人可以与天子讨价还价，对于任何自以为他们可以这样做的人（如毕恭毕敬的荷兰使团），这种态度并不仅仅是一种闻所未闻的傲慢的体现（由于野蛮人的无知，这种傲慢被大度地容忍下来）。与天子谈判是完全不切实际的提议，因为它与中国的宇宙观背道而 29
驰。换个方向说，这就像一个讲着欧洲人听不懂的语言的东方使团前去拜见教皇，却告诉教皇他应该修改主祷文的措辞。

然而，在外来夷人中，有一些部族——荷兰人在表现出诚意后便获准加入了这个类别——表现得依稀了解文明的赐福，他们一次又一次地派来携带礼物的使团，以此表明他们的谦逊态度。这些礼物是贡品，由暹罗、缅甸、尼泊尔等印度支那半岛和中亚国家进献，献上贡品是因与文明世界保持往来而被赐予的荣誉。对这些国家而言，与中国的交往在许多方面都是大有裨益的，而且本国在邻国的声望可因此大大提高。换言之，中国对外国人的态度并非没有事实基础，但其已经被过分粉饰。

夷人首领派遣使团前来觐见天子，这被认为是值得称颂的事，因为这表示他们有变得更加文明的意愿，到中国的朝见让他们受益良多。他们还获得了仁慈的款待，中国为夷人使团的恰当言行设置了宽宏大量的法令。在天朝上国他们可获得所需要的一切供应。他们被隆重地护送至北京，皇室官员代表皇帝接受他们粗陋的礼物。然后他们获得了天子的接见，这是一种无法用语言描述的荣耀。

这是一种非常规范的仪式，其在宇宙观层面的潜藏含义使它几乎带有宗教色彩。黎明时分，皇帝庄严静默地坐在宝座上，宝座被放置在紫禁城这一世界最大的皇家宫殿里风水最好的交泰殿。在他的面前，外国使臣拜倒在地，行叩头礼——他们双膝跪地，额头着地，足有九回。

仪式过后，他们向世界之主呈上部族首领充满谦恭之辞的信件，然后受邀前去进用早膳。在不到两天的时间里，他们就可以收到皇帝的答信与厚礼，然后启程回国。

荷兰人走完了整套流程，甚至包括标志着其朝贡国地位的叩头，但没有取得成果。他们要求贸易的禀文得到了措辞严谨细腻的答复：由于荷兰在中国的万里之外，他们获准每隔八年派一艘船只前来。在他们出版的记叙中，他们尽力解说他们对自己经历的理解，但是他们没能弄清的一点是，被允许派使团访华只是一种礼节，它并没有其他含义。当发现使团的真正目标未能尽数达成时，他们将此事归咎于耶稣会士。耶稣会士努力使自己在中国的宇宙观体系中占据重要位置，如在钦天监及礼部等部门他们都拥有官职。荷兰人认为为了保护天主教掌控下的澳门的商业利益，耶稣会士在想方设法对付他们。总之，对于欧洲的读者而言，荷兰的故事仍透露出，只要方法得当，与北京进行商谈是有可能的。

受荷兰人的故事及其所揭示的中国国情触动最深的欧洲国家，是路易十四统治下的法国。早在 1664 年，法国人便决心入侵东方海域。西方在远东的努力开始于葡萄牙人在 1511 年至约 1600 年的统治性地位。1600 年，荷兰时代开启，葡萄牙人几乎被驱逐。然后是法国的时代，它从 1685 年持续到 1763 年。在此期间，阻隔中国与世界其他地方的第一道大门被小心翼翼地打开了，此外，由于法国的带头作用，以及各国对法国商船的纷纷效仿，中国人已知的最危险的欧洲夷人（历史之后的发展也证明了此点）得以站稳了脚跟：法国人为英国人开辟了道路。

二　中国港口对外贸开放

法国人所做尝试（其中传教的重要性最初绝不亚于对商业利益的追逐）的一个特点在于，以荷兰人的经历为前车之鉴，他们意识到直接往中国港口派船从事非法贸易并没有什么作用，问题的关键在于北京，以及所有欧洲人中唯一被允许在那里定居的耶稣会士。

最早来华的耶稣会士从本质上来说是很国际化的。第一位到达

31

北京的神父利玛窦（Matteo Ricci）是意大利人。他的后来者国籍众多，所有的人都在教皇的安排下来到中国，这在葡语中被称作padroado，即保教权。在这种安排之下，所有前往东方的传教士只有在获得葡萄牙国王的事先允许后才能乘坐葡萄牙船只，其结果必然是葡萄牙传教士占了相当大的比重。虽不以国籍区分，但北京的耶稣会士在某种程度上成了葡萄牙传教团。自然而然，此时他们对葡萄牙及澳门的利益保持着世俗意义上的忠诚。

极其偶然的是，当法国对远东兴趣陡增之时，北京的耶稣会领头人恰好是有亲法倾向的知名比利时人南怀仁（Ferdinand Verbiest）神父，他对葡萄牙保教权的不满之情与日俱增。南怀仁认为，欧洲正在经历剧烈的思想转变，葡萄牙传教士却没有跟上步伐，只有让更多法国神父前来北京，基督教才能在中国获得更多利益。

1676 年，南怀仁被任命为钦天监监正，这是中国的最高官职之一。南怀仁和皇帝交情颇深，对皇帝可产生重大影响。在写给巴黎耶稣会士的私人信件里，南怀仁绕过里斯本与葡萄牙保教权，催促法国多派一些神父前来北京。要实现这一点，当然需要用非葡籍船只运载神父，并允许这些船绕道澳门驶入中国的港口，因为澳门的葡萄牙人肯定会设法阻止法国神父抵达北京。1685 年，在第一批来自法国的两位耶稣会士还在前往中国的途中时，康熙皇帝宣布中国所有的港口都开始向外国船只开放。

三　开港背后的动机

在迈出这不同寻常的一步的背后，不知有多少不为人知的动机。这并不意味着皇帝下此谕令是为了法国的耶稣会士；但令人无法忽视的两点，一是法令的颁布十分及时，二是南怀仁是极有权势之人，在众多事项上连康熙皇帝都要听取他的意见。康熙皇帝风华正茂，天赋异禀，是中国历史上最伟大的统治者之一。因曾受南怀仁的前辈汤若望（Adam Schall von Bell）神父的教导，他对欧洲人有极其宽大的胸怀。开港不久后，康熙皇帝又颁布了一道不同寻常的谕令。这一谕令（1692 年）允许了基督教的存在，并把它提升为被中国官方认可的宗教之一。不管从哪个角度看，这两道谕令都表明了康熙皇帝对欧洲人的信任，这或许是人们在解释他颁布开港谕令的原因时能找到的最接近事实的动机。

同时，人们会不可避免地产生一种感觉，即康熙皇帝并不认为开放港口十分重要，在他心中其重要性肯定远未达到随后历史所证明的那种重要程度。想要对此有大致了解，我们必须弄明白中国人对于贸易与大海的基本态度。

在典型的中国生活理念中，贸易是所有事业中最低级的一种，它对于受过教育的人来说是不合时宜的。而且，在所有的贸易种类中，海上贸易又是最低贱的，在中国人眼中，海洋是常有海盗和走私犯出没的危险之地。值得注意的是，海盗之中就包括备受蔑视的日本人，中国人称他们为倭寇，意为矮个子海盗。但近 40 多年来，日本回到了与世隔绝的状态，日本海盗也不再成问题。好几个世纪以来，中国沿海地区都被当作整个中华最没有吸引力的部分和最无足轻重的边境，对其不多的关注也只是因为需要解决海盗这一痼疾。这种想法贯穿始终，因此中国人很难相信欧洲人抑或是他们的贸易能有什么实际意义。大海从来没有带来过任何好处。

将以上一点与开港谕令及南怀仁的影响力结合起来看，我们几乎可以确定，康熙皇帝在开港之时并没有太多想法，不管是开港带来的好处还是坏处。当谕令的影响后来逐渐显现出来时，康熙皇帝对此的犹豫不决，也并不与其之前不在乎的态度相矛盾。而南怀仁

33

的动机则更加清晰。他的目标是法国耶稣会士在不受葡萄牙人阻碍的情况下抵达中国（次年第一批法国耶稣会士便会到达），法国的知识分子应该取代在京的葡萄牙人，此事刻不容缓。南怀仁心中的贸易就是法国的贸易，应该由搭载着法国神父的法国船只完成；而对于康熙皇帝来说，这跟之前中国与葡萄牙开展的贸易大同小异，实在是微不足道的小事，其重要性无法比肩治理国家，也无法比肩保卫陆上边境（中国人眼中唯一边境）不受游牧民族侵扰或镇压地方起义。事实上，回顾历史便可发现，开港谕令正是"千里之堤，溃于蚁穴"中最终铸成亡国大祸的"神秘蚁穴"。

四　英国船只季节性来华的开端

就如那个年代的所有谕令一样，1685 年颁布的谕令要在两年多后才能在遥远的广州和澳门受到关注，而当外国人意识到某种变化业已发生之时，又已经过去了数年。这种情况之所以会发生，是因为双方都无法理解对方的书面文字。

对于英国公司而言，法国在东方影响力的扩张使英国人认识到他们需要在中国有稳固的基地，以免被法国人占得先机。从 1675 年起，英国人一直在厦门进行贸易活动，从台湾来的海盗以明朝政府的名义控制了厦门的港口，而明朝的统治在 1644 年就已经被清朝结束了。① 厦门的优势是靠近中国盛产丝绸和茶叶的地区。在与中国进行交往的初期，欧洲人对丝绸就已经有了很大需求。对茶叶的兴趣则是新生的，从前留给瓷器、珍珠和食用大黄的舱位如今被用来装载小批量的茶叶。但是，在清朝将福建省纳入其管辖范围

34

---

① 　清朝为满人的皇朝，满人于 1644 年征服中国，其统治一直持续到 1912 年。

后，贸易（所有贸易都是非法的）所需的条件被严格限制。到
1683 年，欧洲人不得不放弃厦门。17 世纪的最后十年，东印度公
司意识到，出于某种无法解释的原因，对华贸易条件又变得宽松起
来；同时，中国把距离最近、条件最优的珠江开放给了外国人。
1699 年，英国东印度公司派出他们的"麦克莱斯菲尔德"号
（*Macclesfield*）到那个区域再次做出尝试。

英国人对贸易成功的期待值不高。在十年前，也就是 1689 年，
在他们的"防卫"号（*Defence*）访问澳门的期间，他们被卷入到
了一件不愉快的事件中。据说葡萄牙人说服了中国官员，指出英国
人因不守规则而臭名昭著（从威德尔的航行起他们就是如此），因
此应该对英国人采取特殊措施。于是中国人要求英国人交出"防
卫"号的桅杆，这个行为超出了中国人的权限范围。

由于大班①（这是当时中国人对贸易官员的称呼）被允许乘坐
大艇直接前往广州——这相比以前的航行条件有明显改善——因此
英国人没有对卸下桅杆直接提出反对。但是"防卫"号的船主威
廉·希斯（William Heath）跟威德尔性情相近，当各种关于吨税和
其他琐事的争论不绝于耳时（每一趟中国之旅都要在这些事情上
浪费太多时间），希斯大发脾气，立即派出一支突击队前往澳门南
部的凼仔岛，他命令突击队员用武力夺回桅杆。

突击队员发现了桅杆，打倒了一名中国卫兵，企图携桅杆迅速
逃往大艇。在他们开船之前，中国人从海滩上朝英国人扔石头，其
他一些人也加入其中，愤怒地大声叫喊，这吸引了更多的围观者。
好几批石头从多方飞速而来，一些英国人受伤了。为了掩护突击队

---

① 大班对应的英文是 supercargo，这是当时中方对来华贸易船的商务代理人的称
呼。——译者注

撤退，英国水手们朝来势汹汹的中国人开了火。

　　第一枪一发出就打死了一名中国人，在随之而来的一片震惊
35 中，几十名英国人急忙后退以寻找掩体，"石雨"因此戛然而止。
船员们趁此机会携桅杆以最快的速度返回到"防卫"号上。这场
骚乱引起了中国政府的警惕，一艘泊在锚地的中国船向英国人开
炮，岸上全副武装的中国防卫部队也加入了开火的行列。由于中国
人操纵火炮的技术低下，大艇在不太困难的情形下驶走了，但是其
他人员，包括船上的医生，被落在了岸上的村庄里。在听到射击声
后，他们急忙跑到埠头，却发现大艇已经离开，而他们自己则成了
大众愤怒的牺牲品。海员从大艇上看到医生"惨遭砍倒"，[①]　其他
人也被抓住痛打。

　　当人们停止砍击后，医生尚有一丝气息。他们将其拖到了氹仔
的岗亭，然后把他与被海员射杀的中国人的尸体拴在一起。所有人
都不得为他处理伤口，不久后他就成了死尸中的一员。

　　又与威德尔一样，希斯很快由咆哮不已变得温顺，他甚至不再
等待大班从广州返回就直接下令起航离开。他交给一个友善的中国
商人一笔钱，恳求该商人拿它赎回被拘禁的英国人。"防卫"号起
航时并没有带上他们。

　　在"麦克莱斯菲尔德"号于十年之后驶往中国时，人们以为
中国官员仍会记得这一事件，并会以此为难英国人。当中国人选择
铭记时，十年时间对他们来说甚至比一天还短。但中国人对那件事
只字不提，这让英国人惊讶不已。在新谕令面前，这些小事完全微
不足道。我重复一次，中国人选择不去在意，但过去并没有被他们
遗忘。希斯证实了一个中国人惯有的看法。

---

　　①　见东印度公司的记录，转引自 H. B. Morse：*Chronicles*。

在澳门确定吨位费之后，"麦克莱斯菲尔德"号溯流而上，到达广州的港口黄埔，大班乘中国式帆船来到广州城，在此他们被允许租用一所供整个夏秋季节居住的房子。法国人比他们早一年来到广州，这成了一种优势，使英国人和中国当局的谈判变得更容易。　36

"麦克莱斯菲尔德"号的航行标志着东印度公司与中国定期贸易的开端，它是第一艘获利的英国来华商船。广州市场上销售的主要商品是英国毛织品；丝绸（包括生丝和丝织品）是主要的采购品，其次是黄金、胡椒（先从印度尼西亚运来然后再次出口）、茶叶、水银、瓷器、小摆设——其中还包括嵌着六个珍珠母的300个茶几，此外还有10万把扇子。

1700年，"麦克莱斯菲尔德"号向南航行，从那以后的每一年，东印度公司都会派遣一艘或更多的船只前往广州、厦门、福州和宁波进行贸易。

五　中国人关于人口与白银的经济理论

中国为什么直到当时仍坚持阻止对外贸易？新法令到底在什么方面做出了让步？我们已经了解到中国人厌恶来自海上的人，因为这些人大多是海盗、走私者及其他不良分子，任何明智的政府都不会赞同他们的所作所为。除了阻碍外国人来华外，为什么中国政府同样阻止本国老百姓外出他处开展贸易活动？任何中国人和中国船只都不得离开本国，这是中国的基本法律。

早在几个世纪前的明朝，庞大的中国船队曾远赴锡兰和阿拉伯，当时堪称中国历史上非同寻常的扩张时期。1431年，随着保守政策的复辟，这个大航海时代骤然结束。出现这种情形的理由不胜枚举，唯一值得一提的是它涉及很高比例的中国海外移民（他

们的目的地是吕宋、暹罗、马六甲等地）。一些更保守的官员对于移民的趋势十分警惕，为了巩固自己的统治权，他们做的第一件事就是结束这种局面。他们的措施从 1431 年起生效，所有侨居海外的中国人都不得回国，也不再有任何中国人被允许离开。

由于阻止海外移民事关重大，因此此刻我们应该了解一下促使中国人形成这种观点的原因。如果有什么能让一个人将"移民"与帝国时期的中国联系在一起的话，那就是"经济"。中国有着极其古怪的经济观点，它们就像其宇宙观一样虚幻，而且这两者之间有着紧密的联系。

在中国边境之外那令人厌恶的蛮荒之地，基本上没有什么东西可以食用——或许仅有植物的根茎和野生动物的肉。这意味着如果允许中国人前往这样的地方定居，就需要向他们输送大米和购买必需品的金钱，因为在中国国界之外没有房子，没有合适的做衣服的布料，甚至连碗筷都没有。因此，对外移民和定居海外意味着为了支持移民们的艰难生活，大米和银两都会源源不断地流出。在中国的经济理论中，这个论点因其重要性被反复讨论。人口、银两和大米绝不能流到海外去。

由此可见，康熙皇帝的开港谕令稍微有些背离之前的政策。这一谕令仅被视为稍有偏离，是因为在中国人的理论中，谕令的主旨没有发生任何偏离：虽然外国人被允许来华，但是中国人仍不许离开，否则就将面临死亡的痛苦。

六　港口的混乱

如果有什么没有被想到的，那就是普通中国百姓对开港带来的机会的反应。中国人对从中牟利充满热情与决心，为实现这一目的，他们中有人不择手段、目无法纪。语言造成的沟通不畅与贸易方式的差异使欧洲人从一开始就成为各种卑鄙的中国骗子的猎物，他们的诈骗手法层出不穷。像李叶荣一样的人有增无减；中国商人冒充官员征收子虚乌有的税费；骗子假冒商人携带货物及贷款销声匿迹；广州的暴民嘲笑外国海员并朝他们投掷石块。欧洲人抵达哪个港口，哪个港口就会秩序迅速恶化并变得宁静不再。

38

欧洲人内部的差异加剧了这种混乱。法国人和英国人不是唯一利用新条件的外国人，荷兰人、西班牙人、丹麦人、瑞典人也来了。虽然各国大班可能拥有良好的意愿，但一旦海员们在岸上相遇，情况就另当别论了。在欧洲各国，政府一直将海员视作麻烦。置身于遥远的中国城市，海员们没有了任何约束，他们与对自己持有传统敌意的来自其他欧洲国家的海员朝夕相处。由于只有一支有名无实的中国部队维持秩序，每个贸易季都嘈杂不堪，充斥着无数的打斗、凶杀和争吵，它们经常无异于小规模战争。不只海员应该被谴责，船上的管理人员中不乏像威德尔和希斯一样的来自各国的趾高气扬、妄自尊大的人。一旦这些管理人员被卷入争斗，事情只会更糟——他们能"更好地"引导与组织冲突。

底层的中国民众使局势变得更为严峻。他们迎合海员，为他们开窑子、设酒肆、建赌场，用廉价的中国烈酒把他们灌醉，然后在他们醉倒后打劫他们（这是一种惯用伎俩）。

要对局面有准确的观察，我们必须认识到每年来中国贸易的各国船只不多于 12 艘，它们分布在 5~6 个港口。外国商船往往停留6~8 个月的时间，这意味着在此期间骚乱会一直持续。从来没有见过此类情况的官员们将骚乱上报到了北京。

皇帝以拖延与优柔寡断的态度给出了回应，事实上，朝廷对于此事一直持有并持续了 70 年的态度可能据此形成。朝廷之所以

39 优柔寡断，是因为如下事实：尽管港口混乱，但不断上升的贸易量增加了财政与皇帝的个人收入。处理这种局面的办法因此是一系列的妥协与折中，它们的目的是限制欧洲人（因为他们很危险），同时确保贸易的顺利进行（因为贸易有利可图）。由于欧洲人得不到母国陆军和海军的支持，对中国人来说，此等妥协有实施的可能性，而且可以长期维持。

在港口出现的所有问题中，最为重要的是广泛蔓延的中国商人破产的现象。欧洲债主对此大为愤慨，他们甚至频繁地冲入并洗劫商铺，这引起了极大的公愤。这一现象的发生是因为中国的商务运作通常建立在很小的资本量上，有时候甚至完全没有资本。一阵邪风的吹袭就会使许多看似安全的体系瞬间崩溃。在港口商业繁荣的时期，这种事情频繁发生，不足为奇。此外，渴望进行贸易的欧洲人使本就不够安全的运作基础变得风险性更高。他们为保证贸易顺利开展贷款给中国商人，但中国商人中的佼佼者也可能因为这样或那样的原因不幸破产，他们很容易借道逃匿到中国的内陆城市并从此销声匿迹，在那里没有人能够找到他们。在大多数情况中，他们的欧洲债主甚至对他们的名字都一无所知。

为了解决这个问题，广州在 1702 年做了一个尝试，让所有对外贸易通过单一的中国经纪商进行，由经纪商负责兑现欧洲人的承诺并增加中国政府的外贸财政收入。担任这个职务需要庞大数额的资金，甚至最富有、收入最稳定的广州商人都承担不起。1704 年，由于欧洲人表达了强烈的不满，中国经纪商被准许向其他人转移一些自己的责任，这些人付钱给政府以获得特权。

在之后的岁月里，广州成了最受欧洲人欢迎的港口，其贸易量快速增长。正因为如此，欧洲人对这些限制性代理制度的不满与日俱增。1715 年，抱怨声最大的英国人要求自由选择对象进行交易，

40

否则他们将把贸易转移至厦门。他们要求中国的海关总监（即负责外贸的官员）保护他们不受中国人的侮辱和谩骂。不过官员对他们的要求没有立刻做出回应。

但是，对外贸的不满具有两面性。在康熙皇帝的晚年，他对欧洲人不再抱有幻想，虽然较之过去所有的皇帝他是对他们最为宽容的。天主教会内部的多次争吵使康熙皇帝对传教士的兴趣逐渐减弱。而在贸易方面，不仅港口的情况乱成一团，而且中国人也再度开始移民海外，虽然人数很少，但它是一个危险的信号，必须不惜一切代价阻止事态进一步恶化。为摆脱港口里的外国人，同时保留他们来华带来的经济利益，康熙皇帝于 1719 年意外地向葡萄牙人提议，自此所有的外贸活动应该全部仅在澳门进行。

七　澳门的黄金时机

自在 1640 年前后结束了与日本的贸易后，澳门经历了历史上最黑暗的一段时期。作为葡萄牙的驻留地，澳门勉强维持。在康熙皇帝开港之初，澳门的反应只有怨愤和怀疑。对于皇帝的谕令，住在澳门的葡萄牙人看到的主要是他们在澳门古老的垄断权利被剥夺。他们也眼睁睁地看着欧洲新兴强国乘着更先进的船只来到中国，而他们自己则变得毫无价值。

随着越来越多的欧洲人到来，澳门的形势稍有改善。一种季节性的模式开始了：外国船只在夏日炎热潮湿的南风中抵达，在冬日清凉干燥的北风中离开。每年的夏天和秋天，澳门到处都是来自欧洲的访客，他们或是等候着泊在凼仔岛的船只丈量完成，或是等待着离港许可的签发。在如此情况下就可以赚取收入了。根据葡萄牙法律，外国人不得在澳门居住或经营业务。但是，外来访客可在葡 41

萄牙人家里作房客，或用葡萄牙商号的名字做生意，这使不少澳门人的财务状况得以改善。

更为重要的是，西班牙王位继承战争（War of Spanish Succession）结束了葡萄牙和荷兰两国的对峙局面，因为在此战争中它们共属大联盟（Grand Alliance），而正是这一对峙的局面使葡萄牙帝国在东方的势力只剩原有范围中贫困潦倒的一部分。如今，荷兰船只定期驶来氹仔。澳门船只也能够驶往帝汶和印度而不用担心荷兰人的袭击。澳门船坞又活跃起来，整个城市的发展迈出了新的一大步。由于葡萄牙资源匮乏，所以这一步迈出的方向不是洲际贸易，而是所谓的港脚贸易（country trade），即在东方水域内的贸易，尤其是与印度的贸易。作为不断兴起的英国殖民地加尔各答的老主顾，葡萄牙人主要交易香料、棉花和鸦片，并出口来自中国的丝绸、茶叶和瓷器。

然而令人吃惊的是，在澳门经济情势稳步改善的情况下，澳门议事会在考虑了皇帝给予的重大机会后竟拒绝了这个提议。

为什么？

不管葡萄牙人身在何处，只要有人提议允许其他欧洲人进行贸易，一些相似的情形就会出现：一旦一个富有远见的葡萄牙人，为获得进步和财富，而提出允许外国人在葡萄牙控制的土地上自由贸易的建议，他就不得不面对多数人的反对意见，因为他们害怕这样做会使资源和人力皆有限的葡萄牙被外来者吞没，担心这些土地会脱离葡萄牙的掌控。在葡萄牙人进行殖民扩张的每一处都发生过类似的争论，且结果始终如一。1719年，这一争论出现在了澳门。

在这次争论中，议事会议员们脑中想着的情景是，中国海关监督官署从广州迁到澳门，变成了此地最为重要的建筑物，其重要性甚至超过修道院和宫殿；他们看到官阶低微的驻前山县丞（其官

42

署被他们称为"卡萨布兰卡")① 携带其师爷和仆役,加强了对澳门城的控制。他们不幸没有看到的景象是,在从湾仔的山脚延伸至城墙之下的澳门城郊,内港与外港停泊着各国船只,议员们成为富甲一方的企业家,而"卡萨布兰卡"中的官员则变得无足轻重。

平心而论,还是有不少葡萄牙人对议事会的决定表达了强烈反对。印度果阿的葡萄牙总督多姆·路易斯·梅内塞斯(Dom Luis de Meneses)在得知这一消息后大吃一惊,他急忙给远在北京的耶稣会士写了一封信,恳请他们向皇帝建议保留此项提议,并给予澳门议事会重新考虑的机会。可惜一切为时已晚,黄金时机已悄然而逝。

八　"户部"与公行

在此后不久的 1720 年,通过政府任命的经纪商在广州进行交易的贸易体系被取消。驻广州的海关总监——对这一职位的另一个中文称呼为粤海关部,在外国人口中它是"户部"(Hoppo)② ——设立了一个中国商人团体作为贸易平台取而代之,它就是外国人所知的公行(Co-Hong),所有的涉外商务都在公行办理。公行里的商人数量有限,只要出现空缺,就向外界招标,理论上由投标最高的人补上空缺,但实际上中标的往往是向"户部"献上了最丰厚礼物的人。

---

① 从澳门的内港看去,县丞的府邸被粉刷成了白色,因此它被称为"卡萨布兰卡"（Casa Branca）,意为白房子。
② "户部"为外国人对粤海关监督或粤海关官吏的称呼,这一称呼可能与明清时设立的向渔民征收渔税的机构河泊所有关。参见〔美〕威廉·C. 怀特（William C. White）《广州"番鬼"录》,冯树铁等译,广东人民出版社,1993,第 26 页。——译者注

这个公行体系是一种小小的进步，它使广州保持了其作为最受外国人青睐的港口的地位。虽然这个体系为对外贸易提供了渠道，但它也使敲诈勒索系统化，没过多久就如经纪商体系一样受到猛烈抨击，这一次批评又主要来自英国人。虽然最初的设想是公行的成员独立经营各自的业务，但最终这群中国商人不可避免地组成了一个行会。行会在广州享有垄断权利，因此由他们控制的货物价格是随意的，它通常远远高于商品在中国的市场价值。官员们从这些丰厚的利润中大肆掠夺，有时候竟把价格哄抬得更高。在广州，"户部"这个职位备受追捧，逐渐变成中国最有价值与最令人称心如意的官职之一，其送给皇帝的私人礼物也往往是最贵重和最令人满意的。

这种情况使我们认识到皇帝对对外贸易姑息纵容的另一重要原因——他本人就是这种贸易的最大受益者之一。例如广州的"户部"通过竞标来任命公行的成员，北京对"户部"等职位的指派是由皇帝主持的竞标，不过后一种竞标的规模更大，中标者是向皇帝的私人腰包送礼最多的人。随着贸易额的增加，能对贸易进行压榨的职位也在不断升值，当然，送给皇帝的礼物价值也在攀升。

九　蚕食体系

随着欧洲船只的体积和运载能力增加，航程中的危险随之减少，最初与中国的交往中的季节性因素——乘东南风而来，驾西北风而归——的影响显然逐渐减小了。当时的趋势是离开中国的时间被推迟到了冬末，只要船长们能在季风改向前驾好船只，贸易就能持续进行。在其他船只迎着第一波夏季风来到中国之时，这自然导致了以下局面的出现：几乎一年四季都有外国商船抵达中国海岸的某处。1842 年之前一直存在的关键问题——外国人在中国的居留问题开始凸显出来。

我们已经注意到欧洲贸易商是如何打着葡萄牙商号的名义以房 44 客身份悄然进入澳门的。自 1720 年以来，一些主要的广州商人因为不是公行成员而无法在对外贸易中分得一杯羹。他们于是开始在澳门收购廉价房屋，当外国船只为确定应缴纳的税额在氹仔被丈量尺寸时，他们可以在这些廉价房里大量进行交易，这使他们不必受公行垄断的影响。严格意义上的中国和葡萄牙法律禁止中国人在澳门拥有房产或者在那里居住，但是只要将礼物送给正确的人这并非不可能之事。

在欧洲人眼中，这种发展趋势更有利于他们在澳门逗留，但由于这种违法的交易只是小规模地进行，它还没有触及最主要的问题——获得在广州的永久居留权。

按照中国当局的安排，广州河南花园岛对面的江边的一块地被留给了欧洲人，以便他们在贸易季使用——更准确的说法是曾经的贸易季，因为贸易的季节性已经渐渐不再明显。和从前一样，贸易季的高峰期大致为天气凉爽的月份，基本上是 9 月到次年 4 月。虽然被禁止在广州拥有土地和房屋，但是法国、英国、荷兰等国较大的国营公司都从公行商人的手中租用了保留地的房屋，以将其改造成具有外国风格的新建筑。欧洲人每年的早到晚归使他们逐渐成为这座城市的实际居民。

中国人管理贸易的规则是根据如下假设设立的：贸易季快结束之时夷人就将驾船离开并回归其母国。这一假设在早些时候多多少少是与事实相符的。每当欧洲人向公行商人提出希望在广州留下代表，以便在夏季处理公司的事务和为下一个贸易季的买卖做准备的时候，中国商人便会转移话题。这样的要求不会得到回应，而且如果向"户部"提及此事，商人自身也将面临脑袋不保的风险。外国人在中国过夏的念头不是三言两语就能打消的（虽然中国官员认为越早将他们赶出广州越好），而在中国的宇宙观中不存在他们留下来的可能性。要怎样做才能留下呢？他们不得不把货物打包回家与家人团聚。

45

但是在中国，任何在直接提出请求时会被一口否决的条件都能以蚕食的模式一步一步地达成，这样做甚至还可以省去请求带来的麻烦。蚕食般的循序渐进是中国的基本体系。通过一系列既成事实，很多事情就能逐步实现，且不会将任何人置于同意或拒绝的两难境地。

在广州，最先证实这种方法可行的贸易商是法国人。1729年的夏天，他们悄悄地让中国公司（Compagnie de la Chine）留下了一些人。没过几天，官府注意到了他们的存在。再小的既成事实都会引人注意，但只要它们足够微不足道，就不会引发任何问题。法国人没有因他们的不法行为被正式问话，中国官员也总是尽量避免与外国人直接交涉。受到责备的是公行的商人，他们深表歉意。他们解释说，最后一艘法国商船当时不得不离开，法国人要留在澳门并不容易，因为这种做法是违背法律的。凭着这些借口和一些像样的礼物，官员们没有再说什么。1731年，东印度公司也不甘落后，同样在非贸易季留下了一个代表。荷兰人也做了同样的事。

在英国人的例子中，略显呆板的刚正品质这时发挥了作用（在我们普通大众看来，这是难以理解的）。东印度公司远在伦敦的上级提醒当地的主管人员必须遵守中国的法律。在两个季节后，非贸易季的代表被撤回。然而，这并未对此处的主要问题造成影响。法国人和荷兰人留下来了，小小的进展实现了。

十　中国人的摇摆不定和葡萄牙人的小心谨慎

在中国沿海，品德端正难以立足，因为一股令官府大为困扰的弄虚作假、自欺欺人之风正在横行，这在法律和贿赂两者间的有趣的关联上体现得最为简单明了。

比如说，1711 年葡萄牙通过了一项严格的法律，希望以此阻止中国人在澳门持有房产和修筑房屋。[①] 但是只需稍加观察，就能发现中国商人构成了这座城市人口中的重要组成部分，并且他们正在修建房屋。后来，又有一项针对欧洲房客的法令，但奇怪的是，没有哪一位房客因此离开这片土地。1729 年，康熙皇帝的继位者雍正皇帝颁布禁令，禁止夷商向中国输入鸦片，但每一艘到达中国的外国商船都运载了鸦片。东印度公司在加尔各答通过一项规定，要求公司的所有船只都不得运载鸦片，且在每次航行的开始这条命令就会被贴出来；但每一艘东印度公司的贸易船都会多少携带一些鸦片，它们被装载在公司职员私人贸易区的舱位里。1719 年，中国重申了一条古老的法令，禁止中国人通过外国船只移民海外，但是许多船只上都运载了中国人。诸如此类的情况不一而足。

在很大程度上，雍正皇帝不像他的父亲那样对欧洲人抱有好感。自他统治中国以来，中国就断断续续地采取了一系列压制基督教的手段，到 18 世纪末期，基督教在中国完全销声匿迹。但在

---

① 19 世纪中叶之前，澳葡自治机构只拥有对澳门城内葡萄牙人的管理权，澳门的华人由中国政府管辖。19 世纪中叶，葡萄牙人夺取了对澳门的管治权，澳葡自治机构转变为殖民机构，此时，葡萄牙人方才开始对澳门华人进行管辖。高志此处提出澳葡自治机构通过制定、采用葡萄牙本国法律来限制华人在澳门拥有地产，这一说法并不准确。——译者注

与欧洲人密切相关的另一个问题，即欧洲人的对华贸易问题上，雍正曾如其父一样态度摇摆不定。但是为了达成某种妥协，1733年，他违背了父亲的最初意愿，向葡萄牙人表明，外国人只能通过澳门与中国进行贸易。

澳门这座城市内部状态良好，于是议事会准备利用这个机遇。这一次，反对意见来自澳门的主教，他不允许来自世界各地的单身汉寄宿澳门，尤其不允许一大批新教徒置身澳门，他认为欧洲人的堕落会影响城市的道德水平。主教获得了印度果阿总督马士加路也（Dom Pedro Mascarenhas）的支持，后者对外国人持有相同的意见，但基于不同的原因。双方的联合反对不容抵抗，否定的答复被再一次呈往北京。

两年后，雍正皇帝驾崩，他的儿子和继位者乾隆皇帝在掌权一段时间之后才开始把注意力放到贸易事务上。

十一　安森在珠江

同时，有一件事情发生了，虽然它在其他许多国家不会留下历史痕迹，但不管怎样，它打着独特的、具有里程碑意义的幌子，在神秘的外衣下侵入了中国人的宇宙观。这件事是中国获得的一系列警告中的头一个，警告的内容与同中国人打交道的外国人的力量和野心有关。虽然在很多时候官员们没能正确理解警告，但这一次他们故意低估了它：1742年，中国迎来了英国皇家海军的第一次造访。

当时，大不列颠正在和西班牙交战，这场战事被称为詹金斯的耳朵战争（the War of Jenkins' Ear）。在战争期间，舰长乔治·安森（George Anson）指挥的海军舰队奉命沿南美洲海岸摧毁西班牙在太平洋的利益，此次航行的主要目的是拦截每年从位于太平洋海岸的墨西哥阿卡普尔科（Acapulco）开往菲律宾马尼拉的西班牙大帆船，船上载满了金块和当时世界上最值钱的货物。1742年，西班牙人在得知安森的行动后没有派遣帆船到马尼拉。安森的这次航行遇到了很多苦难，旗舰"百夫长"号（Centurion）甚至差点失踪。年末，安森终于到达澳门，他想在那里将船侧倾，对其进行修理并补给一些新鲜食物。一到澳门，他就写信给澳门总督，要求其介绍与广东当局打交道的步骤，以便船队使用广州的港口设施。

　　安森起初并没有意识到，他的到来竟使澳门总督陷入了极其难堪的境地。皇家战舰"百夫长"号虽然需要维修，但在中国人看来它令人畏惧，他们认识到了欧洲的海军力量，尤其是英国的军力。中国官员认为英国人是所有欧洲人中最难对付的，这个夷人部落比其他所有部落都更有必要密切关注。一旦葡萄牙人向安森提供了任何帮助，他们必将会因军舰的存在而受到中国官员的责难，这将给澳门带来罚款以及其他令人困扰的严重后果。因此，在回复中，总督建议安森到中国人不太能注意到的氹仔岛把船倾倒修理，并且警告他如果要沿江而上，就必须像其他商人一样缴纳吨位税。48

　　依照当时欧洲的海关惯例，泊在外国港口的军舰是不需要缴纳税费的。这是外国海军首次航行到中国，安森清楚他将开一个先例。他决定无论如何都不会交税。他将总督的回复理解为澳门能够向他供应补给品，于是他上岸拜访总督，同时告诉总督他的需求，却在无意之中又让葡萄牙人陷入更加难堪的境地。澳门总督解释道，自己必须在获得两广总督的授权后，才能给英国人提供补给。安森冷冷地答道，既然如此，那他就自己去广州见两广总督。他租了一只中国的小船，并向阻止他离开的中国官员警告道，如果他们不立即下达必要的许可，他就会乘坐"百夫长"号沿江而上。于是，许可被迅速签发。

安森借宿在东印度公司广州城内的商馆，该商馆集居住、办公、仓库和银行功能于一体。安森后来发现，想要接触两广总督或是任何其他官员，唯一途径便是由公行商人引荐。这些商人态度友好，他们抱歉地解释，对于他们来说，帮安森舰长安排一次会面风险太大了，因为他们一旦这样做就会被误认为在为"百夫长"号做担保。

　　担保是中国用以维持港口秩序的典型方式之一，它根植于中国的贸易实践，自 1720 年起被引入外贸体系。每一艘船及其船员、每一位待在岸上的外国商人，以及大多数与此贸易相关的中国人，都必须由一位负责人担保，其中外国人和他们的商船须由一位公行成员担保。一旦被担保人犯下任何一丁点儿错误，担保人就可能被处以罚款、监禁，或者被流放外省。这是官员在尽可能避免直接与外国人打交道的同时对其施加控制的主要方法之一。

　　公行商人只要因外国商船而求见官员，就是在为他们做担保。如此一来，他们中任何一人为安森禀请都会面临危险，对军舰的责任会立即落到请愿者的肩上，如果他们放舰队进入中国水域，便会受到流放的惩罚。

　　此外，假如安森提出了税收的问题，他一定就能发现他自己正直面着中国人宇宙观令人费解的复杂性（虽然就这一点还没有明确的解释），因为免除税收是另一个不被许可的请求。根据中国的理论，所有夷船都是运货船。在中国人的观念中不存在只用来打仗的外国船，所以没有形成相关的规章制度。

　　安森认为公行商人的观点不能令人完全信服，但承认这的确是个难题。回到氹仔后，他让人用中文给两广总督写了一封信，信中说他想早日离开，请求总督派人帮助他整修船只。正如他预计到的，此举使官府松了一口气，双方迅速开展的合作证实了此点。一位和蔼的老官员登上"百夫长"号与军官们共进午餐，然后倾尽全力帮忙整修船只并供应补给。他大量饮酒，但没有表现出丝毫醉意，英国人对中国这一社交艺术印象深刻。

整修工作完成后，安森于 1743 年 4 月离开了澳门海岸。

十二　中国人对安森的印象

但是，安森并没有回到英国。

三个月之后，他再次进入珠江，拖着西班牙的宝藏船参加 1743 年的贸易活动。他抓获了几百个西班牙战俘，获得了价值 40 万英镑的战利品，这些战利品的价值之高在历史上都排得上号。50

安森深知自己的出现会使葡萄牙人感到难堪，他径直驶入了虎门，亚娘鞋炮台仍然像威德尔到来时那样无人看管。安森无视中国人的命令来到了虎门的横档岛（Tiger Island），在他经过炮台时没有一架大炮开火。像之前一样，他一到那里就提出了补给供应的要求。

官员的反应完全在意料之内。安森第一次到访时，中国官员仔细地打量了他，把他跟其他英国人，尤其是那些他们了若指掌的英国商船的船长做了比较。在他们眼中，他是一个稍显特殊的夷人，是第一个闯入天朝的重量级红脸夷人，他看上去沉默寡言、通情达理，估计有几分教养。现在他们看穿了安森的伪装：他比他们记忆中来到中国的所有其他夷人都要危险，是一个令人闻风丧胆的海盗。中国人向来对从海上而来的外国人持有怀疑，并对海盗行径深恶痛绝，因此要想完整地描述他们怎样看待安森俘获西班牙帆船一事是不可能的。请注意，对于英国来说，这次掠夺已然是一件惊天动地的国家大事，对于中国古怪的官僚体系来说，这更是令人毛骨悚然。

这位沉着冷静、宽宏大量、善解人意、具有绅士风度的海军军官继续保持着他在英国的一贯行事风格，其所做所为也完全符合他所属的那个阶层对他的要求。但很奇怪的是，中国和西方这次在认知上的分歧比以往任何一次都更加明显和绝对。这是因为安森的航行凸显了当前局势非比寻常的另一面：中国人发现，比起这个受过教育的、来自新欧洲的绅士，他们更容易摸清威德尔的底细。因为一些无法解析的理由，两种形象间的差距不知不觉地进一步扩大了。

安森进行的一切活动都无意识地巩固了中国人将他视为卑鄙之徒的印象。同知印光任奉命与安森进行谈判，他提出为"百夫长"号提供补给的条件是缴纳吨位税和释放西班牙囚犯。虽然安森迫不及待地想要摆脱这些囚犯，但他故意不同意释放他们，希望以此为筹码来商讨吨位税问题。于是当印光任离开时，他抱着的想法是，想要说服这个冷静、彬彬有礼但又令人讨厌的舰长大发慈悲释放这些饱受他残害的犯人是非常困难的。印光任在写给上级的书信中表达了这样的看法。岸上的西班牙军官无论怎样替安森说好话都不能减轻他在这次纯粹的谈判中留给中国人的不良印象。

9 月，安森仍然没有获得补给品，他于是乘坐驳船前往广州。由于公行商人保证安排补给，以及英国商人祈求他不要仓促行动以免破坏未来的契机，安森又多等了两个多月。要不是安森驳船上的英国海员在广州城里发生的一起严重火灾的灭火过程中表现突出，他恐怕还要再等上数月。如果没有这些海员帮忙拆除火势蔓延路线上的建筑物——没有哪一个中国官员愿意承担下此命令的责任——广州城将会有更多地方受灾。

这场大火挽救了局势。吨位税不再被提及，安森获得了两广总督的亲切接见和赞扬，西班牙战俘获得释放，"百夫长"号得到了补给。印光任表现出了官员的高尚情操，据说他因说服夷人好歹展现出一次文明行为的高超谈判技巧而被提升了官职。

在澳门卖出抢夺而来的帆船后，安森继续向南航行，在环游世

51

界后他最终安全抵达英国。但是当"百夫长"号离开珠江时，一支中国水师船队在安全距离外尾随着它，亚娘鞋炮台也装备精良。在炮台围墙上巡逻的人极其抢眼，他是一个身穿铠甲、全副武装的战士。透过望远镜仔细一看，英国人惊讶地发现他那闪闪发光的护胸甲竟是用银片做成的。 52

十三 皇帝被官员欺骗

发出难以置信的惊叹后，英国人没有意识到——也无法意识到——他们看到的是中国官员眼中的问题关键，官员们在安森事件中采取的行动将成为递交给北京的报告的主要内容。官员们也没意识到，送出这份写好的报告将给他们的祖国及它的未来造成巨大的伤害。皇帝从报告中看到的是，一个危险的红毛夷开着一艘装备精良的战船气势汹汹地想要驶进珠江，但是由于害怕强大的中国武装力量，他被驱逐了。

中国关于安森到访的报告本可告知皇帝，英国的军事力量越来越强大。但是官员不愿意上报这一令人不悦的事实，而是重复了那一套谎言：最终，中国凭借优于欧洲的武装力量，让最危险的红毛夷都闻风丧胆，俯首称臣。

官员针对威德尔航行撰写的报告是可以理解的。在那个时代，英国人刚崭露头角，而事实上威德尔的确签署了一个令他颜面尽失的投降书。对于安森的航行，官员的报告只激起了一些对负责此事之人的古怪的怜悯。英国人不再是值得关注的现象，安森没有签署任何条约，许多明智且颇具观察力的中国官员亲眼见识并恰当地估量了英国战船的威力及其军官和士兵的素质。虽然许多关于此方面的情况都被准确地报告给了皇帝，此事真正的重要性却被荒谬的结语——安森被武力驱逐——掩盖了。而连穿着银片护胸甲的士兵都能向皇帝证明这绝非事实。

十四　蓬勃崛起的欧洲和无所作为的亚洲

关于安森航行的著述于 1748 年由"百夫长"号的牧师理查·沃尔特（Richard Walter）出版，这本书使欧洲人对亚洲那些古老帝国和王国的态度发生了巨大的变化。

在欧洲人与中国接触的早期，正如彼德·芒迪在日记中提到的，欧洲人完全没有认为自己比中国人或任何东方人更优越。那时亚洲的文明程度总体上比欧洲更加先进，没有哪一个国家比中国更能明确地体现出这一点。

"可以这样说，这个国家在以下方面无人能及，"彼德·芒迪写道，"它古老、庞大、富裕、健康、丰饶。就政府治理的艺术和方式而言，我认为从综合考虑的角度看，全世界没有哪一个王国能与之媲美。"

这是一个游历经验丰富、极具观察能力的人物的观点，它展现了那时欧洲人的总体反应。100 年以后，英国人发现中国几乎毫无称赞之处，他们认为中国管理不良、极其落后。已出版的安森航行记录更加权威地展示了对中国人的批判和认为他们令人难以容忍的态度，描写了他们的腐败、懦弱、贪婪和自负，嘲笑了他们所谓的武装力量，谴责了衙门的贪赃枉法。

事情的真相当然是当欧洲稳步向上发展之时，中国却原地踏步。葡萄牙人的"大发现"压低了欧洲奢侈品的价格，在物质上丰富了平民百姓的生活，可以算是改变的开始。在地理和科学大发现的时代，欧洲挣脱了中世纪基督教的镣铐，基督教之于欧洲正如孔子的宇宙观之于中国。

当路易十四在凡尔赛大权在握时，中国和西方实力相当。要是有优秀通事的帮助，路易十四和康熙皇帝就会发现，他们两人有许多相似之处。可是一旦某些富有的、受过教育的、意志坚定的欧洲人习惯了提高后的生活水准，一旦宗教改革的努力被知识自由和其带来的机遇取代，耶稣会士曾不遗余力地学习的东方礼数就从非凡之物沦落为奇风异俗，同时，东方的君主和大臣也不再引人注目。

在广州，虽然商人们住得相对舒适，也没有直接感受到"户部"及其手下官吏的反复无常、贪婪和不公，但外国人直接面对的是令人万分厌恶的暴政，这种暴政是直接施加在与外国人有关联的或者与外国人认识且有交情的中国人身上的。正如他们所说，在广州沿海的外国商馆，日常生活的主基调是沮丧、威胁、恐吓和缺乏安全感。前一秒船货被扣押或缴获，后一秒外面的人又命令商馆的仆役离开；会几国语言的人，也就是像李叶荣那样的不可或缺的通事，不时会受到逮捕和鞭打；友善的公行商人也会被扣上链子送进牢房，再被处以不合理的罚款。得知你的通事因为极小的错误而被鞭打致死，而且这个错误被说成是由你造成的，没有任何申冤的机会，同样的厄运明日还将重现，这绝非令人愉快的经历。它让人无法对中国文明产生敬重之情。

英国人在这里的处境比其他外国人更艰难。然而有趣的是，英国人知道自己置身于母国的保护范围之外，却令人难以置信地适应了这个陌生的环境，而且英国人为安森带着掠夺而来的帆船成功抵达的经历感到的尴尬，他们的尴尬之情只比葡萄牙人和公行稍轻一点。尽管中国人强横、刁钻且好辩，但是他们没有想到安森会派出军舰作为回应。

54

在澳门，欧洲人表面上的另一改变，可通过欧洲人与欧亚人（Eurasian）间的区别来观察。彼德·芒迪在澳门停留时，他遇到的80%的葡萄牙人，无论男女，都有部分亚洲血统。从建立驻留地的第一天起，葡萄牙人就被鼓励与信奉基督教的马来人、日本人和中国人通婚。但在彼德·芒迪的日记里，他并没有觉得自己与他描述下的土生葡人之间存在着种族差异，更别说认为自己在种族方面比他们更加优越。

100年后，这种观念完全改变了。在18世纪中期的澳门，欧洲侨民群体中出现了葡萄牙人或者混血儿因种族而产生的优越感。超然离群、不愿学习他国语言的英国人，甚至在侨民中形成了他们自己的"超级种姓"。

新来者只要粗略地环视一下澳门，无不对挂着葡萄牙商号之名的维修良好的办公室印象深刻，这似乎意味着葡人主导了远东的贸易。但是一旦走进任何一间办公室，他们便会发现重要人物全是欧洲人，只有一两个职员是澳门土生葡人。一名绅士的大名被浮夸地挂在门外，最初他允许欧洲人通过他的商号进行贸易，但现在商号早被取而代之，之前的营生已不复存在，他自己也很少再在办公室现身——他现在的身份只是房东。

如果进行更深入的调查，我们的新来者可能就会发现，这种鹊巢鸠占的情况早在几年前就开始存在了，当时欧洲人在房东的私人住宅里租用几个房间，又通过同样的途径设立了办公室。之后，房客租用更多的房间以容纳新到的同胞，于是房东及其家人不得不搬到地面的楼层，有时候甚至要搬进地下室。在圣母玛利亚的雕塑前点烛摆花的善良女房东被喧闹的房客搞得不知所措，最终沦为替他们监督仆役的管家。

第三章　永久居留与司法

一　八条章程

中国沿海地区这一独特存在是如此的遥远，是如此需要我们的专门研究，对这一话题的关注使我们不知不觉地来到了杜裴雷（Joseph – François，Marquis Dupleix）和克莱武（Robert Clive）的时代。[①] 此时，法国和大不列颠为了争夺对近代世界的掌控权，正打着全球范围的争霸战。

事实上，中国目睹的"七年战争"（the Seven Years' War）的唯一迹象便是广州和黄埔地区英法海员之间关系的大幅恶化。他们到处吵架斗殴，火药味十足，以至于中国人 1756 年单独指定了两个岛屿以分别供两国海员进行操练：英国人踏上了长洲岛，而法国人则留在深井岛。但令广州感到震惊甚至引起北京注意的是，1762 年，为回应西班牙加入战争支持法国的举措，英国攻占了马尼拉，并将菲律宾人置于东印度公司控制之下长达两年之久。历史又一次

---

① 杜裴雷是印度法属殖民地的总督，他与克莱武间有着竞争关系。——译者注

敲响了警钟，这一次，官员们从真正意义上做出了评价、分析这一事件的尝试，但主要的障碍在于他们一贯缺乏对外界的认识。不管怎么说，官员们从英国占领菲律宾这件事中，得出了英国人在所有外国人中最有实力也最为棘手的结论。不过因为英国人一直被当作过着游牧生活的夷人，这一结论并没有得到足够的重视。

57

"七年战争"爆发的时间，正好是乾隆皇帝即位的第二十个年头，彼时，他恰好将注意力转向了对外贸易及其带来的问题上。他拟定的那些措施，尽管从广州的角度来看，无非是将约定俗成的现有经商安排通过立法正规化，但在中国与西方关系史上有着里程碑式的意义。在经过漫长的犹豫与迟疑之后，皇帝颁布谕令确立了中西贸易关系，这一制度直到鸦片战争才分崩离析。1755 年广州第一次收到要变革贸易体制的风声，接着在 1757 年收到了皇帝关于此问题的圣旨。到 1760 年的贸易季，整个全新的贸易体系都开始运作。

乾隆皇帝的主要目的在于打压港口的非法行为。广州作为外国人最常光顾的一个港口，衍生出了一套最好的贸易体系。广州恰好又是离北京最远的港口。因此，除了广州以及处于同样情形之下的澳门，皇帝下令再次关闭中国各港口。由于这条封闭港口的命令意味着对各省进行差别对待且有可能激起民怨（因为沿海各省皆冀望与外界通商），海外贸易产生的税费不再被当作广东省的财政收入而必须被上缴至国库。

"户部"原本就是肥差，显而易见，新的贸易制度使这一职位受到更多人重视。他掌管着全中国的海外贸易并直接对皇帝负责，在四年的任职时间中，只要管理不出差错，便能积聚一笔财富。鉴于其带来的巨大财富，此差事是为皇帝的亲信保留的，皇帝不断将其拍卖给出价更高者，并因此获得了比以往任何时候都更多的财富。因此，"户部"享有很高的声誉，他能够客气地调动两广总督、总兵为其服务，就好像他们是他的下属一样。虽然他得体地置身于省级事务之外，但他确实拥有完全的兵权和治安管理权，他自己就是自己的法律。"户部"的地位与两广总督相当，这也显示出此时与夷人进行贸易的重要性。

管理夷人的条约章程成为完全有效的既定限制法令，它们共计八条。各国船只入港前须卸除武器。夷人没有永久居留权。所有生意必须在当季完成，所有债务必须还清，不得拖欠至下一个贸易季。一切交易必须通过公行进行。不得向广州私人商户放贷。

到此为止听起来都还不错。但我们现在要从它的高明之处转向其荒谬之处，即外国女性不得踏足广州。这条规定的可笑之处及其重要性在于，它在欧洲人眼中无关紧要，但在中国人看来举足轻重。欧洲人发现，如果违反其他规定，他们可能不会受到相应的惩罚（从颁布这些规则的第一天起，就有人不遵守它们），但在番妇不得入省这点上，中国人的态度相当坚决。只要没有番妇入省，广州每年都能完成肃清外国人的任务。而一旦允许女性进入，广州则可能成为另一个澳门。

夷商不得雇用中国人为其仆役。制定这条规定的理由是，天朝的臣民为外夷服务有失尊严。但它没有考虑到的现实是，中国的普通百姓愿意为欧洲人工作，并且许多广州人确实从中获得了不菲的收入。无须赘言，没有任何人因这条规定而被解雇。

洋人不得乘轿（理由同上）。夷商们只能待在商馆区，只允许在规定的时间、规定的地点散步。同样，海员们也只准在沿岸散步。任何欧洲人在广州都不得踏足中国人居住的城区。

从郑重地颁布到轻易忽视，这关涉广州的八条章程远没有起到规范与控制对外贸易的作用。相反，它们仅以法令的形式，为惩治不法行为提供了一些轻微的惩罚手段。

二 在澳门永久居留

既然中国人阻止外国人永久居留广州的意图变得日益明显（这意味着每年都有少数外国人可能留在广州，但必须通过非法重金贿赂中国人他们才能获得批准），绝大部分外国人就只能转向澳门，将其视为在华永久居留地的一个选项。

在乾隆皇帝新谕令的风声传出之时，澳门议事会就已经行动起来了。他们有理由怀疑，这项谕令意味着每一个贸易季之后，清廷都将采取更严苛的措施以肃清广州的外国人。同时，他们也意识到限制外国人在澳门居留将会给澳门的利益带来损害。于是，议事会成功地向澳门总督与果阿总督提出了请愿。1757 年，议事会不顾葡萄牙教会的反对，废除了一项针对外国租客与房客的法令。不久之后，由于议事会的继续申诉，各国公司虽然还不能在澳门拥有土地和房屋，但已经可以使用自己原来的商号名称在此做生意。

议事会的这些措施及时地拯救了澳门，使其免于面对外国人强行停留可能导致的不愉快的后续，同时也开启了这一葡萄牙人驻留地的一个繁盛时代。从那时起，澳门便显现出一种国际化的氛围，成为实际意义上欧洲在中国的前哨。在 1761 年贸易季之后，法国与荷兰的商行迁来澳门，租赁房屋；紧接着在一至两个贸易季后，丹麦和瑞典的商行也迁到澳门。英国在其他地方投入了大量精力，一直没有利用新的条件，直到 1770 年东印度公司在伦敦和加尔各答召开了秘密会议，会议中经济考虑最终战胜了道德操守，大班被允许在两个贸易季间留在澳门。1773 年，东印度公司于南湾距澳门总督府不远的地方购置了四所相邻的大房子，

60

并搬进了其中的一所。① 大班们各自租住着私人住宅；房客们长期租住，成了这些房屋的主人。几年未到，在山边上的各处房屋内，英国人的讲话声无处不在。

很久以前，洋泾浜英语就取代葡萄牙语成为贸易通行语。这是一种独特的混合的语言，它几乎自发形成，包含着大量英语、粤语、葡萄牙语和印地语行话词汇，基本没有语法结构。对于刚从英格兰来到澳门的人来说，该语言的绝大部分都晦涩难懂。它极大地助长了虚伪之风，给有欧洲人与中国人参与的每个场合都营造出一种怪异的特征与氛围。在这些场合中，最为粗暴的商船船长与最威严的大班在与中国人谈判时，都不得不用听起来像精心掩饰的婴儿的声音交谈。

三　东印度公司和港脚贸易的相互依存

"七年战争"中，英国脱颖而出，跃身成为在东方无人能出其右的欧洲强国。从英国开往广州的船只数量每年都在激增，超过了其他国家派来的船只数量之和。法国与荷兰每年通常派出三至四艘船，丹麦、瑞典和西班牙也各有派遣；但在 1763 年前后几年的和平岁月中，英国派往广州的船只数量是其他国家派遣总数的两倍以上。

然而，上述的这个数量背后隐藏着的信息与它显示出来的一样多。在这些船只中，只有一半不到为东印度公司所有，其余皆属英国私人散商。他们像葡萄牙人一样，以澳门、加尔各答以及其他地

---

① 这些东印度公司的大宅现已不复存在。其遗址的一部分是现在的澳门宾馆（Pousada de Macau）。当时，在它与澳督府邸之间有一条斜巷，且东印度公司的房屋沿绵延的山丘向上修建，一直修到了圣老楞佐堂（Church of São Lourenço）。

61　区为贸易基地进行港脚贸易。

　　根据女王的皇家特许状，东印度公司在东方水域享有垄断英国贸易的权利，它有权不让其他英国船只在东方进行贸易。其实在很早之前就出现了打破东印度公司垄断的人。威德尔就是这样的人，尽管英王查理一世授权他管理公司业务。在克伦威尔时期，东印度公司的发展处于低谷，它在亚洲的垄断也被打破。

　　英国在印度殖民地势力增长，发展繁荣，在东方的英国人数量增多。因此，要阻止人们离开公司自营己业，或是阻止新来的参与者效仿澳门的情形使用葡萄牙公司的名义通过葡萄牙在印度的殖民地立足变得越来越困难。这些英国的私人散商是第一批来到澳门的房客，到 18 世纪中叶，他们已深深扎根于港脚贸易，从中牟取了大量利润。他们是一个难以驾驭的群体，在与中国人打交道时比东印度公司更加冲动暴躁，更倾向于诉诸武力。东印度公司对这些港脚商人及他们低下的自控能力深感担忧。

　　不必说，对于中国官员而言，他们习惯了其他欧洲人只通过国家公司进行贸易，习惯了一个领导人对所有同一国籍之人负责（这是中国官员的一个重要观点）。当不把存在于英国人当中的东印度公司与港脚商人间的巨大差异当作一种伪善的骗局来谴责时，这种差异是令人备感困惑的。无须赘言，大多数中国官员遇到的难题正是那些港脚商人。

　　大约在东印度公司决定在澳门永久居留之时，加尔各答的威廉堡（Fort William，Calcutta）也通过颁发相关许可来规整港脚商人，
62　从而对其加以控制。从 1773 年起，居住在澳门的大班选举出来的"特选委员会"（Select Committee）便掌控着东印度公司的在华事务。每年一到贸易季"特选委员会"便会迁往广州。依据在加尔各答颁布的规定，东印度公司授权"特选委员会"对在中国的港

脚商人签发命令，"特选委员会"也有权发出训令以确保所有英国臣民、东印度公司和港脚商人都遵守八条章程。东印度公司的人称其为"委员会"（the Committee）；而在港脚商人中，"特选委员会"则以"特选"（the Select）而著称，港脚商人对这些规定态度如何，由此一目了然。

这些安排起初似乎证明了像东印度公司这样强大的机构，也有相当大的弱点；但其背后所隐藏的，是对华贸易资金方面的困难。人们仍然记得的是，1700年随着"麦克莱斯菲尔德"号的到来，英国开始进行常规对华贸易，彼时中国的主要出口品为丝绸，其次为瓷器与茶叶。自此，欧洲一直忙于发展和改进从中国学来的各种技艺，其对远东货物的需求在优先程度上发生了不小的变化。意大利和法国的丝绸在某种程度上取代了中国的进口；那些时髦的女士们曾经使用江西和广东产的茶杯品茶，现在则使用塞夫勒（Sèvres）或罗金汉姆（Rockingham）产的茶杯；甚至茶叶也能在欧洲种植——在亚速尔（Azores）群岛确实有茶叶种植区，但西方无法提供茶叶生长所需的独特气候条件。因此，随着饮茶在西方愈加流行，茶叶在东印度公司的贸易中占据了非常重要的地位，它甚至成为许多始于东方的繁忙航线运送的唯一货物。

从东印度公司的角度看，对华贸易的最困难之处在于向中国销售何种货物才能获得购买茶叶所需的资金。尽管中华文明不再领先欧洲的文明，但中国仍不失一个高度自给自足的国家。中国当时其实并不需要欧洲的任何产品。更有甚者，中国对欧洲无需无求，欧洲却急需中国的茶叶。

在茶叶贸易中，其他欧洲国家向中国支付白银。事实上，西班牙人支付了如此大量的白银，以至于在之后许多年里，西班牙或墨西哥银圆成了广州对外贸易的标准流通货币。也许有人会想，　63

这种支付手段必定耗空了众多国家诸如丹麦和瑞典的资源。但对于此我必须解释的是，从丹麦和瑞典运往欧洲的大部分茶叶都被走私到了英国，而英国政府对茶叶高额的征税使走私成为高利润的行当，流失的白银因此获得了补偿。这些国家因而也就不需要面对英国存在的问题，即如何找到等质等量的产品销往中国，以换取购买中国茶叶所需的白银。

数年来，英国人竭尽全力冀图以其出口量最大的羊毛制品吸引中国人，但收效甚微。用丝和棉花废料做衬里的大衣更能抵御中国冬季的严寒和干燥，而且在中国的传统中，羊毛衣物不受喜爱。英国出口的其他商品为出自康沃尔（Cornwall）的铅和锡。

然而如果欧洲的货物不能使中国人产生兴趣，许多亚洲的产品，特别是印度的棉花、胡椒和鸦片却可以。这些商品是港脚贸易网络中的专卖货物，但东印度公司的人对其一窍不通，且他们希望将其置于自己的掌控之下。

港脚商人在广州通过出售棉花与鸦片换取白银。他们此时的难题是如何将他们赚取的白银寄回英国。中国绝对禁止白银出口，与其他禁令不同，这一禁令被中国人严格执行，这背后的原因前文已经解释过。东印度公司轻而易举地为港脚商人解决了这一难题：收走他们的白银，然后向他们签发可以在伦敦兑现的汇票。有了白银在手，东印度公司得以支付每年购买茶叶的费用。因此，东印度公司与港脚商人相互依赖，两者谁也离不开谁。

当棉花的贸易量居港脚贸易之首时，这是完全纯粹的贸易。然而18世纪末，随着鸦片输入量增加，棉花的销量逐渐下跌，贸易便染上了罪恶的色彩。但倘若没有鸦片贸易，东印度公司就无法为英国提供茶叶。

64

四　鸦片

鸦片作为一种毒品，其主要成分是紫花罂粟汁干燥物。在欧洲早期贸易记录中几乎难觅其踪影，直到 17 世纪初，它才在荷兰人开发的孟加拉地区与荷兰在爪哇岛的早期据点之间的贸易中成为一种有利可图的商品。孟加拉地区是鸦片的主要产地。早在公元 1 世纪时，鸦片就由西藏的佛教僧人和医生带入中国，它当时被用作一种止痛剂。鸦片的这一特性在当今众多科学研发的药物中仍然有着无可非议的地位，它的这个用途促使中国在云南省种植自己的罂粟花，时至近代，那里的罂粟依旧十分繁茂。在印度，吸食鸦片并将其当作一种药物的做法由来已久。但在中国，在吸食的方法被引进之前，它并没有得到中国人的青睐。

早期，在亚洲的葡萄牙人喜爱吸鼻烟，而荷兰人则爱抽烟草。17 世纪头十年，在爪哇岛的荷兰据点，在抽烟草时加入少量鸦片和砷演变成了一种习俗。当地的中国人模仿了这一习俗，离吸食鸦片本身这一行为仅一步之遥，而这样的吸食方法由中国商人从爪哇岛传入台湾，再经台湾传入中国大陆，最后在大陆迅速流行开来。从海外流入中国的鸦片起初数量很少，主要的携带者是来自台湾的走私者。但自 1685 年颁布开港谕令起，大多数从印度和南海驶来的船都在其载运的货物中混有鸦片。随着鸦片的供应量在中国上升，其需求量也在上升。

对于吸食鸦片上瘾的人来说，鸦片使他们堕落。清政府没多久就意识到了这种影响，1729 年雍正皇帝颁布的禁止鸦片贩卖的谕令就可以证明此点。如果今日的中国人可以说服自己以冷静的观点看待此事的话，以下历史时刻肯定会被视为最令人伤心、最能预示即将发生之事的时刻：1729 年，清朝官员们本可以不费吹灰之力阻止鸦片进口。外国人预计到了他们会这样做。东印度公司遵从规定，迅速颁布了禁止在公司船只中携带鸦片的规定。但禁令的作用也就到此为止了。清朝官员评估了谕令的措辞，认定其不甚重要，并没有采取严厉的措施去执行它，而仅仅将其当作另一个方便自己捞油水的手段。谕令中的各项禁令被张贴在各大公共场所，东印度公司也将自己的规定贴在所有从加尔各答驶来的船上。这样一来，一方将鸦片隐藏起来，另一方假装没有发现，鸦片贸易再度回归正常。

同时，随着茶叶贸易量增长以及它对鸦片贸易的依赖度加深，尽管广州的贸易条件与以前一样受到限制，但另一个因素也助长了鸦片贸易无法被禁止的气焰。在印度，东印度公司正在由一个仅有几处沿海殖民地的简单贸易机构，转变为一个管辖范围不断扩张的"政府"。这些殖民地作为一个正在衰落的帝国的组成部分，急需更新交通设施和军事保障体系，并实行一套可行的财政及行政服务体系。东印度公司垄断了鸦片贸易，它买下鸦片，然后在加尔各答将其拍卖销售。到 18 世纪 60 年代，鸦片这一产于孟加拉地区的一年生作物，成为帮助英国维持对印度殖民统治的不可或缺的收入来源。加尔各答的东印度公司官员知道鸦片在中国属于禁运品，但他们仅需对印度负责，而无须对中国负责。无视中国利益可能会导致他们在很久之后的某一时刻受到谴责；但面对真实而又近在眼前的利益，他们采取了这样的态度：只要将这些每年都要售出的作物运至中国的不是公司的船，他们并不关心它们去哪儿了，不关心它们是如何被销售的，也不关心其买主是谁。

这样一来，使中欧关系逐渐妖魔化的鸦片贸易便开始了。中国关于这一主题有大量的文献，其大部分在历史准确性方面有所欠缺。因此，时至今日，绝大多数海内外中国人都相信，鸦片是外国人为了削弱中国人的斗志、摧毁其力量，使其臣服于外国人的意愿，而强加给中国人的。他们一再坚持，把鸦片带到中国，是外国人精心策划的羞辱中国人的一种卑鄙手段。

事实上，鸦片贸易的开始纯属意外。吸食鸦片原先只是荷兰人的一个古怪习俗，几年之后这个习惯已经消失了，也被人遗忘了。但随着中国人用烟枪点燃鸦片，品尝由其带来的特别和完全难以预知的"中国味道"，对鸦片无止境的需求也产生了。在这一点上如果我们态度诚实，无论我们是否中国人，我们唯一能认识到的是，我们所讨论的事是莫名其妙地发生的。毕竟，一开始并不是荷兰人开始往烟斗里少放了烟丝多掺了鸦片；甚至在鸦片的原产地印度，鸦片也没有像在中国那样成为如此广泛的社会问题。为什么会这样？我们没有答案。加尔各答的东印度公司见利忘义的冷漠虽让人不满，却是那个时代的典型特征，期望他们在当时的情形下以任何其他方式行事都是不可能的。并非外国人将鸦片强加于中国人，而是他们发现中国人对鸦片的需求是如此之大，以至于在绝大多数贸易季，他们带来的鸦片数量都不够。

五　中国司法—司各脱谋杀华人案

一旦外国人群体开始在澳门定居（除了姓名不同外他们和中国居民没什么区别），一旦他们的人数开始增多（这从港脚贸易获得许可之时起已然发生），1842 年之前的历史中的另一个主要问题——司法问题就开始逐渐凸显。

中国的律例与英国相比，更是处于起步阶段。只要县令对其收到的关于被捕者有罪的报告满意，对罪犯的审判就几乎不进行了。对于凶杀案，法律的规定是一命抵一命，无论是谋杀还是过失杀人，皆应对杀人者处以死刑。对于罪犯的家人来说，其唯一的安慰在于一方死得不像另一方那样有失颜面，仅此而已。中国当时并不存在上诉法庭之类的说法。

公允地说，这一法律体系并非如当时欧洲人认为的那样缺乏公正。在很多情况下，死刑必须得到北京的确认，而且没有县令敢冒险不公正地判人以死刑，因为一旦死者家属日后通过监察官向皇帝告状，这就会成为地方官员的耻辱，并会使其毫无商量余地地丢掉乌纱帽。①

澳门当时理论上接受葡萄牙法律的管理，但通常在重大犯罪案件中，驻前山的官员②会进行干预，执行中国的判决，其中包含大量依据罪犯所犯之罪判处的令人毛骨悚然的死刑。在没有县丞干预时，葡萄牙人使用自己的法律审判葡萄牙籍罪犯。如果案件牵涉到中国人，则在调查后将罪犯交由香山县丞发落。

当一名中国人被葡萄牙人杀害时，中国人一定会正式干预，这将导致澳门总督下达处死被告的葡萄牙人的简令。另一种可能是切断对澳门的食物供应，于是澳门总督往往会不顾案件的细节，也不理会果阿发来的拒绝服从的严令，对判决结果表示同意。这类处决在中国官员的监督之下于澳门公开进行，他们专程为此前来，且受到武装人员保护。行刑者为中国人或非洲奴隶，而行刑过程则显得相当草率，不是绞刑索系得不够安全，就是绳子因太细而断掉。行刑过程常常伴随着暴力和可怕的场面。1744年，在一位可能无辜

---

① 中国司法这种简明特点的成因之一是从宗族获取信息的困难性。在宗族中，各成员长久以来都相互照应，拒绝出卖彼此。在欧洲的那种听证会上，没有中国人愿意说出真相，因此误判的风险相当之高。中国人的替代性办法是县令直接命族长交出一人。很少有族长愿意冒招致其族人怨恨的风险交出无辜之人，这样一来真凶就有很大可能被送去接受处罚。

② 即香山县丞。——译者注

的受害者没能被成功绞死之时，神父们试图将他从负责的中国人手中救出。但中国人拒绝了，广东群众高呼将其处死，这个家伙最后被绞死了。

在这个问题上，我们必须将目光转向这些欧洲贸易者故乡发生的刑事审判。英格兰的司法相较其他欧洲国家略微领先，例如，在英格兰，刑讯逼供是被禁止的。但在那儿，有接近 200 种可判死刑的罪行。人们可能因为偷了一只羊、一匹马或扒窃而被处死，无论失窃的东西是多么的微不足道。英格兰的法律就是这样一个矛盾综合体：杀人犯通过律师的帮助免受刑罚，而其他人则因偷了五先令而遭受绞刑。死刑与鞭刑是常见的场面，人们被鞭打至死的意外时有发生。欧洲大陆国家则提供了其他形式的死刑，如车裂、勒死及火刑。在一场重要的欧洲大陆审判中，囚犯几乎没有机会为自己辩护。

在这样的背景之下，欧洲人竟然会抱怨中国的司法，这多少令人感到有些奇怪。然而，当目睹了其他种族或国家的不公正司法之后，欧洲人很快就将这些消息带回了家乡。欧洲人熟悉的残暴在中国却以意想不到的新形式出现。

1773 年，东印度公司几乎一搬进其在澳门的第一处房舍，就不得不面临最严峻的处境。一名中国人在澳门被谋杀，一名叫弗兰西斯·司各脱（Francis Scott）的英国人负有嫌疑。香山县丞没有举行公开聆讯便告知澳葡当局他有司各脱的犯罪证据，他命令澳葡当局交出司各脱以便对其执行绞刑。

议事会意识到疏远英国人是危险的做法——此刻的澳门正急切地想要吸引外国人，其成员因此竭尽全力以基督教标准做出了公正的判决。他们先是拒绝了不经审判便交出司各脱的要求。香山县丞不断加以威胁，但议事会并未理睬，而是继续以恰当的方式审判司各脱。

司各脱是有罪还是清白，没有人知道。在审判时，无人愿意前来提供对他不利的证据。没有任何证供在澳门这样的小地方是不可能的，因为在澳门，几乎每个人的行为都会被其他人看到。更有可能的情形是，在澳葡当局看来，这是一个面临被野蛮人处死的危险的基督教徒。此外，被告是一名游客，是一名受到好客的澳门欢迎的客人。

这件案子因证据不足而被驳回，议事会在给香山县丞的答复中拒绝交出司各脱。香山县丞立刻命令广东群众离开澳门，然后切断了澳门的食物来源。这一举动之所以奏效是因为尽管澳门有不少水井，当地却无法生产任何食物，哪怕连鸡蛋都没有。几天后，当澳葡当局了解到中国人已做出血债血偿的决定后，他们召开了一次全体会议以商讨对策。议事会表示先等一等。教会则提出上交犯人的提议。代理主教用严肃的口吻描述了百姓蒙受的苦难，所有这一切都归咎于一人。对于一名可能的罪犯，澳门这座城市无须负责。在紧张和严峻的情形之下，议事会最终妥协了。司各脱被交至中方处决。几个小时后，澳门北面的关闸打开了，急于赚钱的广东小商贩与农夫们带着猪肉和蔬菜蜂拥而入。

六　港脚商人给东印度公司带来的难处

对于"特选委员会"这一英国最为谨慎和保守的因素来说，司各脱一案令人不安，它揭示了他们自身的软弱无力与安全保障的缺失，也暴露了葡萄牙人所提供的保护的贫乏程度——虽然葡萄牙人声称自己拥有澳门，但很难说他们能够真正控制它。而热情洋溢的港脚商人来自英国在印度不断扩张的领地，在那里，他们习惯于向亚洲人发号施令，迫使亚洲人默默服从。因此，他们难以忍受整个中国沿海的体制。港脚商人们指责的主要对象是"特选委员会"，后者坚定地遵守中国的法令，保证英国人在每个贸易季结束后就撤离广州，这种打击港脚商人的行为被批评为荒谬至极。若是港脚商人按自己的想法行事，他们会选择留下面对咒骂。他们确信中国人对此将无计可施。

实际上，早在 1764 年，一位名叫乔治·史密斯（George Smith）① 的港脚商人就已经证实了这一点。当时他独自一人反抗东印度公司高层，拒绝服从并藐视公司让其离开广州的命令。威胁、利诱、晓之以理，大班把所有手段都用过了，但他还是独断专行。这件事虽然发生在"特选委员会"成立之前，当时委员会成员还没来得及加强管控广州的各项事务，但这反映出由于在财政上对港脚商人有特殊依赖，东印度公司在管理港脚商人方面的能力还是有限的。

"特选委员会"每年在广州清场的努力，面临着越来越多的反对与挑衅。从东印度公司在印度的私人帝国来看，相当多的亚洲公民加入了英国人棉花与鸦片的港脚贸易中，他们主要是亚美尼亚人（Armenian）与巴斯人（Parsis）。他们人数众多，姓名又十分特殊，因此"特选委员会"不久后就无法统计他们的数量，只能专注于英国人。绝大多数英国人能勉强服从东印度公司的指示，除了老史密斯。对他，命令、争吵、威胁均毫无效果。有一次，他极其无礼地将年度汇票交还给"特选委员会"，要求兑换现金。他很清楚，为购买茶叶，"特选委员会"已经花掉了大部分银锭，因此将无法兑现他的汇票。当他们要求延期给他兑换现金时，他坚持要他们提供高于正常水平 50% 的利息，最后东印度公司寄回了九份需要重签的票据，因为它们上面显示的日期是不在办公时间内的星期日。

---

① 中国官方文书称其为士蔑。——译者注

此后，一种新的越轨行为初现端倪。1776 年，法国任命了一位驻广州领事。由于在中国人的理念中并没有领事的说法，所以中国官员并不承认这一号人物。但这已是既成事实，不管怎样，这位领事还是升起了旗帜并留在了广州。三个季节过后，当约翰·雷德（John Reid）这位曾经在孟加拉地区为东印度公司的海运服务的苏格兰人被要求撤离广州时，他向英国商馆捎去了自己已成为奥地利公民的证明文件以及一封来自维也纳的国王陛下的领事委任状。"特选委员会"以东印度公司十分讲究的得体——约翰·雷德认为这是公司的一个优秀品质——仔细考虑了这些令人印象深刻的文件，然后做出了再去干扰已不妥当的决定。雷德轻声一笑，然后法国和奥地利这两家领事馆上空飘扬的旗帜，为广州的夏天增添了新的色彩。

七　自鸣钟、领事与旗杆

愈演愈烈的自欺欺人之风最重要的一个方面，是每个春节都必须让与外贸有关的官员收到小玩意儿。这是必须的。若哪个处于关键职位的官员没有收到小玩意儿，后果的严重性将超乎人们的想象。

这些小玩意儿实际上不是直接由夷人赠送的，这样显得不合时宜。它们被放在货物中交给行商，行商充分发挥他们的聪明才智对其进行分配，在这方面，他们特别厉害。在洋泾浜英语中，这些小玩意被称为"自鸣钟"，大多产自英国，主要代理商是詹姆斯·考克斯（James Cox），他的办公室位于伦敦，更确切地说位于伦敦的鞋巷（Shoe Lane）。他经营的商品包括各种小型机械装置，包括八音盒、趣味钟、花瓣开合的香水瓶，还有开启的瞬间从里面弹出一只小鸟并唱出一小段歌曲的鼻烟盒。

自鸣钟生意是如此无害且如此重要，约翰·亨利·考克斯（John Henry Cox）因此子承父业成为公司负责人，并于1782年来华抛售其剩余存货。"特选委员会"允许他在两个贸易季间的时段留在广州。由于许多行商在广州面临破产，考克斯在卖掉货物以换取银两一事上遇到了困难，他不得不以货易货。在不违规且获得许可的前提下，又一个散商突破了东印度公司设置的障碍。若是东印度公司的人早知考克斯的小公司后来会发展壮大，他们绝不会轻易让他离开鞋巷。在后文中我们将在适当的时候看到，这一小小的既成事实将成为一次"地震"的"前震"。

1787年，在确认东印度公司不会为难自己后，考克斯在房前升起了普鲁士的国旗。普鲁士领事丹尼尔·比尔（Daniel Beale）是考克斯的新合伙人，比尔曾试图劝说伦敦的普鲁士使团任命他为领事。这家公司除自鸣钟外又拓展了阿拉斯加皮毛的业务。

然而，麻烦以非同寻常的方式找上门来。加尔各答的英国散商向澳门总督投诉，称考克斯在广州帮东印度公司职员贩卖鸦片，他将生意做得风生水起，这导致了其他商号的停业。这当然是千真万确的事实。自鸣钟与阿拉斯加皮毛的生意只是考克斯和比尔的公司明面上的生意。东印度公司本身没有做鸦片贸易，但是它的每一个官员都在做，他们中的许多人从中大赚了一笔。然而，当这一事实被散播于公众时，就必须采取严厉的态度。威廉堡的委员会认定，考克斯诱使东印度公司的职员偏离了其职务要求的正当轨迹（由此可见，委员会此时的道德观念已有些混乱了）。考克斯被迫离开中国。

了解他们如何将考克斯赶走是非常有意思的，因为这一过程涉及无数的诡计。对付乔治·史密斯，他们一直等到他在澳门过完一周的假期后才执行驱逐令，但即使是这样他们还是没有成功。乔

72

治·史密斯向澳门总督寻求保护。在葡萄牙的庇护下，他留了下来，任何向高傲的东印度公司显示其权威的有限的机会，都会得到澳门总督的关注。

然而，在考克斯一事中，不管"特选委员会"采取的措施是什么，考克斯离开了，但只离开了一段时间。在丹尼尔·比尔和其任领事馆秘书的兄弟托马斯·比尔（Thomas Beale）的管理下，考克斯和比尔的公司幸存下来，这多亏了普鲁士。自然，每个领事馆都需要一个秘书，这是毋庸置疑的。

归化的风气兴起了。在大约一年的时间内，从凭借丹麦军官的身份来到中国的约翰·雷德的兄弟大卫·雷德（David Reid）开始，查尔斯·施耐德（Charles Schneider）被任命为最尊贵的热那亚共和国的副领事；考克斯以瑞典人的身份回到中国，但依据不同场合使用瑞典或普鲁士国籍；还有一个叫迪克森（Dickerson）的人，自从有传言称他得到了波兰的庇佑，他的活动就没有再被干涉。

广州滨水区的几处外国房屋因此成了领事馆建筑。所有的建筑物前都立有高高的旗杆。壮观的欧洲各国国旗都会在黎明时分庄严肃穆地被升起来，然后在傍晚时分被降下。夏季，各国领事将先后登陆澳门，他们根据领事馆的工作量留下一些人在广州。在澳门，伴随着礼炮鸣响，越来越多的旗帜每天升升降降。葡萄牙人很在意船只在进入澳门港时向妈阁炮台敬礼一事，对方如果没有这样做则意味着不承认葡萄牙对澳门的权利，这是领事人员绝不能犯的严重错误，对此他们应该会积极避免。

八　公行的破产

官员对公行商人们的压榨达到了非常严重的程度，一个接一个的行商破产了，他们欠下港脚商人大量债务。在这一情况出现前的许多年里，1760 年广州贸易体系的整合重组并没有走上正轨，"户部"的权力也没有得到增强。公行商人的处境相当艰难。由于广州离出产茶叶和丝绸的省份相当远，下订单和付款都须在发货以前的几个月前完成。每次航行都面临着"户部"的盘剥，以及大批小吏们的较小盘剥，还不得不送给两广总督及所有有一定地位的官员一些季节性礼物。除此以外，行商还被频繁地处以罚款，这是另一种形式的压榨。

他们并没有获得太多欧洲人的同情。港脚商人中一些愤怒的债主在破产商人店铺里制造骚乱。最终在 1771 年，许多国家公司作为一体加入进来，拒绝与行商再做任何生意。它们解释道，由"户部"选择任命有权与外国人打交道的商人，这是令人愉快的做法；但被选中的商人必须以个人的名义来处理事务，而非一个垄断的行会。面对欧洲人团结一致、严肃坚决的姿态，"户部"做出让步废除了公行。

官员的盘剥持续发生，然而，行商的破产也以让人不解与恼怒的频率发生着。至 1779 年，广州商人欠外国人的债款已逾百万元，远在加尔各答和马德拉斯的人都受到了影响。正是在这一年，少将爱德华·弗农（Edward Vernon）爵士从印度派出一艘战船来到中国，向中国当局送交了一份抗议书。

"特选委员会"陷入了恐慌，因为他们深知，最不利于改善东印度公司处境的事情就是英国军舰的出现，他们极力劝阻指挥官上尉约翰·潘顿（John Panton），请求他不要递交抗议书。然而潘顿遵从命令，在广州的禀请门（Petition Gate）递交了照会，禀请门是外国人在广州城内被允许前往的最远处。令人感到意外的是，抗议书引起了中国官方的关注，"户部"尝试更密切地监管交易，以

74

防止中国商人陷入更严重的债务危机。不过，允许军舰进入的两名行商被杀鸡儆猴般地流放外省。

1783 年，"户部"对贸易体制做出了进一步的修改。公行起死回生，其成员被限制到 12 名，后来增至 13 名，这种贸易形式一直被持续使用到鸦片战争爆发前，为广州缔造了其在历史上享有盛名的"十三行"时代。

九　英国对澳门的企图

贸易的总体规模不断地扩大。1742 年安森访问广州时，有 4 艘东印度公司的船停在港口；1780 年，有 12 艘东印度公司的船和 12 艘港脚商人的船停在港口。这时，走私茶叶到英国及其在美洲的殖民地，是其他国家对华贸易的主要利润来源，例如丹麦人和瑞典人走私茶叶到英国，法国人和荷兰人走私茶叶到美国。美国的独立和英国 1785 年通过的抵代税条例（Commutation Act，该条例将茶叶的进口税降至 12% 这一更合理的水平）改变了这种贸易形式，打击了丹麦人和瑞典人的贸易活动，这两国的国家公司不久后就倒闭了。法国和荷兰人做了适当调整，每年通常派出 4～5 艘商船前往美国，这些商船此时进行的是私人航行，它们原来所属的国家公司在这之前就已经解体。

在美国独立战争结束后的几年里，真正令人震惊的事实是英国贸易量的增加。1787 年，黄埔有 29 艘东印度公司的船只和 33 艘港脚商船。要理解这一规模，只需记住在那个时候东印度公司的船是最大的海船。

除了在南湾的四座大宅（这便是伟大的东印度公司在澳门的分公司）外，英国人当时还为"特选委员会"主席安排了一个住

76

处。主席的官邸为当地最好的房舍，是旧城墙高地上的一座两层的葡萄牙式楼房。它有一个非常大而美丽的花园，这座房子的英文名称 Casa Garden（花园住宅）便由此而来。在郁郁葱葱的树木掩映下有一个花岗岩巨石园丘，这就是著名的贾梅士石洞（Rocks of Camões）。相传 1557 年，即葡萄牙人开始在澳门居住的那年，葡萄牙伟大的史诗诗人贾梅士在澳门短暂逗留，他在这个石洞内完成了其惊世杰作《卢济塔尼亚人之歌》（Os Lusiadas）[①] 的一部分。没有什么比这一处房产的购置更能清楚地表明英国人在澳门曾经取得的地位。澳门也差一点不再属于葡萄牙人的管辖范围。

事实上，这正是问题的关键。对于一个正扩张为帝国的强国来说，澳门是一块诱人的肥肉。尽管东印度公司似乎对港脚商人做了太多默许，但事实上其高层并没有意识到英国在中国可能面临的困难，他们也不是不愿采取措施来改善这些问题。在东印度公司与港脚商人之间，东印度公司才是推动英国对外贸易的主要力量，这一情形一直持续到下一个世纪。

在英国人面临的所有问题之中，没有一个问题比中国司法这一问题更紧迫。每年都有大量欧洲人在澳门逗留，且在黄埔的外国水手多达数百人，犯罪现象自然在所难免，除此之外，还有很多基于八条章程的所谓的"罪行"。

中国律例被执行到何种程度，取决于先后掌管广州的官员的性格与兴致——"反复无常"是英国人最喜欢使用的形容词。一些人随和，另一些人则咄咄逼人，外国人所花的钱财也相应地不同。1779 年左右，一个咄咄逼人的阶段开始了，中国官吏扩大了对凶杀案件的干预范围，一个欧洲人对另外的欧洲人所犯下的罪行也被

77

---

① 亦被译为《葡国魂》。——译者注

包括在内。一个荷兰水手杀害了另一个水手，中国官员下达了交出罪魁祸首的命令，并且称只有在他们在场的情况下将凶手在船上绞死，他们才会感到满意。1780 年，一名法国水手杀了东印度公司船员中的一名葡萄牙籍成员，事后凶手逃往法国领事馆避难，但法国领事馆最终不得不放弃他，任由他未经审判便被勒死。

在澳门，情况并没有好转，葡萄牙人服从中国人的命令，他们对此从无异议。1779 年，东印度公司一名职员喝得酩酊大醉，在街头上惹了点是非，被葡萄牙人关进监狱，经过长期的协商才被释放。另外一个案件是东印度公司一位年轻的外科医生亚伯拉罕·莱斯利（Abraham Leslie）的案子，当他的生意伙伴——一名广州商人不幸破产时，他便带了一队配有武器的印度海员强行占领了这位商人的商铺。中国人下令将其从广州强行逐出并关进澳门的监狱，葡萄牙人乖乖地执行了这一命令。

"特选委员会"在向加尔各答的委员会评论所有这些事情时，提出他们被置于"比暴政之下的臣民更为糟糕的处境中——因为我们要为专断法律的严厉和不公负责，却不能享有特权和受到保护"。在报告了各种各样的事件之后，他们这样形容自己的处境："作为个人我们有愧于自己，作为员工我们辜负了雇主东印度公司，因为在世界上任何一个地方，受到信任的英国臣民都从未如此缺乏保护"。

在第一任总督沃伦·哈斯廷斯（Warren Hastings）管理下的加尔各答的委员会对这些困难已经有了看法。他们认为，加尔各答和果阿之间需要有一个正式协议，以赋予英国居民在澳门的特权，这种特权应与在葡萄牙的英国人享有的特权类似。不仅如此，在涉及英国人的案件中，英国人应有权使用他们自己的法庭。在递交给伦敦的备忘录中，就所提困难的最佳解决方法，他们给出了第一条清晰的忠告：

里斯本的宫廷对澳门知之甚少，果阿政府也忽略了澳门，以至于澳门现在仅是流浪汉和放逐者的合适去处。澳门也失去了中国人以前批准给他们的宝贵的豁免权，邻近村庄的官员在澳门几乎行使了政府的权力。

或许很容易就可从里斯本的宫廷获得这样一个如此不受重视的地方。它应该落在一个有进取心的民族的手中，他们知道如何扩大其优势。我们认为澳门应该成为一颗璀璨的明珠，东方任何一个港口都不能与之媲美。

十　"休斯夫人"号礼炮误射

1784 年发生的事件比任何已经发生的事件都更加严重。港脚商船"休斯夫人"号（*Lady Hughes*）在到达黄埔港后，照例鸣放礼炮致敬，却意外击中了一只小船，导致三名中国人重伤，其中两位后来因伤势过重去世。

随后，两广总督写信给"特选委员会"主席皮古（W. H. Pigou），命其交出肇事炮手。皮古给出了回复，他的回复比其他任何回复都更能激怒中国官员（但严格来说，从东印度公司的角度看并不存在其他回复方式）。在回复中，他提醒两广总督，港脚商人的船只不受东印度公司管控，并补充说该炮手已不知所踪（该陈述完全属实）。

两广总督回复说炮手的销声匿迹无关紧要，但必须要交出一个英国人，无论他是不是炮手。皮古保持缄默，仅向两广总督介绍了"休斯夫人"号的大班——大家可能都认识他——我们的老朋友乔治·史密斯。

在此事令人不安地搁置了几天后，英方没有交出任何人。清政府的官员以迅雷不及掩耳之势发动了一场精心策划的运动，以作为对此事的回应。史密斯被逮捕，锒铛入狱；外国商馆被中国军队包围；撤向海边的路线被堵住；所有外国人的住所都被断水断粮。

79　　事情的重大转折发生在所有欧洲人都加入进来团结一致支持英国人之时。一封经过缜密思考的由欧洲各国人士联名签署的请愿书被上呈给两广总督，它恭敬地指出这两名中国人的死亡纯属意外。作为回应，两广总督传唤了除了英国人之外的所有外国人，试图打破他们的联盟战线。他解释道他对他们绝无恶意，他的不满意仅针对英国人。这种努力没有成功。

事情再一次被搁置，这使局势变得更加严峻，因为中国人不愿软化的迹象日益明显。最终，皮古未跟任何人商量，独自承担了所有责任，他从幽静的书房，向"休斯夫人"号大班史密斯发出了一封信，信中他命其交出一人。

让外国商馆里的所有人感到惊讶的是，这位大班竟然服从了命令。肇事炮手仍未找到，于是，他选中船上最衰老的一名船员顶包，同时附上一封恳求宽恕的求情信。不到一个小时，乔治·史密斯就被释放了，一切回归正常轨迹。

几个星期过去了。在新一年的年初，行商与各国派出的两名代表获令来到按察使面前，聆听案件的处理结果。因为需要向皇帝禀明情况，所以这件事情的处理有所拖延。按察使告知外国人：天朝皇帝宽宏大量，愿意做出仁慈的决断；虽然有两名中国人死亡，但只需处决一名外国人；欧洲人都要敬谨服从。

当外国人愤愤不平地从座位起身时，按察使带着笑容愉快地离开了，他知道自己再没有什么可说的了。就在他讲话的时刻，那名顶包的老船员正在城市的另一处被公开绞死。

十一　管理委员会的亨利·邓达斯

因"休斯夫人"号事件迸出的火花飞向西方，经加尔各答飞至伦敦，因为这样的事件是前所未有的。皮古承担了不值得羡慕的责任，承受了欧洲人对他的敌意，甚至是来自自己同事的敌意。在一段时间内，这些敌意非常强烈，以至于他认为明智的做法是闭门不出。皮古有一份独特的工作，那就是撰写并签署报道此事件的重要公文。在这份公文中，引起东印度公司注意的是英国人受到了令人难以接受的羞辱，依据落后封建的中国法律，他们不得不交出一名无辜的人接受处决。此外，该公文首次承认，如果想目前糟糕的事态不再无限期地持续下去，英国政府就必须采取行动，纠正商人们的错误，将中英贸易置于更加公平的基础上。皮古用了很大篇幅写下治外法权可能是最可行的解决方法，他也呈上了实施计划。英国人需要在中国沿海有一个补给站，在那里他们将处于英国法律的管治之下，不再受到中国官员的干预。

如此一来，19世纪中国注定被强制实施的治外法权原则，第一次见诸纸上。它由一位通情达理、性情温和的人提出，他所面对的中国处于一种不人道的情形中，他的经历告诉他自己别无他法。

由"特选委员会"三位成员签署的代表中国沿海所有英国人一致意见的公文，被送至加尔各答的委员会。委员会将其上报给了伦敦的东印度公司董事会。董事会又将其反映给了印度事务专员委员会（Commissioners for Indian Affairs），它通常被称作管理委员会（Board of Control），是一个依据《1784年皮特印度法案》（*Pitt's India Act of 1784*）① 成立的用来监管东印度公司的巨额财产的组织。

_____

① 即《1784年东印度公司法》。——译者注

英国商人在中国的情况被移交到了当时最有影响力的内阁成员、领导着"管理委员会"的亨利·邓达斯（Henry Dundas）手中。他只和同事商量不重要的事务，凭借着与首相的友谊，他担任着一个类似于后来印度的国务秘书的职位。

邓达斯不喜欢东印度公司。作为苏格兰人，他从一个特殊的角度看待公司的事务。虽然有许多苏格兰人为东印度公工作，但东印度公司是一个伦敦的机构，受伦敦的资金支持，为伦敦创造利润。多年以前，曾有一个关于苏格兰东印度公司的计划，但自从该计划被束之高阁后，渴望与东方进行贸易的苏格兰人就不得不受雇于伦敦的东印度公司，或是自己从事港脚贸易。港脚商人中有许多领头人物都是苏格兰人，并且他们的人数正在不断增加。东印度公司的垄断在很大程度上阻碍了他们在东方从事贸易活动。

显然，东印度公司无力使英国在中国的利益获得与大不列颠的大国尊严相匹配的地位，这给亨利·邓达斯提供了一个为苏格兰散商和其他散商谋求利益的机会。在邓达斯看来，东印度公司需要停止采用拙劣的外交手段，它在广州的禀请门前从未获得成功，甚至连一个中国总督都不愿为其敞开大门。事情绝不应该在与下属官员的讨价还价中解决，恰当的方法是直接与上层沟通。众所周知，中国由十分通情达理且懂文明有教养的人管治，伏尔泰（Voltaire）和所有最好的中国学研究者都这样说。这是对的，但它与在广州的英国商人们的体验不符，因为北京离广州很远，大概不能知晓广州发生的情况。现在应从东印度公司手中拿走中国事务的管理权，将其提升至更高层次。国王将会向中国皇帝派出使团。

第四章　马戛尔尼（勋爵）使团

一　使团的筹备工作

1788 年，使臣查尔斯·卡斯卡特（Charles Cathcart）上校在访华途中去世，英国向中国派出使团的首次尝试因此无果而终。但是，卡斯卡特做出的训令值得一提，因为它们不仅体现了英国政府对华政策的动向，也反映出邓达斯在审阅东印度公司文件与散商们的观点时的小心谨慎。

卡斯卡特本要与中国政府谈判，求其割让一个贮运站给英国王室，以便销售和储藏货物。邓达斯在给卡斯卡特的一封私人信件中建议，澳门是适合的地方。以何种方式占领澳门，该信写道，存在不确定性，需以智取。（显然，英国政府和其他人一样清楚葡萄牙"租赁"澳门的本质，葡萄牙人声称自己享有澳门主权，却每年向中国交纳地租。）有人建议卡斯卡特上校，对澳门这座城市的治理权可能要由葡萄牙转让给英国，但这必须以中国的同意为前提。如果中国人不同意，还有一个合适的替代方案，即把贮运站设在厦

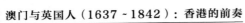

门，或其他邻近茶叶和丝绸出产省份的小港口。倘若获得准许，在贮运站内，英国人将受英国法律的管辖，中国人则受中国法律的管辖。

83 在卡斯卡特于海上去世数月之后，法国爆发了大革命，欧洲各国政府的关注点因此也发生了改变。四年后，邓达斯才有时间重新考虑派出使团访华。1792 年，他付诸行动，选择的使臣是一位更重要的人物——乔治·马戛尔尼（George Macartney）子爵。

  27 岁时，马戛尔尼作为当时伦敦最英俊的年轻人被任命为全权特使，赴俄国叶卡捷琳娜大帝的皇宫商谈结盟事宜。自此，他便在公共生活中拥有举足轻重的地位：担任议会议员，出任爱尔兰首席辅政司、格林纳达总督，并于 1781～1786 年出任马德拉斯总督。尽管此前他对中国没有直接的认识，也因在印度没有妥善招待东方的贵族们而受到诟病，但是 56 岁的马戛尔尼勋爵是一位阅历丰富、享有不可否认的社会地位之人。如果要选择一位能成功进入紫禁城的西方人，那么他将是一位比其他任何人都合适的人选。

  与卡斯卡特不同，邓达斯的训令没有对澳门构成威胁。这些训令的起草表达了一个观点，即在出产丝绸和茶叶的省份附近拥有一个贮运站，会比与葡萄牙签署一份三方协议更合适。这些训令粗略地说明，使团应该为贮运站争取类似于葡萄牙人在澳门的权力。使团此行的主要目的是使中国政府取消对华贸易的限制并在广州开放自由贸易。这意味着基于正常的商业规范，英国人将被允许以市场价格从他们自己选择的商人手中购买中国货品。

  训令中也谈到了鸦片。"如果要将这个问题纳入讨论的话，"邓达斯写道，"我们必须极为慎重地处理。"如果中国坚持将"英国船只不再运载鸦片来华"这一条款列入贸易条约，使臣对此必须让步。这样做虽然可能极大地削减印度的财政收入，但肯定不会阻碍与中国缔结有利可图的条约。在隐晦的外交辞令中这位大臣暗示，即使实施禁运措施，还是能找到其他途径使鸦片更为迂回曲折地流入中国。

对于甄选使臣和准备训令，邓达斯都胸有成竹。他个人看好马戛尔尼。从他的训令可以看出，邓达斯对商业形势了如指掌。但对于该送什么礼物给中国皇帝，以及使团该走哪条路线，他犯难了。 84

因为牵涉太多未知的因素，使团的筹备工作异常棘手，甚至连去北京的路线都是未知的。英格兰新教掌握的中国信息都是二手的，大多数来自天主教神父的法语著作，而且他们所了解的大部分信息都是几十年之前的，早就过时了。例如他们得知望远镜和枪可能是适合的礼物，因此他们的礼物中包含了这两样，他们也为此花了一大笔钱，但是流行送科技玩意儿的时代早就一去不复返了，欧洲神父和使团早在利玛窦时代就带着它们来到了北京。紫禁城里摆满了科学奇器，还有满屋子的望远镜和星盘——一些没人知道可以用来做什么的无聊玩意儿。天子是世间最挑剔的收礼人，他已经拥有了他想要的一切，不感兴趣的礼物他不会接受。

伦敦还不知道天子对西方科学的兴趣已经消减了，英国准备的礼物只会让人觉得英国不过是另一个拥有奇器淫巧的野蛮国家。英国人拥有的是相似的旧物件，它们质量还不太好，因为马戛尔尼勋爵后来亲眼见到了皇宫里非常精致的礼物，尤其是那些来自法国和意大利的，而英国的礼物在它们面前相形见绌。要是邓达斯早知道这一点，自鸣钟本可以带去更多的欢乐和愉悦，他们本可带来更具实际价值的礼物。但是在当时的英国，谁能相信这是真的呢？

同样，在1792年的伦敦，谁又会相信，在1656年荷兰使团抵京之后，北京就没有再发生任何改变，因此他们仍旧无法直接与天子谈判，仍要浪费如此之多的精力悉心准备使团训令？又有谁会相信万寿无疆的天子在上朝的时候，仍要接受前来进贡的蛮夷使团三跪九叩的朝拜，同时他却在他们面前保持静默？

二　中国官员准备接见使团

要是邓达斯考虑过向葡萄牙提及派遣使团的事，他可能就会对马戛尔尼将会遭遇的情况有一个更清晰的认识，因为在荷兰使团之后，葡萄牙曾两度尝试通过派遣使团来改善与中国的关系。第一个使团是由若昂五世（João V）于 1715 年①派遣的麦德乐（Dom Alexandre Metello de Sousa e Meneses）使团，它在所有欧洲遣华使团中最为壮观：一行队伍走近大内，慷慨地向大众抛撒礼物，中国人之前从没见过这种习俗，因此他们特别兴奋。1752 年，第二个使团——巴哲格（Francisco Xavier Assis Pacheco e Sampaio）使团在进入中国时遇到了一些麻烦，之后使团人员受到了乾隆皇帝的接见。乾隆皇帝是中国历史上最优秀的皇室书法家之一，他把自己的亲笔书法用一个精美的木盒包装后赠给了使臣。这两个使团在觐见皇帝后与其共进早餐，但并没有取得实质性的进展。与前人一样，如何从紫禁城获取议定书的问题也将他们难住了。然而，与史料记载的之前的来华外交使团相比，这两个使团获得了最高规格、最仁慈的待遇。

在马戛尔尼使团的经历中，"仁慈"这个标签被赋予了一种截然不同的认识，即中国正在接待来自最强大的蛮族部落的代表，

---

① 这里疑为 1725 年。——译者注

中国也早就知道这位使臣会拒绝行叩头之礼。之前就有欧洲人因叩头而自找麻烦，一个与荷兰使团正好同时在北京的俄国使团，因拒行叩头之礼被拒之门外，得不到接见。在大内觐见皇帝必须行叩头礼，如果马戛尔尼勋爵想要得到北京的接见却又拒绝行叩头之礼，那么他将与那个俄国使团一样不会获得面圣机会。但回顾历史，据说有个别无从考证的先例表明，如果使团不在大内觐见皇帝的话，礼节就没有那么严格，可以稍微随意一点，例如葡萄牙首个使团 1519 年在南京受到了正在巡视的正德皇帝的非正式接见，这似乎是马戛尔尼勋爵获得觐见的唯一可能解释。虽然此时年过八旬的乾隆皇帝身旁的官员坚持马戛尔尼须自愿行叩头之礼，但他们似乎在想方设法地促成觐见事宜。他们想了一个钻空子的方法，即在紧急情况下可以允许马戛尔尼使团不用叩头，这样做的目的是避免得罪英国人。从这些英国人那里，他们间接地通过"户部"赚得盆满钵满。在马戛尔尼到达北京时，乾隆皇帝十分偶然地没有待在北京，而是待在热河，在那里的草原边上他有一座猎苑。① 与此同时，当遥远的广州收到英国使团正在从英格兰来华途中的消息时，英国商人的待遇即刻获得了提高。对于所有从事外贸的中国人和欧洲人来说，外交使团都是最重要的事件。

86

三　战战兢兢地服从

1793 年 6 月，英国皇家战舰"狮子"号（*Lion*）载着马戛尔尼勋爵及其他使团成员抵达了珠江口附近的岛屿。特使本人没有登

---

① 即木兰围场。——译者注

陆，而是派遣副使乔治·斯当东（George Stanton）爵士在澳门上岸与东印度公司的高级职员洽谈。斯当东曾经在马德拉斯为马戛尔尼效力，因此在马戛尔尼的要求下他被任命为使团副使，后来他出版了使团行纪。① 他在澳门的商谈结果变成了一份议案，之后以书面的形式被呈交给乾隆皇帝。议案要求在浙江沿海的舟山群岛中指定一个小岛供英国人居留和存放货物，同时天津和宁波的港口应对英国船只开放。使团沿海岸北上，数天之后在离北京最近的白河口登陆。

87　　　载着他们沿河而上的船只上插有一面旗帜，上面用中文写着"英吉利贡使"。当马戛尔尼得知此事后，他机智地决定无视它。但是，叩头的问题来了，在多番劝诱下，马戛尔尼同意行叩头礼，但条件是与他官职相等的中国官员也必须对着英王乔治三世（King George Ⅲ）叩头。这当然是不可能的。最后，中国官员们降低了他们精心准备的接待规格。行叩头礼的问题被暂时搁置了。

　　　在 1793 年 9 月 14 日的黎明时分，由十六名轿夫抬着的展现出独特风采的天子到达了其壮观华丽的帐篷并登上了帐篷内的宝座。这座帐篷设于热河的一座皇家园林内。马戛尔尼勋爵身着礼服，胸戴巴斯勋章，单膝跪地，将一个缀满宝石的金盒子递到万岁爷手里，里面还装着一封英国国王用拉丁文写成的信。即便在这种非正式的场合，觐见天子依然需要庄严肃穆，在场的每一位都觉得在有生之年不可能再看到能与之相媲美的场面了。就连马戛尔尼勋爵后来也毫不夸张地写道，"如我所见，这正是所罗门国王的辉煌"。

---

① 即《英使谒见乾隆纪实》（*An Authentic Account of an Embassy from the King of Great Britain to the Emperor of China*）。——译者注

虽然这次出使不同以往，意义非凡，但接见使团的工作是按照正常流程进行的（英国人却对此毫不知情）。在古老的早餐仪式后，马戛尔尼勋爵如其前辈巴哲格一样也被赠予乾隆皇帝的书法作品，这是勋爵不凡身份的标志。事实上，使团的所有成员都收到了礼物，就连斯当东先生 12 岁的儿子也不例外。他聪明伶俐，一路上学习中文，乾隆称赞了他的才华。马戛尔尼使团在热河完全没有找到商谈此行目的的机会。

数日后，马戛尔尼施展浑身解数，付出多番努力，试图与皇帝谈判。朝廷搬回了靠近北京西山的圆明园，马戛尔尼勋爵和他的使团也被带到了北京。他们没能再次与皇帝见面。在三次觐见中，乾隆皇帝在和马戛尔尼谈话时都表现得特别热情友好，但这只不过是天子让人放下戒备的举动之一罢了。通过漂亮的举止，他让每一个使团都觉得自己比之前的人做得更好。

在恰当的时候，他们收到了乾隆给乔治三世的回信，依照先例，这意味着他们应该离开中国了。在回信中，乾隆以无比宽宏大量的口吻称赞英国国王送来的礼物，对他们"接纳中国文明的愿望"表示称许，并建议乔治三世未来进贡更多礼物。随着信件被一起赐给使团的还有乾隆丰厚的回礼。"敬启，"信的结尾处写道，"我们亲切的关心。"按照皇帝的标准，这表示龙心大悦。

马戛尔尼用平和的举止掩盖了心中深深的不安和焦虑，他担心耗资巨大的使团将一事无成。仅凭这一封简短却无实质性成果的信，他回到伦敦该如何交代呢？作为最后的冒险，他向大学士呈递了一封简洁的备忘录，当中他提出了他被授权处理的几点问题。

令人感到不可思议的是，皇帝居然对此给出了回复。在收到乾隆的回信时马戛尔尼正要离开北京，他打算沿运河南下。该信的语气完全不同于前一封信。这封信也是写给乔治三世的，在信中乾隆的语气威严、庄重、强烈、果断、决绝，他逐条回答了备忘录中提到的所有问题，在每个问题上他都毫不退让。马戛尔尼还表达了将英国国教引入中国的迫切需要，乾隆在回复中指责了这一想法，并敦促仍在北京逗留的少数天主教神父尽快离开。很难想象在把这份会令人感到尴尬的文书带回给满怀期待的英国国王和内阁大臣后会出现怎样的情形。乍一看，马戛尔尼似乎完全搞砸了任务；可事实上，能从天子手中索取一封涉及通商问题的信函，就像觐见皇帝而不用下跪磕头一样，其本身已然是罕见的成就。

然而，撇开这封信给人的第一印象不说，乾隆的回信除了华丽的语言外还包含了一些不可思议的内容。乾隆在信中问道，他们将如何在宁波这种既无仓库又无通事的港口开展贸易活动："况该处并无通事，不能谙晓尔国语言，诸多未便。"①

在拒绝割让舟山这一点上，乾隆也使用了同样的借口，并且他之后的警告还带着几丝同情。他劝诫英国人不要妄图占领任何一座类似的岛屿："天朝尺土，俱归版籍，疆地森然，即岛屿与沙洲，亦必划界分疆，各有专属。"②

毫无疑问，交趾支那（Cochin-China）的君主们、缅甸和尼泊尔的国王们，以及蒙古的部落首领们一直敬仰中国拥有舆图，

---

① 原文为："其浙江宁波、直隶天津等海口，均未设有洋行，尔国船只到彼，亦无从销卖货物。况该处并无通事，不能谙晓尔国语言，诸多未便。"参见《乾隆帝为英使所提增设关口及在京设行等七款不便允准事致英国王勅书》，载中国第一历史档案馆、澳门基金会、暨南大学古籍所编《明清时期澳门问题档案文献汇编（六）》，人民出版社，1999 年，第 353 页。——译者注

② 原文参见（清）王之春撰《国朝柔远记》卷六，光绪十七年广雅书局刻本。——译者注

对于他们来说，乾隆这封引人瞩目的文书甚至还具有魔力。但对于英国的海军上将们，乾隆的警告不可能给他们留下同样的印象。

乾隆恫吓乔治三世，任何无视禁令的举动都将导致英国船只被武力驱逐出洋。该信以如下方式结尾："勿谓言之不豫也。其凛遵毋忽。"①

四　不会再有的时刻

甚至到了那个时候，马戛尔尼还希望此行能有所收获。到达广州后，他尝试与"户部"和两广总督协商，希望改善贸易条件，但都没有达成目的。最后，马戛尔尼南下澳门，他认识到访华使团彻底失败了。尽管他向英国人隐瞒了大清皇帝不把国王放在眼里的事实，可是缺乏可见的成果这一事实已经透露了一切。

对中国来说，马戛尔尼使团访华是自己错失的一次超越自我的历史良机。自那时起，人们便认为清王朝无药可救了，当然，这是一种夸张的说法。英国人对使团怀有很高的期待，这是因为他们对大内知之甚少。要是他们早有所知，就不会对访华结果寄予如此之高的厚望了。想让真龙天子察觉到他努力约束和控制的外部力量的强大还为时过早，因为这些力量当时在中国极不明显，真龙天子需要进行更多观察才能做出正确判断。

---

① 原文为："天朝法制森严，各处守土文武恪遵功令，尔国船只到彼，该处文武必不肯令其停留，定当立时驱逐出洋，未免尔国夷商徒劳往返。勿谓言之不豫也。其凛遵毋忽。"参见《乾隆帝为英使所提增设关口及在京设行等七款不便允准事致英国王勅书》，载中国第一历史档案馆、澳门基金会、暨南大学古籍所编《明清时期澳门问题档案文献汇编（六）》，人民出版社，1999年，第353页。——译者注

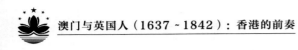

马戛尔尼使团访华事件的卓越不凡之处在于，它创造了一个机会，实现了使以下重要人物相遇并共同面对未来的可能性：生活在中国历史上最伟大王朝之一的盛世之末的乾隆皇帝，他既是艺术鉴赏家和赞助人，又是多才有为的统治者；在伦敦的内阁中占有一席之地的邓达斯，他历来是最通晓中国形势的人物之一；还有作为完美使臣的马戛尔尼勋爵本身。这些人物的交锋不会再有了。在中国后来的历史中再没有出现过比乾隆皇帝更有才干的君主，继他之后，国力衰退，涌现出一大批昏君；而在伦敦，由于英国国力日益增强，责任随之而来，在一段时间内，外交大臣已无暇关注中国的复杂形势，直到进入巴麦尊（Palmerston）勋爵的时代，那时……还是让故事自己展开吧。

图 2　广州商馆区（约 1840 年）

注：佚名作。

图片来源：澳门艺术博物馆提供。

第五章　英国对澳门的威胁

一　韦尔斯利勋爵占领澳门的企图

马戛尔尼使团的失败，即以外交手段向北京获得一个英国在华贮运站的失败，使英国人的可选手段只剩在澳门的安排上做文章，即葡萄牙将其作为外国人在澳门的权利（无论这些权利所指为何）转交给大不列颠，前提是这不能引起中国官员的骚动。换言之，这种权力的转移基于的是一些完全正当的理由。

1801 年，法国与西班牙的军队入侵葡萄牙。由于担心这是法国对葡萄牙的海外势力范围进行袭击的前奏，东印度公司在伦敦的董事们做出决定：为保卫澳门，必须派遣英军增援薄弱的葡萄牙驻军。1802 年 3 月，皇家战舰"傲慢"号（*Arrogant*）护送三艘载着英国军队的东印度公司船只抵达伶仃洋，他们打算在澳门登陆。

"特选委员会"受到了惊吓，他们告知船队的指挥官，没有澳门总督的批准决不能让军队登陆澳门。他们表示，这样做绝不是在保护英国的利益，反而可能对其造成损害。于是，海军与陆军指挥

官们上岸前去会见澳门总督，他们发现他已很久没有收到来自果阿
的命令了。总督说，这些事应该再等等。军官们强调，在马尼拉的
西班牙人以及在巴达维亚的荷兰人和法国人离澳门很近，但总督含
糊其辞，坚决不直接回应这个问题。

同时，加尔各答收到了一份从欧洲传来的错误的报告，其大意
是法国与葡萄牙缔结了一项和平协议。英国在印度的总督马癸士·
韦尔斯利（Marques Wellesley）立即向澳门加派了两艘战船，只要
在"特选委员会"看来不会破坏与中国的关系，他就授权军队以
武力夺取澳门。在一封寄给澳门总督的信中，韦尔斯利要求驻留地
在战争期间应立即交由英国管辖。他继续写道：

> 我日前已指示，英国军队的指挥官可使用其麾下的武力，
> 向阁下提出和平交出澳门驻留地及其附属地的条款。
>
> 凭借阁下的智慧与辨别能力，您定然了解对这个既定办法
> 的任何抵抗都没有意义。阁下是正义仁慈之士，定不会使澳门
> 百姓的生命与财产暴露在与大英军队毫无胜算的危险对抗之
> 下……

因为"特选委员会"的反对，这封信并没有送达澳门总督之
手，但它说明葡萄牙人已开始反抗。韦尔斯利十分清楚，一旦英国
人控制了澳门，加上已经扎根澳门的英国巨大的商业利益，澳门将
永远不再属于葡萄牙人。

没有人比葡萄牙人更清楚这一点，他们后来知晓了韦尔斯利那
封信的内容。葡萄牙总督孤注一掷，暗中向北京求助，请求皇帝将
澳门置于其保护之下。然而北京对此没有立即回应。在葡萄牙人焦
虑了两个月后，来自槟榔屿（Penang）的英国驻军宣布，欧洲停止

了敌对行动［这与《亚眠和约》（the Peace of Amiens）的签订几乎同时发生］。因此，韦尔斯利的入侵部队没有一兵一卒登陆澳门便全体返航印度。

当两位住在北京的葡籍神父（其中一位在钦天监工作）将葡萄牙人寻求保护的请求上呈给皇上时，北京还不知道澳门的这一幸运结局。嘉庆皇帝一开始感到很震惊，但来自广州的两广总督认为英国人并无敌意，他谏言称葡萄牙人夸大了危险。这激怒了嘉庆皇帝，他命令葡萄牙神父们不得干预政治。北京的拒绝在广州和澳门产生了不利于葡萄牙人的重要影响，这出人意料地引发了这一时期最为重要的事件——英军占领了澳门。

二　喥路唎少将在澳门街道

韦尔斯利军队的离开并没有使危机结束。由于战事的恢复看起来迫在眉睫，在韦尔斯利勋爵收到伦敦发出的要求他稳住全局的指令之前，《亚眠和约》的条款竟然还没在印度实施。澳门的情况也没有发生变化。英国人随时都可能再次寻求机会"保卫"澳门免受法国人与其在马尼拉的盟友西班牙的进攻。1807 年 10 月，拿破仑统治下的法国军队在朱诺将军①的领导下入侵了葡萄牙，英国的机会来临了。现在的印度总督是明托（Minto）勋爵，此时采取军事行动的基本条件不像韦尔斯利时那么困难了。一支英军当即被派往澳门维护英国在中国的利益，同时这也是为了保护英国最古老盟友的驻留地。1808 年 9 月 11 日，英国海军少将威廉·喥路唎（William Drury）率领 300 名士兵出现在澳门的洋面。

①　即 Jean - Andoche Junot。——译者注

　　对于葡萄牙人来说，尽管明托威胁的口气并不强烈，但这一次的危机远比 1802 年严重。英国在印度的总督明托与果阿的葡萄牙总督保持着通信，后者显然批准了英国的行动。这一切都是非常友好且恰当的，但麻烦的是，千里迢迢之外的葡萄牙大公们似乎没有认识到澳葡当局的困境——英军的到来将不可避免地导致英国成为澳门实际上的统治者。一旦英国实施统治，随之而来的事实是，任何阻止其在之后某一时刻成为纸面上的统治者的努力，都将与政治和商业现实相违背。在 1802 年那次向天朝皇帝不成功的求助中，澳门总督和议事会已就该问题使出了浑身解数，再向中国人寻求庇护只会导致葡萄牙的威信在中国人那里尽失这一结果。此外，葡萄牙人不再拥有"特选委员会"的支持。考虑到嘉庆对葡萄牙人的外交冷落，加上在这个广州官员态度"温和"的时期里英国人与中国官员间好得不同寻常的关系，"特选委员会"得出结论：当英国部队登陆澳门时，中国人只会提出正式抗议。这便是嗳路喇少将在抵达澳门时收到的建议。

94

　　英国人从葡萄牙本土带来的严峻事实，让那些住在澳门的葡萄牙人的处境变得更加岌岌可危。朱诺的入侵未受到多少抵抗；葡萄牙摄政王带着全家逃往巴西；一个新政府成立了；葡萄牙人被征入拿破仑的军队为其服务。［嗳路喇和澳门总督都不知道自那以后法国人在葡萄牙的傲慢行为引发了一次国内暴动，也不知道阿瑟·韦尔斯利（Arthur Wellesley）爵士将率领英军于几周内前去救援。］

　　这一关键时期的澳门总督为花利亚（Bernardo Aleixo de Lemos Faria），与往常一样，他没有收到来自果阿的命令。此外，嗳路喇还没收到葡萄牙总督授权英军登陆的重要信件就抵达了澳门。澳门只有一些三流士兵，英军正停在澳门的锚地，有权有势的英国居民们正坐等澳门变成英国领地，法国就在不远之处，澳门里里外外又都是中国人。面对这样的情形，总督能依靠的只剩智慧与运气。

95　　　他先用谎言提醒少将，称澳葡当局与中国已缔结条约，澳门已被置于中国政府的保护之下。他还称只有经过中国人同意后，外国军队才能进入澳门。对于嗹路唎的保证，即此行是以保护澳门为目的的友善之举，花利亚回信称，他非常感谢英国的一片好心，但对像中国人那样多疑的人来说，英军的登陆对其盟国弊大于利。紧接着他私下里找到了香山县丞，后者告诉他，澳门完全不需要英军的保护，如果遭遇袭击，澳门作为中国领土的一部分，将获得中国军队的保护。要是让英国人登陆，葡萄牙人就会收到中方的威胁。

嗹路唎少将也对葡萄牙人发出威胁。他告诉他们，如果葡萄牙人拒绝尊重他们与大不列颠的盟国关系，那么他将不得不以武力登陆澳门；如果中国人反对，其也将面对武力威胁。

这在澳门产生了反响，随着形势的恶化，人们的态度也变得更加强硬。在一次氛围激昂的会议上，议事会发誓，除非从他们的尸体上踏过，否则英军休想进入澳门。人们拿出锈迹斑斑的老旧火枪并为其上油，八旬老人们自告奋勇加入反抗，每座炮台的人员配置也已安排妥当。只有澳门大法官眉额带历（Miguel de Arriaga）建议谨慎行事，此人能够较为精明地处理澳葡当局与中国的关系。在他的建议下，葡萄牙人决定有条件地满足英国的要求，条件之一是只有葡萄牙的旗帜才可以被升起。火枪被收了起来，表面上的礼貌得以维持，争执仿佛从来就没有发生过，英军被迎接上岸。

三　英军占领澳门

拿破仑战争（Napoleonic War）这场第一次波及全欧洲的战事

也影响到了中国。为了适应那个充斥着鸦片、旗杆和自鸣钟的国度，这一冲突在中国的延续体现出了奇特的一面——它是没有硝烟的战争。

英军占领了东望洋炮台与南湾炮台，他们有的住在东印度公司的商馆里，有的住在圣保禄大教堂旁古老的耶稣会神学院中，还有的住在海边的帐篷里。那些了解澳门的人将会意识到此时这座城市过于拥挤。大炮台曾经是澳门总督的居所，也是传统意义上的高级炮台，它并未受到外国入侵者的破坏。花利亚暂时将其住处从总督府搬到了大炮台，这一举动得到了全体澳门百姓的理解。葡萄牙的旗帜无畏地在大炮台上空飘扬，他就生活在一排蓄势待发的大炮周围，鸟儿在许多大炮上筑了巢——澳门平常是一个非常和平的地方。

从大炮台向下望去，他看见了一幅正在急剧恶化的令人不安的景象。中国普通百姓对英军和印度兵的反应是他们自发的敌意。辱骂和嘲讽导致了不同种族的混战和头破血流的街头斗殴。纵酒狂欢的英国士兵闯入民宅并砸坏财物。同一时间，印度兵进行了各种破坏性掠夺，包括亵渎中国人墓室里的神灵，这使他们中的一些人丧命于中国人手中。广州和黄埔通常能对这种事情保持克制，但澳门不行，它太小了。在一周不到的时间里，中国人的愤怒已经烧成了危险的仇恨之火。

但当他继续望着下面这史无前例的混乱局面时，花利亚不再感到不安了。议员们也不会。他们现在明白了眉额带历的建议是多么的明智。既然中国人称澳门是中国的一部分，那么就让他们表现出来，让他们除掉英国人。澳门只需要安抚各方的每一个人，然后等待。

以他们对这类事务的一贯理解，官员们不会采取任何会对澳门造成直接影响的行动。在英军驻扎两周后，广州所有的对外贸易都

96

停止了。这没有产生效果。又一周后，所有的佣人都从商馆撤出，商馆内的食物供应被切断。撤退至海上的道路保持着畅通，因此大概一天后，许多英国人从广州商馆撤离，南下来到了澳门。

97　　在此后不久的 10 月 22 日，在花利亚的再次反对及香山县丞的公开威胁中，另一船英国士兵从印度来到澳门。澳门的中国人深知这最后意味着什么，中国官员们这一晴雨表稍有动作，他们都会十分敏感，于是他们带着自己的物品开始离开这座城市。佣人、小贩、熟练的工匠甚至是奶妈和苦力都纷纷逃离了。食物价格以吓人的幅度上涨。

嗳路喇少将依旧固执己见。在一封致两广总督的信中，少将说明了自己任务的目标。而两广总督不认可这些外国海军或军官的存在，因此并没回信。就他所知，英国人的代言人是"特选委员会"主席约翰·罗伯茨（John Roberts）。他给罗伯茨捎去口信，称一旦少将撤离澳门，贸易就会立刻恢复。

中国人这样平淡又徒劳的抵抗通常会成功激怒对手。官员们的长期经验表明对手们的这种愤怒一贯于事无补。因此一旦形势所迫，他们总是以令人困惑不解的自信重复着这些伎俩。

勇猛的少将的脾性反映了典型的英式处理方式。东印度公司盛大的晚宴桌上摆着蜡烛，烛光在人们因争论产生的气流中摇曳。对于英国人来说，是时候向中国人表明他们的立场了。由于澳门的建筑物密度很大，一旦战火失去控制，整个城市都可能化为灰烬。中国人需要一次这样的教训。没有其他办法可以结束这个人们在当中进行对外贸易的可笑的局面。嗳路喇与罗伯茨主导着对话，他们肆无忌惮，以至于在场有异议的人——确有几个——都沉默了。

为了准备落实这项激进的设想，嗳路喇少将在 11 月 21 日给所有仍留在广州的英国人 48 小时的撤离时间，并命令所有英国船只离开黄埔南下前往河口。尽管有所顾虑，英国人还是听令离开了广州。罗伯茨留在了黄埔，他登上一艘船，向所有船上的人发号施令，要求他们遵守少将的指令沿河而下。

98

然而，没有一个负责人，甚至包括东印度公司船只的负责人，想要离开。在一封寄给罗伯茨的联名信中，他们客气地指出，在他们看来，目前的行动很可能会导致一场后果严重的战争，会给他们带来巨大的损失（这是重点）。他们还提出，如果能用与英国人个性相符的和平手段与中国人解决问题的话，他们认为就应当这样去做。

东印度公司的负责人们冒险在这封信上签名的主要原因之一，是他们知道罗伯茨并没有得到其他"特选委员会"成员的支持。按照规则，"特选委员会"对于重要事务的公告必须附有所有三名成员的签名。这些负责人不愿意为了一个将自己幻想成将军的大班，去冒失去他们的项上人头和利润的风险。

与此同时，一直面临中国人向澳门派兵的威胁的花利亚告知中国官员，英军纪律性已有所提高（确实如此），现在已无派兵的必要。而此刻，通过香山县丞衙门，他被正式告知，一支中国军队正在集结并准备进入澳门。绝望中，他告诉英国人，他们必须立即离开澳门。几乎同时，在英国船只的负责人们拒绝听从嘡路喇的命令之后，孟加拉舰队的指挥官韦格林（Weguelin）少校奉劝嘡路喇，继续坚持他的立场是毫无希望可言的。周旋在葡萄牙人、中国人、英国平民和他自己的军官中间，嘡路喇被绊住了脚步。

韦格林、眉额带历与东印度公司的一名大班达成一项要求英军撤退的协议，并正式将其告知香山县丞。几天后，英国人开始撤离。当报告称最后一批人已经离开时，一位中国将军组织了一次相当彻底的检查，以确保没有逃兵或秘密留下的小分队，他一个炮台都没有放过。最终他非常满意地发出信号，表明已经执行了皇帝的圣旨。一周后，贸易回归正常轨迹。

两广总督因准许英国登陆澳门而被罢职。因曾经充当英国人的通事，一名葡萄牙籍神父被中国官员逮捕，但后来眉额带历的介入又使他得以被释放。至此，英国人对澳门的占领结束了。研究东印度公司对华贸易历史的专家马士（H. B. Morse）曾表示："面对东方人的消极抵抗，喉路唎少将失败了，双方皆未损一兵一卒。在中国人的眼中，除了荣誉他什么都没有失去。他怀着至善的意图来到澳门，他的目的是帮助葡萄牙人保护澳门不受法国人侵犯，但这种帮助遭到了来自葡萄牙人、港口租客以及中国人——这片土地的主人的拒绝。"

从现代人的角度出发，我们可以说，中国人没能在如此靠后的时间点再次抓住机会向皇帝展示他们圆满处理外夷事务的能力，这实在令人感到遗憾。中英双方都对喉路唎少将有所亏欠。从威德尔的时代甚至更早之前起，中国官员们就已经显得十分擅长于驯服和驱赶像喉路唎一样的外夷，他就是这类外夷的代表人物，尽管他自己对此毫不知情。他们的这些策略在几个世纪后绝对过时了，不幸的是，在他们驯服喉路唎的时候，他们坚信这些年代久远的手段仍然有效。

这是澳门最后一次如此直接地面对被英国人占领的威胁，尽管12年后危险依然存在，且这种威胁随时可能变为英国人为占领澳门而制定的现实政策。当人们想起一系列澳门幸免于难的事件——哈斯廷斯的建议、流产的卡斯卡特使团的训令、韦尔斯利事件以及英国人的占领时，这次澳门从英国人手中脱险就如同1557年它脱离中国人的控制一样令人瞩目。

　　对此，澳门和葡萄牙人都应该感谢一群相继出现的能人异士，眉额带历是其中最为有名的人物之一，他的机智被载入了这座城市的历史。这些人与中国人保持着广泛的贸易和私人关系，这使他们能够在紧急情况下达成政治目的。一次又一次，眉额带历令这座毫 100 无防御能力的小城从生死存亡的危急关头安全脱险——虽然这一切在里斯本当然被记作了总督的功劳。澳门人民有时会嘲笑这一点，但每当这样做时，他们应该记住，有许多总督同样值得称颂，因为面对别人的谏言，他们做到了明辨是非。 101

第六章　人道主义者，请别忘了女士们

一　中国研究与西医

自 1800 年以来，文化和社会性质的一系列重大深刻的改变，开始对生活在中国沿海地区的欧洲人的思想和生活方式产生影响。笼统来说，我们可以将这些发展联系在一起，共同称之为"英国人道主义的到来"。关于东方，英国人逐渐认识到，权力产生于贸易，而责任又产生于权力。对于受过教育且眼光长远的英国人来说，他们不再满足于只为挣钱前往东方且同时受到当地人的辱骂的情形。于是，一种观念应运而生，这是一种革命性观念，即如果有人在某方面可以提供特殊的技能和才干的话，那么此人就不应该只索取，他还需要给予。除了从中国赚取大量钱财外，人们或许可以为普善做一些贡献，其中也包括为中国人做善事。

人们已经注意到，与威德尔和嗜路唎相比，中国官员认为像安森一样内敛克制的人更令人摸不清。英国人道主义的到来使这种理解困难变得更加深刻和长久。虽然这看起来超乎寻常，但事实上，正是这个人们最期望能改善中欧关系的因素成了双方最大的理解障碍。

传统上中国人认为，没有什么比利他主义更令人困惑不解。他 102
们在理论上欣赏利他主义，而且在实践中不乏贯彻利他主义的例
子。但是，要向中国人证明这一情况是极其困难的，他们打心底里
就不相信这一点。那个时代的官员们是最为传统的中国思想家，他
们连自己人的利他主义行为都不相信，更不用说外国人的利他主义
之举了。人道主义的到来使中国官员内部对外国人的伪善更加深信
不疑，他们认为人道主义行为之下掩盖着不可告人的动机。这种对
英国人伪善的坚信，是导致见多识广的中国人对外国人持有不解与
愤怒心态的主要因素之一，这也是 19 世纪的一个特征。东印度公
司与港脚商人之间曾有令人不快的等级之分，现在这种不快将要被
一个更加复杂的矛盾所替代。一方面，欧洲人出售鸦片；然而，另
一方面，他们又为中国的穷人出资建立诊所。对于中国官员们来
说，这是难以理解的。在之后我们将看到，甚至对于生于现代社会
的我们而言，要理解这种矛盾也并不容易。

在这一新阶段中，生活在中国沿海地区的最早代表人物是小乔
治·斯当东。12 岁时，他曾作为马戛尔尼勋爵的男侍童随使团到
访中国。他在惊人的短暂时间内学会了足够多的汉语口语，并因此
受到了乾隆皇帝的夸奖；更了不起的是，他还学会了足够多的汉语
书面语，为马戛尔尼起草一些简单的中文信件。1800 年前后，这
位年轻人已经满 20 岁了，他又回到中国，成为东印度公司的中文
通事。

中国官员们一贯拒绝为外国人提供学习中文的便利。任何被发
现教授外国人汉语的中国人都会受到严惩。东印度公司的大班们费
了很大劲才在澳门找到一位愿意教他们说中文的中国人，但他不敢
前去公司驻地。大班们只好去他狭小的住处找他，那是一个"远

离城镇的隐蔽偏远的地方"。但是，随着斯当东的到来，这一切及
103 更多的事情都开始发生变化。

　　到目前为止，欧洲从两个来源获取关于中国的知识——不识中
文的游客写的游记和在华天主教神父们的著作。神父是唯一会说中
文的欧洲人，但他们的心思全都倾注于传教工作，而没有像学者般
做广泛、冷静的研究。这两种关于中国的认知在相当大的程度上相
互矛盾。从最初由北京的法国耶稣会士发出的欧洲对中国的无与伦
比的赞美，到安森对广州的情况充满鄙夷的记录，这中间存在着令
人难以理解的鸿沟；但是乔治·斯当东通过他的研究和在闲暇时间
翻译的中文书籍，使这一鸿沟开始缩小。中国的历史和观念、宗教
和艺术、传统和多愁善感，以及神秘的宇宙观，终于以一种信息丰
富、不带偏见的方式用英文展现出来。事实上，斯当东开了先河，
他是众多在东印度公司工作并研究中国的学者中的第一人，他的著
作和文章是我们拥有的关于近代中国的知识的基础。

　　这一时期的另一位先驱是东印度公司的外科医生亚历山大·皮
尔森（Alexander Pearson），在那些思索欧洲医学必须以某种形式为
中国人服务的人当中，他是最为重要的一位。1805 年，皮尔森为
许多中国人接种牛痘以预防天花。他还为中国读者写了一本教他们
接种牛痘的小册子，斯当东将其译为中文，由东印度公司在广州的
印刷所印制。此次义举开启了欧洲对中国进行医疗援助这一悠久而
高尚的传统事业，它更为显著的结果之一便是中华民国的国父是英
国人医学院的毕业生。

二　女性涌入澳门

　　在某种程度上，正在发生的文化和社会变化不过是平常的英式

生活在中国沿海地区的延伸。毫无疑问，欧洲人的生活方式直到此时仍是不正常的。在这一方面，迄今为止最为重要的发展无疑是女士们的到来。

104

外国女人不许进入中国大陆，极力避免令中国人产生误会的东印度公司将澳门也纳入了这一规定的适用范围。在加尔各答，东印度公司严格禁止开往中国的商船载运女人，同时严令规定公司职员不得与中国当地女子结婚。其结果是，尽管英国女性开始定居印度，并把加尔各答的社交生活变得像巴斯（Bath）和坦布里奇韦尔斯（Tunbridge Wells）一样丰富多彩，但是在那之后很久，中国沿海的欧洲人圈子里都还没有出现女人的影子。

早些时候谈到过的教会不许外国人在澳门做的许多事情，已经讲述了这个故事余下的许多内容。虽然东印度公司禁止员工与当地女子结婚，但是并没有提及豢养情妇。实际上，在澳门，东印度公司所有男人都与当地女子私通，不管这些女子是葡萄牙人、中国人还是欧亚混血儿。但公司的婚姻规定是不可妥协的原则。欧洲人和欧亚混血的差别日益明显，这带来了一项更加重要的不成文规定，即任何欧洲人，不管他是东印度公司员工还是港脚商人，都不能与澳门女子通婚，违反此规定的处罚是被驱逐出欧洲人社群，并被解除合作关系或解雇。

这种造成深刻不幸的污点使这些发生在澳门的私通变得不容乐观，这些私通关系通常会持续很久，通常在英国人最终离开中国沿海时才终结。就连不被允许在夏季留在中国的商人们也在澳门养有情妇。在不在澳门的期间，他们会通过某个领事馆汇款给这些女人，普鲁士领事馆就处理了大量此类汇款业务。在信函中，他们将这些女子称为"抚恤金领取人"（pensioners）。当他们在英国或印度爱刨根问底的妻子为打发长年分居的无聊翻阅账簿以探其究竟时，这个词足以证明他们的清白。

英国人在社交生活中十分重视自己的体面，如果"抚恤金领取人"为他们生了孩子，他们还会慎重地将其确认为私生子，尽管当他们还在澳门或周围时会供养这些孩子。然而一旦他们要永久回国，又将是另一种局面了；除非就像偶有发生的那样，他们的公司会帮忙照顾情妇和私生子，或者是将其托付给下一个新到此地的外国人。

在18世纪的最后十年里，第一批英国女性借助花言巧语的谄媚手段，克服了东印度公司设置的障碍并抵达了澳门，并且她们逐渐使自己成为澳门社会的永恒特色——在中国官员眼中，这是女人们的一贯做法。1805年前后，东印度公司的职员第一次在前往中国时带上妻儿。"特选委员会"不赞成这种做法，考虑将这些女人送回英格兰，但是她们总能找到这样那样的借口坚持留下来，直到和丈夫一起离开，对此，东印度公司也难以坚持。公司的一位职员在离开英国时可能还是单身汉，他可能在加尔各答娶一名英国女子，然后再到广州就职。将他的妻子安置在澳门是最好的做法，因为贸易季结束之后，他们就可以在此相聚，而不是长时间将妻子留在气候酷热又不健康的加尔各答。只要大家都遵守规定不让女人进入广州，那么最终也不会造成太大恶果。

对广州人来说，这些身穿荷叶边服饰、头戴小圆帽的女人们是让他们大吃一惊的原因。而他们以前只因澳门女人感到吃惊，并且澳门女人还没有此番气质和风采。在澳门的广东人为这些女人创造的新词是一个淫秽的双关语。唉！欧美女人现在仍存在于广东人呼吸生活的每一处。

女性对于向广州进发也毫不畏惧。这些热爱冒险的女性来到远东的时代是非常危险的，甚至连前往澳门关闸都和进行一次远征一样需要威猛男子的护送。祸害中国沿海的海盗行径自嘉庆皇帝大权在握以来就已经普遍存在。政权的更迭带来了这些叛乱分子脱离中国社会的最佳时机。在珠江流域，海盗频繁出没，打劫行为十分普遍，以至于从三角洲通向广州的路线都不再能使用。在湾仔或是在澳门附近的其他乡村散步也不再安全。1807 年，海盗实际上已登陆澳门，并且险些占领了东望洋炮台。一些国家的船只遭到了海盗的袭击，其中海盗杀害了英国和葡萄牙货船上的所有外国人。在鸦片战争发生之前，沿海水域的这种总体情况一直无法得到有效控制。

106

三　马礼逊

接着，另外一位先驱者来了，他是所有先驱者中最伟大的一位。虽然他秉性古怪——暴躁易怒、心胸狭隘、尖酸刻薄且毫无幽默感，但他的毅力、成就和果敢使他不可避免地脱颖而出，成为 19 世纪初在华欧洲人中最重要的一位。

他是英国人，但是当伦敦的东印度公司总部收到他希望乘公司船只直航东方的申请时，他们冷酷地拒绝了他。东印度公司规定，绝不能搭载这类人，他们最终会带来政治麻烦，这对贸易不利。因此，他只好坐船到纽约，然后搭乘美国"三叉戟"号（*Trident*）。1807 年 8 月 30 日，他在澳门登陆，似乎把自己伪装成了一名美国人，虽然说实际上他看上去很英国。这个面色红润的 25 岁年轻小伙子身体圆润柔软，神情紧张，倔强顽固，不苟言笑。在年幼之时，他就祈求上帝选他去做最困难的布道工作。不可否认的是，他的祷告获得了回应，他成为第一位在华的新教传教士。

罗伯特·马礼逊（Robert Morrison）1782 年出生于英国诺森伯兰郡（Northumberland）的莫珀斯市（Morpeth）。他 15 岁时深受罪恶感困扰，十分关注自己的灵魂，害怕受到没完没了的诅咒，于是他开始学习《圣经》、冥想和祷告。在《圣经》中他找到了解决内心焦虑的办法，他接受了长老会的培训，向伦敦传道会申请前往国外传教。恰巧另一位候选人遭到罢免，这使他被选中到中国完成传教任务。他早前就有一种直觉，即来到中国是命中注定。

早在入选之前，他就开始在大英博物馆学习中文著作。在获得伦敦传道会对其前往中国的批准后，他在伦敦跟着一位中国人学习汉语。虽然他们没有学习欧洲大陆的天主教拥有的那些关于中国的大量文献，但是伦敦传道会对这次任务将面临的困难还是略知一二的。他们目标有限却很实际。马礼逊的目的不是让人改变信仰。他最迫切的心愿是使那些被他称作"可怜又令人讨厌的异教徒们"的人皈依，但如果把这件事交给他做，他将视其为自己主要目标中的附带乐趣。他的主要目标是编纂一部中文字典，以及将《新约》译成中文。

伦敦传道会小心翼翼地不去对他施加限制，他们完全让他自行决定。但这些只是他们的希望罢了。他们的态度也很好地体现在了给马礼逊的指令中。在这些指令中并不存在始终贯穿天主教传教史的那些秘密和政治阴谋。一种全新的精神正从欧洲辐射开来。传道会在给马礼逊的信中写道，马礼逊将要承担这项"可能对全世界有广泛用处"的文献工作。一个老于世故的天主教徒也许会认为这是一种缺乏经验的表现，但是新教传教士确实没有什么传教经验。马礼逊相信，总有一天，全世界的人都将成为基督教徒——至少，在他离开英国的时候，他是这样认为的。然而，马礼逊成就的标志是，新教传教士的工作最终迫使天主教会在东方拓宽了其自身关系及传教的基础。

在驶离英国海岸的所有人中，没有谁比马礼逊对外面的世界更

107

为震惊。实际上，外面的一切都使他感到惊讶，包括热带地区几乎衣不蔽体却不知羞耻的"土人"。由于他们对宗教一无所知，所以这是情有可原的。但最令马礼逊吃惊的是生活在中国沿海地区的他的英国同胞们，他认为这些人完全堕落了。

在马礼逊的介绍信中有一封是写给斯当东爵士的，那个时候斯当东已经继承了其父亲的爵位。他们在澳门简短地会了次面。虽然斯当东对见到另一位汉学家满怀兴趣，但当马礼逊拜访他时，他竟有些不好意思。伦敦传道会对东印度公司先发制人，但这并没有扩大传教团的影响范围。斯当东向马礼逊建议道，很难判断澳门和广州究竟哪一个地方更危险。在澳门，天主教神父总想制造麻烦；然而在广州，一旦被发现前往那里的目的不是做生意而是学习汉语，那么后果同样相当严重。总体来说，马礼逊在广州可能不会那么显眼，斯当东以"他是否愿意继续当美国人"这个问题结束了这次见面。

因此，马礼逊乘坐"三叉戟"号北上抵达黄埔港，再从那里乘坐舢板进入广州。他混在河上嘈杂的疍民中，船上喊叫声、推搡声、大笑声、谩骂声此起彼伏。马礼逊以其敏锐的洞察力（这也是其日记带有的特点）观察着这些人，同时自言自语道："面对这群无知却精明且令人印象深刻的人，我们可以做些什么呢？"

驻留广州的美国领事大方地将自己府邸内的一个房间提供给他。由于造访者太多，马礼逊认为这对领事有所叨扰，于是他住进了前法国商馆（现在它被一家美国公司占有）的地下室里。一直困扰着他的罪恶感使他反感雇用仆人照料自己的生活。他在给伦敦传道会的信中写道，"我无法在有头有脸的英国人的居住地安顿下来"。但几天之后，他发现即便在地下室生活也需要四个仆役：一个厨子、一个侍童、一个苦力，以及一个购买生活用品的买办。糟糕的是，斯当东爵士给他请的老师竟然是一个天主教徒。同样糟糕的是，他唯一可以认真对话的中国人全是天主教徒，而且他很快发现，他们都是冲着钱才与他保持联系的。马礼逊认为自己与他的老师关系颇好，认为他们是真正的朋友，老师却明确表示只有得到更高的报酬，他才可能继续授课。

仆人们成了他的首批传教对象。可悲的是，他努力尝试以"律法""承诺""安息日"等词语为掩护向他们解释基督教义，以此吸引他们入教。"上帝的庇佑终会随着这些微弱的努力而来！"他在日记中写道，"降临吧，上帝之灵！打开人们的心扉，使他们接受真理吧！"

但是广州不是能实现上述目标的地方。"使我内心喜悦的真理，也让他们露出了微笑。"他如实记下。后来的确有一个人在他房间里坐下来，读了 75 页的《新约》中文译本，但他最后只简单地用洋泾浜英语说了句"all very good talk"（都是非常好的话），然后便起身离开了。

不久后，他就面临着这样一个事实：在孔子和其他古典名家身上，中国人有着自己的一套广泛的道德伦理教义，然而对于形而上学或奇迹，他们则不以为然。"他们不愿接受任何他们眼中的新事物，"他写道，"他们被迫承认我们的上帝的言论是正确的，但他们接下来说他们也有类似并且同样优秀的话语。"

在极度孤独与沮丧的情绪中，他狂热地把心思放在了词典编纂工作上。有一两个中国人协助他阅读中文书籍，帮助他翻译词句，同时他们自己也在学习英文。在 1808 年 4 月 24 日的日记中，他写道：

在和我的两名助手一起学习单词"hope"时，我们造了两个句子作为示例："I hope you are well"（我希望你好）和 "the hope of a future life"（未来生活的希望）。当把前一个例句翻译成英语时他们学得热情澎湃，但在学后一个例句时情况则完全不同。我问他们，为什么他们如此重视当下的生活，却忽略未来和永恒的状态。他们没有回答，为了使我高兴，他们仅仅冷笑了一声，然后要我教他们这个问句的英文。

耶稣会士此前也有过类似的经历。

然而，马礼逊使自己的情况变得更糟糕。面对自己同胞的道德败坏和自我放任，他是一位深感震惊却依旧保持沉默的观察者。他是澳门"罗马天主教"教士们的公敌，是一位批评家，他对罗马天主教迷信培养出的中国基督徒们既嗤之以鼻又心怀怜悯，他认为他们作为上帝派出的使徒，无法打破中国人对土地神、灶神、财神、阎王的朴素崇拜。他不赞同这些人的做法。

"特选委员会"主席约翰·罗伯茨很快就表达了他对词典编纂工作的兴趣。斯当东先生这位他人眼中的汉学家，也变成了一位安静且有具影响力的盟友。马礼逊承受着极其令人不悦的孤独感，在这种压力下，他的身体垮掉了。高级外科医生亚历山大·皮尔森照顾着他。最终，数月之后，马礼逊做了一个重要的决定：为确保他在中国的安全，他要与英国人友好相处，无论他是否认同他们。 110

他的健康状况下滑得非常明显，一到天气炎热的时候，他就会南下澳门，罗伯茨会在那里为他备好房子。他到澳门后会和中国助手们继续工作。因为害怕被罗马天主教的雇工逮捕，他几乎寸步不离地待在屋子里。澳门并不能吸引他，也不能使他愉悦。澳门四处都是罪恶的教堂，在他逗留澳门的期间，有一个教堂遭到天谴，被大火烧毁。不一会儿，他家楼上的地板也坍塌了，那真是"糟糕透顶的塌陷”，有一瞬间，一个想法曾在他脑中一闪而过：这一切似乎同样是上天的安排。事实上没人受伤，这也是一种神意。

在澳门享受了三个多月的宜人气候之后，马礼逊回到广州。他慢慢地适应了阿拉伯式花纹，尽管对他们这种插画式的偶像崇拜有所抱怨，但他对天主教的中文书籍产生了浓厚的兴趣。事实上，为了学习基督教词汇，他不得不研究这些天主教书籍。考克斯的自鸣钟与鸦片公司，即后来为人熟知的“比尔和马格尼亚克”（Beale and Magniac）洋行，从伦敦汇钱给他。几个月后，马礼逊甚至建议海外来客在到达中国后使用“比尔和马格尼亚克”的服务，他们的商号既方便又高效。

这也是那些向“抚恤金领取人”汇钱的缺席情人们的所思所想。

四　马礼逊在东印度公司的工作——中译《圣经》

在英国海军上将喥路利准备炮轰广州后，马礼逊再次前来澳门避难。这是马礼逊传教工作中最糟糕的时刻。澳门的反英情绪前所未有的强烈，喥路唎的做法完全激起了中国人的愤怒，以至于马礼
111 逊对留在中国感到绝望。另一个选择是撤到槟榔屿或者马六甲，这两个地方都有海外华人小区，在这些华人中马礼逊才有可能继续他的工作。但他不想去。他的日记从未像现在这样充满哀怨和对上帝帮助的恳请。

在这焦虑不安的几周里，他获得了一些新朋友的安慰。他们是公司的外科医生之一莫顿（Morton）医生、他的妻子，以及他们的两个十几岁大的孩子玛丽（Mary）和威廉（William）。不仅如此，马礼逊 1809 年 1 月 8 日的日记中还有一条重要的记录：

　　玛丽·莫顿小姐也公开表明信奉耶稣，并且希望为他献身，投身到所有的传教事业中，使自己获得耶稣的恩惠。

　　一个月后，莫顿小姐嫁给了马礼逊。

　　此刻，他虔诚且频繁地向上天祷告，哀求神意清晰无误地阻止他们前往槟榔屿。就在婚礼当天，马礼逊得到了东印度公司的一个职位：中文通事，年薪为 500 英镑。昨天还是一贫如洗、饱受迫害的传教士，靠伦敦传道会的资助维持生计；今天便手头宽裕，怀抱娇妻，财政独立于传道会，肩负英国国家声誉和东印度公司的贸易（公司每年在广州的货物价值 100 万英镑）这两个重大责任。他身兼两职，一为传教士，一为公司通事，两份职业分别要求谦卑和显赫，由此引发了相互矛盾的道德问题。这种道德问题一直伴随着他的余生，在很大程度上，这是一个内在主题。最后，马礼逊博士被数个大学授予荣誉学位，1825 年访问伦敦时，他受到了国王的接见，还受到了欧洲主要的东方学专家们的欢迎，只要在下议院提到他的名字，就能引起一阵欢呼，但他被公认的身份仍然是传教士。然而不知不觉间，在他的行为和书信中已经渐渐融入了一种关心先例、加薪和养老金的公务员般吹毛求疵的口吻。很难想象如果不是这样的话，事情原本会怎样发展。

　　对于任命马礼逊为通事一事，东印度公司的官员们，甚至包括斯当东在内，都做了清楚的解释：聘用他仅仅是因为他对中文的了解。1806 年，伦敦的董事会下令教堂的礼拜仪式每周日必须举行，大家必须参加。这项命令被"特选委员会"无视。马礼逊参加礼拜也无关紧要。公司通知他，如果他想要继续进行宗教工作，那是他自己的事，休想获得公司哪怕一丁点儿支持；他要不是个传教士，本应更能胜任这个职位。

112

在祝福马礼逊夫妻二人彼此陪伴后，也就是在女儿玛丽出嫁后不久，莫顿一家就离开了，罗伯特·马礼逊和其夫人玛丽·马礼逊在澳门过着与世隔绝的生活。玛丽会讲葡萄牙语，但只与一个家庭交好。她每天读《圣经》以及关于基督教历史的书籍。马礼逊视野的狭隘和对天主教的不赞成使他们很难交到朋友。玛丽身体孱弱，渴望回家。

虽然对于马礼逊的传教士身份，东印度公司持严谨的态度，但是对于他中文字典和语法书的编纂工作，他们大加赞赏且饶有兴致。他们将中文字典和语法书送到明托勋爵手中，他为这项费钱的印刷业务提供资金，它们由位于塞兰坡（Serampore）的新教传教士印刷厂印刷出版。《圣经》中译本的印刷（马礼逊将《旧约》也列为翻译对象）由澳门的一家中国印刷商号一部分一部分地印刷。

《路加福音》将要出版时，也就是第一部分即将完成时，马礼逊出版了一本中文的基督教教义问答小册子。基督教此时在中国是被禁止的，全本《圣经》的拆版也违背了澳门的天主教惯例，马礼逊在两种权威之间周旋。在一位亲切友好的澳门总督区华龄嘉（Lucas José Alvarenga，这位总督甚至还曾到马礼逊的住处拜访过他）的管治之下，葡萄牙人起先没有理会此事。但当1813年，马礼逊久等的助手威廉·米怜（William Milne）从伦敦赶来时，天主教开始强硬地施加压力，区华龄嘉告诉马礼逊和他新来的同事，他们必须离开。马礼逊恳求总督改变决定，甚至不惜屈膝下跪（这是他职业生涯中最令人震惊的举动），但是总督不愿妥协。东印度公司也恪守承诺，不肯伸出援手。"我没有想到此地的英国人群体待我竟是如此不友善，"马礼逊在日记中写道，"我从没有期望过多，但提出这小小的期望，其结果竟也如此令人失望。"

然而，考虑到马礼逊对英国人的态度，他也不配得到更好的

113

待遇。

此时，中国国内的形势急剧恶化，两位传教士得出结论：在中国扩宽传教工作的范围是不可能的。黄河泛滥，饥荒遍布，数省之内叛乱四起，据称叛乱的首领是基督徒，他受到了澳门天主教士的煽动。于是米怜离开了，过了一段时间，他在马六甲创立了英华书院（Anglo‑Chinese College），并且成为马来西亚现代教育的先驱者之一。马礼逊则继续为他的传教事业孤军奋战。

五　中国人对英国通事的反对

马礼逊对东印度公司的帮助很快被认为是无价的，董事会多次就公司聘请了一个传教士发出抱怨，但"特选委员会"对其均不予理睬。马礼逊的中文水平超过斯当东，很快他就开始给公司的其他职员上课。

斯当东和马礼逊的到来极大改变了英国人和中国官员的关系。先前，给"户部"或两广总督的信都是先用英文写好，在公所议事厅（Consoo Hall）交给行商，然后行商再让通晓两种语言的人译成中文。他们通常是李叶荣那样的使用洋泾浜英语的居澳中国人或欧亚人，这些人几乎不懂文言文，而在与中国官员打交道时会文言文十分必要，他们也无法正确翻译表达中的微妙之处。而且，为了避免发生不愉快，行商总是确保每封信的语气都要有适当的改变。举例来说，他们将一个索要权利的坚定要求，改成自贬身份的外国人呈给天子那至高无上的文明政府的禀请，它由极具才华的总督代为接收。外国人和中国官员在为数不多的碰面场合中进行的对话甚至更加具有误导性。由于一遇到麻烦，中国官员便倾向于逮捕和鞭打通事，所以通事是一种危险的职业，并且许多通事也因此沦为阶

114

图 3　戴帽子的欧洲或美国女子肖像

注：钱纳利绘于 1837 年。
图片来源：澳门博物馆提供。

图 4　马礼逊博士翻译《圣经》

注：截自钱纳利的画作。
图片来源：马丁·格雷戈里画廊（伦敦）提供。

下囚，只有为数不多的人认为值得为报酬冒险。通事们日常使用的是广州社会底层的行话。考虑到这就是两个民族唯一的官方交流方式（除非天主教传教士愿意冒险伸出援手），受过良好教育的中国人对欧洲人的小瞧也就不那么令人惊讶了。

自斯当东和马礼逊所处的时代起，中国官员们开始有机会以更加清晰的视角来看待英国人，他们不喜欢这样的经历。信件不再以英文形式送抵公所议事厅。马礼逊坚持在公行商人递交之前审阅所有信件的终稿，如此一来公行商人的篡改就仅限于添加敬称和谦辞。信的抬头仍然是"谦卑地禀请"，因为这是官员唯一接受的公函，但是英国人在信中想要表达的实质内容能够被明白无误地表达出来。

中国官员和英国人的对话也更加简单。当有英国通事在场时，中国官员第一次听到了直言不讳的批评而非打了折扣的恳求。这是一次全程都很不愉快的经历，它打破了中国人的惯例，即所有刺耳的评论都必须通过间接的方式来表达。斯当东和马礼逊都知晓此理，但是站在英国人的角度，他们认为没有其他做法。并且，马礼逊采用的讲话方式与中国官员一样。他的言语中透露出博学多才，他能同样生动地使用引喻和讽刺修辞，这使他与受过教育的中国人之间的对话既尖锐又令人兴奋。他不满足于学习他所谓的广州土话，而是下苦功学习漂亮的北京话的发音与词汇。

由于传递了不受欢迎的信息，斯当东和马礼逊不可避免地使自己成了众矢之的。他们变成了官员们怨恨的直接目标，作为夷人之中最卑劣者名列各种威胁性公告之中。马礼逊频繁陷入危险的境地。一旦发生反基督教的恐慌，他就不得不藏起所有书，并将他的助手送回他们各自的教区。如果不送走他们，他们有时候也会自己逃跑。

115

从官员们对斯当东和马礼逊的暴力反应中，人们感受到了未来将会发生的灾难的征兆。中国的官僚们最终将会详细理解外国人的观点及产生这种观点的大量背景知识，并将之上报北京。他们中的相当一部分人一定已经意识到，与他们打交道的不再是蛮夷部落，而是需要平等对待的强大文明国家。实际上，据我们所知，他们当中的有些人的确意识到了这一点。真相大白的那一刻发生在1810年。松筠，也就是那位曾经陪同马戛尔尼勋爵从北京返回的亲切友好的官员——他当然还记得孩提时期的斯当东——被任命为两广总督。他在广州秘密接见了斯当东。在和斯当东独处时，他表现出的友善毫不做作；然而在有其他中国人在场的时候，官员惯有的所有傲慢又回来了。欺瞒北京（在安森的到访中，这一点首次变得引人注目）的风气愈演愈烈，引发冲突的责任也越来越多地落到了官僚头上。

诚然，公务系统在本质上是一种保守的机制，它最为排斥的就是新思想，因为新思想会引起惶恐不安与危险（在向上呈情的过程中，根据被严格遵守的传统，有人将因办事不力而被革职或者遭到贬职）。同样无可否认的是，就中国人的宇宙观而言，承认英国人不是蛮夷，是一种异端、叛逆的行为。但是基于可从鸦片和对外贸易中压榨的巨大利益而言，一个不可回避的事实是，贪婪才是官116 僚欺上瞒下的主要动机。

第七章 不和是绝对的

一 东印度公司在印度的垄断结束—自鸣钟

自马戛尔尼使团访华后，英国人与中国官员的关系或多或少保持了一段时间的温和状态，1813 年，松筠的两广总督任期结束，这段"温和期"也因此骤然结束。这时，高官们各持己见，事态再次陷入困境。多年前一个中国人被杀害的案件再次被提起；对于英国人所犯的小罪，中国人继续进行着长久且愤慨的争论。中国反对东印度公司用中文呈交信件，反对马礼逊，反对他教授东印度公司职员中文，反对东印度公司雇用疑似基督教徒的中国人。中国人甚至有绑架斯当东爵士的计划，目的是防止他带着关于中国的"危险知识"离开中国。

自邓达斯掌权或更早前以来，位于伦敦的各大利益集团一直致力于打破东印度公司的垄断势力，在这一年，他们第一次获得了显著成功。1813 年，东印度公司对印度贸易的垄断权被废除。东印度公司在中国保住了垄断地位，这种垄断地位要在 20 年后才会发生变化，因此理论上东印度公司仍向来华的英国散商颁发许可。然而，在印度的垄断权的终止削弱了东印度公司在远东的地位，其结果是来华的港脚商人数量明显增加，他们中的许多人没有获得许可，东印度公司对他们的活动只施加极少的约束或几乎不约束。正如马礼逊的经历所表明的，混进广州并在那里住下已经轻而易举，在澳门居住就更容易了，这使本来就走在下坡路上的东印度公司发现它比以前更难拒绝颁发许可。在澳门，"特选委员会"主席经常看到关于结婚、生子和逝世这类场合的宗教仪式的报道。1820 年，公司的牧师开始定居澳门；1821 年，玛丽·马礼逊逝世的时候，一处急需的基督教坟场在澳门建立，这是今天远东地区最宁静肃穆的名胜古迹之一。

自鸣钟的问题是造成英国人与广州间的麻烦的根本原因，由于中国官员们对装饰品及罕见的时钟和手表的需求，这种用来贸易的小玩意儿从最初的一个活泼有趣的小孩长成了一个青春期的怪物。一旦某年的配额短缺，麻烦就会接踵而来。为诱导行商送出更多小玩意儿，对那些数不清的无视或只部分遵守法令的技术性违法行为，官员们吹毛求疵。1810～1820 年发生的大部分纠纷都因此而起。

行商们在此事中的处境荒唐可笑。每当托运的自鸣钟到达广州，他们都不得不将其全部买下。外国发货人知道行商必须购买，因此他们以令人咋舌的高价卖出了这些钟表。行商们多次恳求东印度公司阻止自鸣钟的进口，可惜都无济于事。假若他们能如实告诉"户部"不会再有什么自鸣钟了，那么事情或许会有个了结。由于官员们对它们的可怕贪念，只要自鸣钟进入港口，它们就只会带来麻烦。

几年前，公行设立了一个名为"公所基金"（Consoo Fund）的专项基金，它通过征收一定比例的贸易关税来储备资金，旨在帮助行商克服他们本来无法抵御的破产倾向。购买自鸣钟给商人们的财

图5 澳门的基督教坟场

图片来源：陈显耀摄。

图6 与基督教坟场相邻的东方基金会

注：此建筑从前为东印度公司大班的官邸。
图片来源：陈显耀摄。

力带来巨大压力，他们每年的债务多达成千上万银圆，这使他们最终沦为公所基金的借方，因此一种变相的征税形式产生了。

二 阿美士德（勋爵）使团进京

在滑铁卢战役的消息抵达中国的几天之后，一封公函宣布另外一个前往北京的英国使团即将离开伦敦。没有人要求或特别期待这个使团来华，他们选择的这一来华时机完全无视了中国政事的日益恶化：两年前，有人企图在热河刺杀皇帝；中国境内旱涝灾害不断。这些事件都清楚地预示着老天爷的不快，皇帝公开承认了自己的失德，指责手下的贪官污吏，并处死了几个宫中的太监。老百姓对当今局势以及当权者的性格非常敏感，中国人变得焦躁不安，清王朝即将衰落的谣言开始散播。

伦敦在为使团来华做准备工作时出现了惊人疏漏，使臣的训令在起草之前竟没有要求广州提供最新的建议。同时他们还犯了一个常见的错误，即使团访华被想象为一次与皇帝及其亲信大臣谈生意的机会。

使臣阿美士德（Amherst）勋爵一行于 1816 年 7 月抵达中国沿海。原计划是由斯当东爵士和马礼逊陪同使团，但是他们二位一旦试图公开加入使团，就会有被中国人逮捕的危险，于是，他们在澳门悄悄地登上了东印度公司的一艘巡洋舰，在途经珠江时，他们在穿过了众多偏远的岛屿后来到了秘密安排的接头点——南丫岛和香港岛之间的一个隐蔽海峡。顺带说一句，这是我们所知的英国人提到香港的第一次。三天后，使团的船只与他们会师。他们在换船后一起向北航行到达北河。

然后他们就迎来了叩头的麻烦。被派出接见使团的中国官员带来命令，称只有使臣同意行叩头礼，英国人才能获准前往北京。阿美士德的训令关于此事的态度并不明确，他自己也对此也犹豫不决。东印度公司的两位主要代表斯当东和亨利·埃利斯（Henry Ellis）向他提供了完全相反的建议，因此没能化解他的优柔寡断。埃利斯支持使臣叩头，认为这只是没有特殊含义的礼仪；而斯当东则想起了马戛尔尼勋爵与他自己的经历，担心照做后中国人对其的解读会不利于东印度公司在广州的地位，因此他坚决反对叩头。

　　最终，阿美士德引导中国人相信他将行叩头礼，因此他获准抵达首都。但直到他收到行礼的敕令，离觐见只有一个钟头之时，他都还没有做出反对跪拜的最终决定。

　　与嘉庆朝廷当时政务一团乱的情况相符，中方确定下来的日期并未给使团腾出充裕的时间。中方向阿美士德隐瞒了这一事实，中国官员们负责催促使团连夜快马加鞭，以按时赶至颐和园。使臣的四轮马车不适应中国的石板路，只能以步行的速度前进，其结果是当他们赶到颐和园时，皇帝刚好准备登上宝座接见他们。舟车劳顿令阿美士德勋爵整夜未眠，蓬头垢面、胡子拉碴的他立马被召到皇帝面前。他抱怨说摄政王的信和贡品还在随身行李中，以及他需要时间来至少刮刮胡子再换件衣服，但没有人理睬他。

　　中国官员禀告皇帝阿美士德肯定会完成所有礼节，同时他们告诉阿美士德皇帝不会坚持让他叩头。对批准阿美士德勋爵使团一行进京负有责任的礼部官员试图引领这位精疲力竭的使臣直接进入正殿，希望在他因没有休息好而意志薄弱时骗他叩头。然而，阿美士德到达前厅后就拒绝再挪动任何一小步。

　　皇帝命令礼部官员解释使臣为何没有露面，他向嘉庆皇帝报告说使臣因腹痛难耐而无法行走。当嘉庆下令召见使团副使时，礼部官员惊恐万分地解释说他们都腹痛。对嘉庆来说，腹痛的人也实在太多了。他得出的结论是这些夷人想要羞辱他，于是他下令让他们立刻离京。他们只能离开，沿着内陆运河南下至广州。

后来皇帝得知了实情：自己的官员搞砸了此事，他们没有严格遵守命令。他为此事特意发表了一项声明，送了一些礼物给阿美士德勋爵，降了相关负责官员的职位，但没有召回使团。

1817年1月，使团抵达广州。在一个正式的仪式上，两广总督向阿美士德呈上了一封嘉庆皇帝写给摄政王的信。虽然在公务处理方面皇帝责备了中国官员，但他并有对摄政王做出让步。在这封信中，嘉庆指责了使臣史无前例的粗鲁，并告诉摄政王他没有必要再向中国派出任何使团。

或许凭借极大的耐心、机智、不行叩头礼的决心，以及关于如何避免此类事件发生的事先计划，使团可能不会因失败而付出如此昂贵的代价。当然，除了斯当东和马礼逊外，使臣不可能有更好的副使。但是真相一定是即使使团"成功"了，它也将一无所获。这个出使计划不合时宜，如果想要实现改善贸易状况的愿望，就需要不拘泥于先例；且他们面对的皇帝也非正确的人选。这让人想起在清朝最杰出的皇帝康熙在位的期间，欧洲人取得了最多的成就。在先例这个问题上，一个人的精神格局越狭窄，他接受新理念的可能性也越小，这是放之四海而皆准的道理。

无论如何，阿美士德勋爵从北京撤退的行动相当正确。自始至终，他丝毫没有做出使英国国王陛下颜面受损的举动。两广总督在将皇帝的信递交给他时，被迫承认使臣与自己是平起平坐的。总督随后啜了一口茶，站在身着长袍、头戴冠冕的同侪身边，他的尴尬之情溢于言表。

与马戛尔尼事件相比，阿美士德的名声并未因访华失败而受损。在其多事的回程途中，他碰上了一次船难，还在圣赫勒拿岛

（St. Helena）与拿破仑见了一面。在第一次英缅战争中，阿美士德适时地担任了印度总督。

一方面，嘉庆皇帝不愿意接受任何进一步的外交手段；另一方面，东印度公司对广州贸易局势的影响力被严重削弱。因此，在之后 19 年的时间里，英国人的对华贸易被允许实行自治，很快，它就发展成令人担忧的局面。随着阿美士德使团访华失败，我们进入了最后的直线跑道，也就是鸦片飞剪船的时代，这又进一步引发了冲突。在许多贸易商看来，冲突似乎已经不可避免地成为打破一个越来越荒谬且没有出路的僵局的唯一方式。

122

第八章 首次鸦片危机

一 美国人的茶叶与鸦片贸易—公班土 与白皮土^①的较量

自从 1729 年雍正皇帝的谕令颁布以来，鸦片在中国就成了违禁品。约从 1685 年起，这类毒品源源不断地被输入中国，并且其进口量有不断上涨的趋势。皇帝的谕令对鸦片贸易不起作用，因为他制定的规章制度没有得到执行。我们之前曾提到，棉花和鸦片在茶叶贸易中不可或缺。随着茶叶贸易量增长，棉花和鸦片的进口量也随之增加。不过，18 世纪末，鸦片贸易取得了明显的进展，广州领事团的成立使鸦片贸易量陡增，甚至引起了北京的注意。为加强法令的效力，1799 年，嘉庆皇帝又额外颁布了一道谕令，严令禁止商人之间及商人与消费者之间的鸦片买卖。

---

① 东印度公司在印度北部的孟加拉地区设立了鸦片专卖制度。在中国，孟加拉鸦片一般被称为"大土"，其中巴特那（Patna）所产鸦片又称"公班土"，贝拿勒斯（Benares）所产称"剌班土"，产自马尔瓦（Malwa）的麻洼鸦片则被称作"白皮土"、"白土"或"小土"。——译者注

广州当局只在表面上实行禁止鸦片销售这项恰当提议，大量鸦片仍旧源源不断、畅通无阻地从黄埔港和澳门流入广州，很难找到一个与鸦片贸易无关的商人。东印度公司职员、港脚商人、英国人、葡萄牙人、其他欧洲人、美国人，亚美尼亚人、巴斯人和印度人，每个人都直接或通过代理商做鸦片生意。换句话说，1799 年谕令的下场与之前颁布的谕令一样：彼此之间达成的心照不宣的协议导致大家对谕令视而不见。每任"户部"都公开谴责鸦片贸易，然而私底下他们又分享着其带来的相当可观的利润。

123

许多资料都显示，此时的美国人显然大量参与了对华贸易。为了方便起见，我之前没有对他们做过多提及。但此刻，我想以一种更加连续的视角看待他们：他们在深陷鸦片贸易的同时，又在鸦片贸易的历史中扮演着犹豫不决、令人捉摸不透的角色。

正如 18 世纪的西班牙、法国和荷兰走私者所知，饮茶在美洲殖民地与其在英国本土一样流行。因此，美国独立战争之前发生的波士顿倾茶事件并非平白无故地出现。一旦摆脱英国苛重的茶叶税——在某些情况下，税额高达进口值的 127%——美国人便争分夺秒地加入了与中国的茶叶贸易。早在 1784 年 8 月——就速度来讲，这次航行的确是一项令人瞩目的成就——第一艘美国商船"中国皇后"号（*Empress of China*）抵达澳门。海军少校山茂召（Samuel Shaw）是船上的大班，乔治·华盛顿（George Washington）任命他为美国驻中国和印度领事。从地理范围上看，他当然是当时美国派驻最远的领事。顺便提一句，他打算靠经商维持生计，因此没有领薪水。

山茂召在澳门登陆的时间点是一个奇特的时刻，在南湾海边和英国人平时喜欢散步的地方，那一刻竟然连一个英国人都看不到，尽管此时很多英国人可能正藏在窗帘后面，从东印度公司大宅的窗

户全神贯注地盯着外面。他们看到了法国领事卫雅（Vieillard）先
生走向南湾欢迎美国人的到来，然后在家里招待他们，还有身份显
赫的葡萄牙人陪同着他。美国与友邦达成了协议，五天之后美国人
前往广州，然后立马被卷入了"休斯夫人"号事件这一戏剧性事
件中，这一事件也很好地说明了茶叶贸易中存在的问题。

在这场危机中，山茂召与法国人将所有支持英国的国家团结在
一起——英国人因美国人的出现而陷入窘境，其他欧洲人直到那时
仍十分享受这种情形给带给他们的欢乐。不久后，他离开中国前往
印度，但这次及随后的访华使他声名远扬。

在对华贸易中，美国人很快就紧跟英国人身后跃居次席。他们
发现自己与东印度公司面临着同样的问题：如果不向中国输出棉花
和鸦片，根本就没办法从中国人手中购买数量足够的茶叶。不用
说，对于英国人开发的和控制的渠道，美国人不为所动。相反，在
很短的时间内，他们开始向中国输出美国自产的棉花，并从士麦那
（Smyrna）进口土耳其鸦片以替代东印度公司的孟加拉鸦片。

到1807年，珠江上的外国船只几乎全属于英国人和美国人。
在广州，美国人接管了一家倒闭的瑞典公司的商馆，这家商馆多年
来保留了它的粤语名称——瑞行（Suy Hong），这是中国沿海生活
的小小谜团之一。1812～1814年，在英国与美国开战的期间，出
现了一些激动人心的时刻；但1815年，战事很快平息，随之而来
的是贸易扩张的另一个伟大时期。到1820年，英美两国每年来华商
船的数量达70～90艘，每个贸易季到达黄埔港的英美海员也达
2000～3000人，黄埔港每年死亡海员不少于100人。在广州外国商
馆附近的猪巷及其他骇人听闻的地方，打架斗殴和纵酒宴乐发展到
了令人胆战心惊的规模。多年来，"特选委员会"坦率地承认岸上
船员的行为是丢人的。在马礼逊看来，船员并非唯一应受谴责的对

象，散商、投机分子和其他流氓也是。在他的描述中，他们"藐视公正、贪得无厌、满口谎言、沉湎酒色、道德败坏"。

正如先前已经解释过的，在这个宏大的贸易背景下，有两大鸦片品牌相互较量：由美国人带来的士麦那鸦片和英国进口的孟加拉鸦片。孟加拉鸦片以"公司鸦片"（Company Opium）闻名，这让"特选委员会"感到十分尴尬。此处还应提一下第三个品牌，即从马尔瓦进口的白皮土。马尔瓦位于印度中部，还没有被东印度公司纳入势力范围，葡萄牙是白皮土的进口者之一。

1813年，发现越来越受欢迎的白皮土对公司鸦片构成威胁后，东印度公司便通过孟买（Bombay）限制白皮土的出口。在这种做法下，一项日益增长、有利可图的贸易，经葡萄牙在印度果阿和达曼（Damão）的殖民地，被扔到了葡萄牙人的手中。对于澳门来说，成为白皮土接受方是一个能使自己进入葡萄牙人只占很小份额的周边贸易的绝佳的机会。不仅如此，居澳葡萄牙人将白皮土视作恢复其贸易地位的最后一线生机。在喥路喇时期，葡萄牙人对英国人的仇恨达到了顶峰，此时他们也加入到了被澳门解读为事关经济存续的生死斗争之中。

和以前多次出现的情形一样，葡萄牙人再一次因自己施加的法律限制而断送了机会。此时无处不在的英国港脚商人自然很快从果阿和达曼的白皮土新路线中大捞一笔。依据葡萄牙人的法律，从果阿和达曼等地输出的鸦片只能被交付到由葡萄牙人控制的地点，并且只能在葡萄牙人的货仓销售。于是，英国港脚商人租用葡萄牙人的船舱，将鸦片带进澳门。

那时，人们认为在鸦片交易方面澳门比黄埔更安全。但港脚商人发现澳门存在着贸易劣势。葡萄牙人的海关为了最大限度地攫取财富，对经过澳门的鸦片征收高额税费。然而在黄埔，鸦片贸易是完全非法的，因此没有任何税费。而且在黄埔直接与中国人交易更加有利可图，因为澳门法律规定鸦片贸易只能间接通过葡萄牙代理商进行。

对于葡萄牙人的限制为鸦片贸易的地理格局带来的重大变化，港脚商人是如何处理的呢？答案是伶仃岛发展成了一个鸦片贮运点。

用租用的葡萄牙船只绕过澳门北上黄埔，这是一个具有一定风险的尝试。种种迹象表明中国几乎没有发生什么变化，中国人禁止葡萄牙人船只使用珠江主航道的约束我们在威德尔的时代就见过，现在它仍然存在；一旦葡萄牙人发现他们租出的船为逃避关税北上到达黄埔，他们就有责任向中国人禀告实情，这是保护他们自己海关的一种手段。因此，从印度而来的港脚商人抵达后只能将船开到伶仃岛，这里正好受到珠江的庇护。他们在此卸下鸦片，用河船将鸦片运往黄埔，然后再穿过澳门。到达澳门时，船舱中要么空空如也，要么只有一些不足以引起海关注意的普通货物。在被交付给买家之前，鸦片被贮存在停在黄埔海面上的没有桅杆的废船上，它的周围设有重兵把守——这是一个浮在水面的鸦片大本营。

澳门对这些发展趋势感到非常恐慌，以至于 1819 年澳门议事会竟向"特选委员会"提议分割白皮土贸易的利润。不用说，东印度公司对这个糟糕的提议根本没做出回应。但在之后的一年，他们改变了在印度的安排，开始与港脚商人就购买白皮土进行竞争，试图对其实行垄断，这使港脚商人更加坚定不移地选择了限制较少的达曼航线。在一位住在孟买的葡萄牙知名公民罗杰·德·法利亚（Roger de Faria）爵士的帮助下，港脚商人们成功地贿赂了果阿与达曼的葡萄牙官员，这些官员发出了对前往澳门的鸦片船进行豁免的通行证，于是港脚商人们实现了对这座充满竞争和愤怒的城市的全面垄断。

二　人力和白银流出中国

不管现在人们如何看待港脚商人的活动，"比尔和马格尼亚克"等洋行的成员在当时远不是马礼逊所描述的流氓。在当时的社会情形下，他们的生意是备受尊敬的事业。托马斯·比尔（Thomas Beale）于1797年接替哥哥丹尼尔成为普鲁士领事，他是当时澳门最享有盛名的人物之一，因其正直的品格而广受尊敬，几乎每个人都以这种或那种方式与他做生意。由如此可靠的人处理私人鸦片交易是非常方便的。在两个贸易季间的时段，他扮演着银行家的角色，向"抚恤金领取人"发放少量汇款。美国商人和通事威廉·亨特（William C. Hunter）在晚年时曾如此形容比尔："他是完全意义上的老派代表人物之一——气宇轩昂，略显庄重，行为举止高雅得体……他拥有最精美的旧式葡萄牙宅邸，它被高墙环绕，位于一条狭窄的街道，这条街道被命名为比尔巷（Beale's Lane）。"他的花园是这座城市的一大名胜，他还养了很多珍稀鸟类。

在所有港脚商号中，他的商号是最具代表性、意义最为重大的，该商号与众多代理机构保持着良好关系，其绝大部分客户来自加尔各答、伦敦、孟买和与中国以这样或那样的方式有贸易往来的其他城市。他的商号经营的货物同其他地位较为稳固的港脚商号没什么区别：印度的棉花、檀香木、锡和胡椒是其主要进口物，中国的茶叶和丝绸是其主要出口物。这些是商号的合法贸易。那么，不合法的又有哪些呢？

在拿破仑战争期间，鸦片约占港脚贸易总进口量的八分之一。在加尔各答的拍卖会上，鸦片的销售为孟加拉地区提供了七分之一的财政收入。但在广州，不管从售出商品的总价值还是从销量看，鸦片都远不及印度棉花，也不及英国羊毛织品。然而靠着"坚持不懈的努力"，东印度公司最终在广州发现了一个经济市场。

因此，鸦片作为一种挣取白银的有价商品，对于东印度公司已不再不可或缺，对于美国也不再必不可少。如果此时中国人能够严格执行禁烟政策，孟买的收入就将遭受损失。东印度公司的茶叶出口量虽会有所下降，但其下降幅度不会像之前那样大。事实上，羊毛织品、棉花和鸦片贸易发展势头良好，贸易的天平开始向另一端倾斜——这个时候，请别忘了北京。白银正在流出中国。

在不断扩大的珠江上的交易或其他类似的贸易中，白银问题其实无非就是贸易量与有限空间的较量。广州所有的外国商馆和许多澳门的商行都有地下室，洋泾浜英语将其称作 godown（意为仓库），它由巨大的花岗岩砌成，装有大型铁门，用来贮存白银。随着英国棉花、毛织品和鸦片等贸易的改善，外国人获得的白银不断增多。在白银需要更多贮藏空间的情形下，由于在广州要求得到更多土地在地理学层面是行不通的，因此将部分白银运离广州外国商馆狭窄的仓库环境并输出到加尔各答或其他地方变得很有必要。考虑到葡萄牙人在澳门居住的特殊情况，再加上澳门一贯以通过向中国人报告违规行为来维护自身利益而闻名，人们并不认为澳门是一个存放巨额白银的安全之地。

历史的焦点已转移到港脚商人的鸦片进口上。在当时盛行的中国经济理论的语境之中，输出白银是更为重要的话题。东印度公司和港脚商人知道，他们应使用与进口鸦片同样顺畅的航线，来确保每一艘离开中国的商船都载满白银。在多年的对外贸易中，正是这一认知第一次引起了中国官员的担忧。

中国历史已经给出了许多自发运动的例子，作为其中之一的中国人海外移民大潮正在同期发生。正如英国因"强卖"鸦片到中

130

国而遭到唾弃，澳门及葡萄牙人在 19 世纪余下的时间里因推动中国奴隶贸易而饱受来自世界各地的批评。实际上，中国人蜂拥至澳门也引发了随后几次的移民大潮，人们对外国商船舱位的需求势不可挡。中国人成百上千地涌入澳门，到 19 世纪末又成千上万地涌入。已经没有多余的房子可以用来安置他们，但他们拒绝回到自己的故土。葡萄牙人夹在他们中间，恳求他们回家，向他们描述其将要面临的船上的可怕处境，但是不管怎样，他们都能使出浑身解数在船上找到一个位子。

　　19 世纪末被普遍形容为奴隶贸易的时期，但这种说法并非完全准确，虽然将中国人运往国外的方法（被各国外国人使用）是很成问题的。事实上，中国人为了"免费"搭上条件恶劣、极度拥挤、令人窒息的商船，宁愿拼上自己的生命。他们当中有许多人为前往一个支持移民的国家而丢掉性命，这些国家的种植园主和雇主们愿意为其支付"路费"，其结果是他们免费做苦役，直到能够抵销路费。许多雇主在种植园里为他们提供鸦片，以此确保他们永远无法还清债务，如此一来，他们在余生中只能一直提供免费劳动。然而中国人极具适应能力，如今东南亚的中国人就是这群人的后代，他们毕业于哈佛和剑桥，成为律师公会的成员。但那个时候又有谁会相信这件事呢？

　　东印度公司对这一问题处理得还不错：即使有强烈的客舱需求，他们也决不执行这种移民方式。当中国移民乘坐东印度公司的船只远行时，公司船只通常会应英国政府的要求在英国殖民地停留。提出要求的殖民地政府提前支付了船费，移民们在上船前就已经收到了工资。爪哇岛和马来半岛是最受欢迎的移民地点，但是中国人的移民目的地范围很广，甚至包括像特立尼达岛（Trinidad）和圣赫勒拿岛等遥远之地。事实上到处都需要中国劳力，因为他们

131

比当地居民更加稳定可靠。拿破仑被流放到圣赫勒拿岛一事使该岛总督哈德逊·洛（Hudson Lowe）爵士紧急致信广州，要求"特选委员会"用最近一班可用之船再为他输送150名中国人。

中国人宇宙观秩序中的基本禁忌被打破了，劳动力和白银正在流出中国，中国从未面对过如此迫在眉睫的危机。

三 中国人禁止鸦片贸易的一个尝试——美国对华的温和政策

1815年，两广总督出乎意料地抓捕了几名贩卖鸦片的中国商人，并下令搜查所有进入黄埔与澳门的船只。鸦片市场跌入谷底，鸦片贸易完全停滞。所有人都受到波及，包括贩卖士麦那鸦片的美国人及贩卖白皮土的葡萄牙人。东印度公司按照惯例在鸦片销售之前发行了信用汇票，之后却发现有超过百万银圆需要兑现，紧跟着的针对债权方的诉讼持续了15年之久。

中国人第一次采取了禁止鸦片贸易的严厉措施。它向人们表明，一旦中国人选择执行自己的律法，鸦片贸易就将陷入混乱的境地。造成第一次鸦片危机的直接原因并不为人所知，但中国人采取的武力措施（它们包括为守住鸦片前往伶仃洋的进路，在珠江口的大屿山新建三座炮台并派驻人手）表明，他们原本就打算禁止鸦片贸易。①

结果，这些炮台从未被重用，其他的限制措施也没有被持续实行下去。它们被证明只是小打小闹，中国人真正需要的是一场运

---

① 在东涌与分流的炮台仍然存在。但它们中位于宝珠潭的那座已找不到任何残留的遗迹，其所在位置被并入了大澳镇。

动。事态在几周内就恢复正常，这种状态差不多持续到了1821年。这一年，一系列的偶然事件促成了中国对外贸易历史上更令人激动的一件事。

1821年的贸易季以一起典型的凶杀案为开端，这一次美国人牵涉其中。一位西西里裔的美国海员与一名卖水果的广州女疍民在船舷发生口角。该妇女固执地讨价还价，在海员不愿再做该笔生意的时候拒绝将船划开。于是海员向她扔了一个橄榄罐，罐子击中了她的脑部，她向后倒去，坠海溺毙。中国人要求美方交出这名海员，美国人拒绝了。与他们交易的行商旗下的安保人员与通事都被关进监狱。美国人仍不妥协，于是所有贸易都被停止。

美国人没有像东印度公司那样的大型国家公司的支持，他们对自身缺乏信心，对中国这次的强硬回应感到仓皇失措。美国商人大多是季节性的贸易商，只有一两名个体商人定居中国，他们了解的关于在华贸易的背景知识远少于英国人，"休斯夫人"号这个名字对于他们来说也没有任何意义。他们毕恭毕敬地交出了这名海员。中国人私下里对他进行了审问并处以绞刑，美国人接受了这一结果，美国领事和民众都没有提出任何形式的抗议。 133

可以想象，所有英国人都大为震惊且义愤填膺。他们认为美国人麻木不仁、冷酷无情。他们担心美国人的示弱会令中国人在以后更加专横跋扈。实际情况是，在这次特殊事件中，美国人发现他们处于一个非常陌生的环境，他们不知该做出怎样的回应，因此他们没有做出任何回应。多年之后，出于自身的直接贸易利益考虑，美国人在危机中依旧采用温和的对华政策，但他们的态度开始渐渐变得强硬。50多年来，英国人及其他欧洲人一直努力抵抗那些被他们认为不人道的中国司法程序，抵制中国对贸易与居留实行的不合理限制。现在又出现了另一个夷族，在中国人看来，他们的实力仅次于英国，但总的来说，他们更加温和顺从。这令中国人坚信，英国人是一个不可理喻的群体，其他外国人并不支持英国人的观点。既然有一个群体可以顺从，那么英国人也可以做到。这进而引出一个推论：只要继续使用恫吓这一古老的方法，任何局面都能得到控制。要是美国人之前回应了英国人的多次邀请，加入了他们反抗自负的中国人的行动，那么很可能所有的对华武力冲突都能避免发生，因为英国人最终还是使中国人做出了一些改变。

这些情况在同年发生的另一件凶杀案的交涉中第一次变得显而易见。皇家战舰"托帕斯"号（*Topaz*）上的几名英国海员在伶仃岛上的山间小溪边取水洗衣时被村民们殴打了。军舰上的人发现这些手无寸铁的海员们陷入危机，随后"托帕斯"号立即向村庄开火，导致中国人两死四伤。之后关于这场纠纷的争论持续了整整五年，马礼逊在这一事件的交涉中担任了通事这一重要职务。东印度公司坚持不交人，最后两广总督接受了英国人的说辞，即涉事人员已根据英国律法受到了纪律处分。正是这类事件让英国人形成一种观点，即只要劝说足够坚决，并辅之以武力支撑，中国人就很容易做出让步。但如果要以这样的态度取得效果，则关键在于所有外国人都应该就此事站在一起。然而很遗憾的是，他们没能做到此点。

四　马地臣与 1821 年的鸦片危机

美国人凶杀案发生之后好几天，贸易都没有恢复，随后珠江流域又陷入了第二次鸦片危机。这一次，造成恐慌的不是两广总督镇压贸易的意图，而是偶然的因素。

几周前，一位中国低级官员在香山县被捕，他被指控在澳门殴打了一名中国人。这项指控显然性质严重，地方官很可能因此对他处以极刑。于是，被指控的官员想方设法为自己辩护，他在公堂中举出许多高级官员犯下的不同罪行的例子，试图以此令高层对自己进行营救并阻止对自己的进一步调查。令整个腐败的官僚体系感到狼狈的是，这名遭到逮捕的官员竟然是帮助香山县当局压榨鸦片利润的中间人。这些论断的严重性以及其导致的大量流言蜚语使两广总督不得不进行一次调查。

反鸦片条例随即紧急出台。高级行商伍浩官①极力建议所有运载鸦片的船只离开珠江，尤其是漂浮在黄埔海面作为鸦片贸易中心的趸船。中方对外国船只进行了一番广泛搜查，三艘英国私人船和一艘美国船被指控走私鸦片，它们被勒令离开珠江，不准携带任何出口货物，且之后不得再返回中国。不仅如此，多项命令被颁布——之后每艘抵达珠江的船只都必须通过两名行商、相关海关人员，以及四位高级行商中任意一人的检查。如果他们认为船上确实没有鸦片，那么他们必须签署一份类似于具结书的文件交由"户部"保管。

东印度公司对此表示不赞同。正如东印度公司随即预料到的，具结书会成为中国官员压榨利润的另一途径，它会使官员实施比以前更加过分的压榨行为，这很可能会对高级行商们带去毁灭性打击，他们是唯一的既能办事又值得尊敬的群体了。在人们就这个问题进行争论，或就这个问题勉强得出结论时，那四艘受到指控的船以及鸦片趸船已顺从地向着下游驶离了。

然而，这只是有限的顺从。抵达伶仃洋的庇护地后，鸦片趸船

---

① 伍浩官即伍秉鉴（1769～1843年），字成之，号平湖。他是当时广州行商的领头人，是19世纪的世界首富之一。——译者注

和船队停了下来，等候中国官员的下一步动作。事件的主要人物是两艘受指控船只的大班，其中一位是 25 岁的名叫詹姆斯·马地臣（James Matheson）的苏格兰人，另一位是一名与众不同的新式港脚商人。从这些仅有的描述中，我们就能感觉到麻烦即将来临，而马地臣所属的阶级让中国官员尤为头疼——他是一位绅士，是"从事鸦片贸易的安森"。

马地臣有一位男爵父亲，从爱丁堡大学毕业后，他进入了加尔各答的一家苏格兰商行，并在 21 岁时以旅行大班的身份第一次到访广州。在那里，他被中国贸易及其潜力所吸引，于是他离开了加尔各答。1819 年，他开始在广州与人合伙做生意，第二年他的合伙人退出了。但他由于遵循现行的做法主张每位合伙人在商行内都独立地从事自己的事务，并没有因此受到拖累。1821 年，在鸦片十分热销之时，马地臣是西班牙商行利萨利（Yrissari）公司的初级合伙人。同时，他遵循最优良的港脚贸易传统，还担任了丹麦领事的职务。

马地臣长相英俊，天生头脑灵活，对任何交到他手中的事情，他都有能力完成并能做得很好，而且他还乐于冒险。我们可以想象，若是在其他地方或其他情形下，他一定能成为一名杰出的海军军官或探险家，但命运将他引向了中国，引向了最需要冒险精神的鸦片贸易。在天性的指引下，马地臣很快就发觉自己正置身于中国最危险的事务之中。事实上，正是在 1821 年的鸦片危机中，作为鸦片战争史中最难对付的两位欧洲人之一的马地臣登上了历史舞台。

马地臣从一开始就在当地拥有了不同寻常的地位。他是第一个以平等的社会身份与东印度公司大班打交道的港脚商人，长期以来东印度公司大班的地位都高于普通港脚商人。在东印度公司看来，港脚商人的活动虽然从伦敦的鞋坊转移到了广州的猪巷，但本质上

136

一样。在马地臣开始经营东印度公司的鸦片而不是其对手的白皮土之后，他就越发受到公司优待。当他同趸船一起撤出黄埔时，为了使他安全地收回从中国出口的茶叶，还处在危机中的东印度公司甚至不惜违抗中国人的命令，经珠江下游将货物送抵他手中。

停靠在伶仃岛的决定被认为是合理的。正如人们根据危机的爆发方式所做出的预期，广东政府并没有将镇压措施贯彻下去。这些措施之所以被采用，仅仅是因为中国官员想要挽回颜面。北京收到官员呈上的奏请，局势得到缓和，官员们此时采用的说法是运送鸦片的船只已被驱走（回英格兰?），但偶尔它们还是会试图回到中华文明的周边区域（伶仃岛），在那里这些不速之客面对的是水师的突击检查。换句话说，根据书面记录，人们已经采取了适当的措施。但书面记录没有提到的是，贿赂的渠道再次悄悄地打开了。

最后，这一动荡不安、充满未知之数的一年，以广州的一场大火结束。凶猛的火势延续了两天三夜，摧毁了这座城市的三分之二。由于当局拒绝拆掉接近火势但还未受到影响的建筑物，外国商馆受到波及，最后只剩三栋建筑物没有被完全烧毁。两广总督将此事归咎于上天的审判。私下里马礼逊同意这个观点，不过他的"上天"与两广总督口中的不是同一个。

五 英国人的鸦片生意撤至伶仃岛

虽然1821年抵制鸦片的措施收效甚微，商人们仅仅将活动的重心从黄埔转至伶仃岛（伶仃岛比广州更遥远，也被证明是一个更安全的贸易场所），但是这些措施对于澳门的未来产生了决定性的影响。澳门的中国人对鸦片的恐慌达到顶峰，他们对鸦片保持高度警惕，以至于哪怕挨家挨户的小量鸦片交易都很容易被发现并上

137

报。所有鸦片都必须被包装成合法的商品，必须与其他商品看起来无异。事实上，他们把澳门看作一个比黄埔更危险的鸦片市场，虽然 1821 年之前他们持有的看法是相反的。

在注意到这一点后，英国商人开始将他们所有直接的鸦片生意从澳门撤出，将鸦片贮存在伶仃岛，在那里或在广州进行讨价还价。为吸引他们回去，澳葡当局尝试了各种手段，但是港脚商人们在这一问题上达成了一致：作为一个休憩的地方，澳门令人感到愉悦；它也可以作为不太可能与中国人产生矛盾的商号的所在地；但对于鸦片贸易而言，澳门毫无用处，既不能助其隐藏踪迹，又不能为其提供保护。

由于居澳葡人的白皮土贸易受到压制，1826 年之前，澳门不过是众多事件的旁观者。在诸如马地臣等后起之秀的带领下，随着速度更快的船只的到来，这些事件正从珠江的历史画布扩展到更大的框架中。如果说在这一没有明确政策的时期，英国人还有什么潜在目标的话，那便是在中国获得一个属于自己的贮运站。在听到过与之相关的交谈的所有人中，没人能够说出这样的贮运站应该设在哪里。但有一个结论是明确的：它肯定不会被设在澳门。

138

第九章　人道主义者对鸦片的困惑

一　马格尼亚克商行的渣甸与
马地臣—鸦片飞剪船

虽然每到季末，"特选委员会"就开始着手驱走所有住在广州的英国人，但在19世纪20年代，英国人以外国领事团的名义重振雄风：马地臣成为丹麦的代表；在鸦片行中仅次于马格尼亚克商行（Magniac and Company）的颠地洋行（Dent and Company）是萨丁岛的领事馆；费伦公司（Ilbery，Fearon and Company）代表汉诺威市；散商罗伯特·贝里（Robert Berry）是瑞典副领事。詹姆斯·英尼斯（James Innes）作为一名苏格兰港脚商人，从不为这些繁文缛节庸人自扰，他重新使用老乔治·史密斯所使用的上一代人的战术，直接拒绝离开，拒绝"特选委员会"就此采取的任何行动。

事实上，尽管中国人在对外交往上小心翼翼且严加约束，广州的情势似乎还是不受控制。在非贸易季，除欧洲商人外，还有200多名巴斯人待在沿海地区。东印度公司甚至都懒得假装跟进他们的动向。它甚至不知道他们的住址，在中国政府批准的广州外国居住区之外，他们当中有些人以非法手段成功找到了住所。

美国人也成了广州图景中的一个长期存在。他们规模最大的商号旗昌洋行（Russell and Company）在特征和传统方面同规模较大的英国新兴机构并无二致。旗昌洋行最早是广州与马尼拉的商业代理，它早期发展得并不如约翰·珀金斯·顾盛（John Perkins Cushing）指导下的珀金斯公司（Perkins and Company）。顾盛是中国沿海的第一位美国百万富翁，从1803年到19世纪20年代中期，他的生意做得风生水起，收益稳定。顾盛心思简单，朋友寥寥无几，除了做生意之外，几乎没有其他特别的爱好。他在中国沿海一带居住了20多年，"生活如同一位账房僧人"。① 在1812～1814年的英美敌对期间，他仍丝毫不为所动。有一次，通过巧妙地操纵数额巨大的金融交易，他扰乱了东印度公司的白银供应，使后者不得不马上从加尔各答运送更多鸦片来华以资助茶叶的购买。他与当时重要的行商伍浩官关系密切，并得到了后者的关照和保护，两人均奉行禁欲主义且同样精明能干。

19世纪20年代初期，在将要退休之际，顾盛转让了一部分利益给旗昌洋行；1827年，他回到位于马萨诸塞州的波士顿，让自己的堂兄弟接管珀金斯公司。然而顾盛的堂兄弟在来华途中不幸遭遇海难，于是顾盛决定将其公司与旗昌洋行合并，该洋行在美国人心中的地位如同东印度公司之于英国人，它规模如此之庞大，影响如此之广泛，以至于其在海外的地位几乎可与大使馆相提并论。

多年来，马格尼亚克商行在散商心中的地位和东印度公司相

---

① Helen Augur：*Tall Ships to Cathay*.

当。与考克斯和比尔兄弟的公司一样，马格尼亚克商行最开始也只是一个伦敦自鸣钟代理商。1797 年，丹尼尔·比尔（Daniel Beale）回到伦敦并加入了马格尼亚克商行。留在中国的托马斯·比尔（Thomas Beale）在 1815 年第一次鸦片危机中因欠下东印度公司 80 万银圆而破产，这是当时最为轰动的破产案件。由于当时流行的合伙关系采用独立账户的系统，公司最终还是挺了过来，先被改名为尚克和马格尼亚克（Shunk and Magniac），后来又变为马格尼亚克商行。可以反映当时道德标准的一个事实是，虽然这家曾经属于托马斯·比尔的公司后来把他的债务一笔勾销，但从未给过他一分钱的财政援助。比尔在澳门度过余生，他潦倒不堪，四处躲避债主，靠借钱和代理业务勉强维持着体面的生活，直到 1841 年自杀。

1825 年，查尔斯·马格尼亚克和霍林沃斯·马格尼亚克（Charles and Hollingworth Magniac）打算退休并返回英国，他们想找一个可靠的合伙人与留在中国的丹尼尔·马格尼亚克（Daniel Magniac）一起经营公司的业务。他们邀请了一个名叫威廉·渣甸（William Jardine）的苏格兰人，他曾任东印度公司的外科医生，此时在广州工作，担任一家经销白皮土的孟买巴斯人公司的代理商。在为商行工作的期间，渣甸把私人业务做得有声有色。他和马地臣在同一年来到中国，自从来到中国，渣甸就在鸦片贸易中显露出非凡的才能。渣甸接受了马格尼亚克商行的邀约，这使曾经属于考克斯的经营自鸣钟的小商号拥有了一位中国沿海最强势与最坚定的人物。他的中文绰号是"铁头老鼠"，乍一看这个外号略带贬义，但广州人与伦敦佬一样将其视为一种赞美。此名字是有由来的：在他住在广州时，有一次一根铁条倏地落到他头上，但他仍若无其事地走着，这让中国人很是惊讶。跟马地臣一样，渣甸也接受过良好的教育，且兴趣相当广泛，他支持将欧洲医学引入中国的早期尝试，

140

且对会影响在华英国人的政治局势有很好的把握。他沉默寡言，令人敬畏，害怕他的人多过喜欢他的人，这可由如下事例体现：他的办公室只有一把属于他自己的椅子，所有人都必须站着受其接见。

两年之后，在从一次向中国沿岸各港口兜售鸦片的航行中赚取了巨大利润后，马地臣也加入了马格尼亚克商行。在查尔斯·马格尼亚克离开的时候，普鲁士旗帜被降下，丹麦旗取而代之；作为高级合伙人，渣甸接替了马地臣的领事一职。由于丹尼尔·马格尼亚克坚持要娶一位"抚恤金领取人"为妻玷污了公司的声誉，而中国当时盛行严苛的道德风尚，因此公司不得不开除他以保全声誉。公司给了他微薄的养老金后便将其辞退，留下渣甸和马地臣大权在握，霍林沃斯在英格兰只担任一个不过问业务的合伙人。1832年，公司改组为怡和洋行（Jardine，Matheson and Company），从此它纵身一跃成为中国沿海的商业巨头，且不无讽刺地成了洋行之王。

这两个优秀的商人在马格尼亚克商行联手成为合作伙伴，这对中国的整体形势起到了催化作用。在当时静止不变的贸易氛围中人们感到一种无法挽回之势，非同寻常的事情一件接一件地在中英两国发生，很快一切都发生了改变。

马地臣沿海北上贩卖鸦片的航行清楚地表明，虽然鸦片贸易的规模已经相当庞大，但鸦片在中国仍供不应求，鸦片贸易还不算真正开始。马地臣很快成为其他人追随的榜样，他们中最为有名的就是詹姆斯·英尼斯。若马格尼亚克商行想在新的贸易环境中保住地位，那它就需要一种全新的贸易技术手段，需要一种快如闪电的技术。

自从开始与中国进行贸易后，美国人发明了一种叫作扬基飞剪船的新型船，与东印度公司缓慢而笨拙的商船相比，它更为小巧快捷，美国商人的成功在很大程度上归因于此。从美国人的故事回到渣甸与马地臣。他们开始组建一支鸦片飞剪船的船队，这种船与美国的扬基飞剪船相似，但其设计更加现代化，该船队成为东方速度最快的远洋船队。对于交易像鸦片一样敏感的商品，将来自加尔各答和孟买的货物快速运达是必不可少的。无论沿海哪一处提出了对鸦片的需求，渣甸与马地臣总能迅速给予满足。通过在中国当局有所醒悟并实施限制之前在安全之处快速交货，他们令人不安地实现了鸦片交易量的快速攀升。

142

　　同时，在马格尼亚克商行内部及周边，英国人反对东印度公司的呼声与日俱增。虽然渣甸与和马地臣在来华之初丝毫未曾想过在政治斗争中获得领导权，然而凭借天生的领导能力，同时也凭借其建立在突出商业成功和个人能力之上的社会地位，他们毫无疑问地成了为在华英商争取贸易自由和在华正当贸易权利的主要发言人。早些年的模糊传闻衍生出了一项政策，其中一项原则是散商可摆脱东印度公司对其贸易活动施加的限制。东印度公司在中国的贸易垄断于 1833 年结束，并且议会不得重申该项权利。但在提升英国商人在华待遇的问题上，情况就不那么乐观，尽管舆论已经演化出以武力为支撑的某种"前进政策"。

　　渣甸和马地臣因此发现自己成为这场不合逻辑的运动的发起者。事实上，对于他们在运动中的真实动机，除了将其理解为大家都能信服的私利外，我们很难再做其他解读。在领导英国贸易向高度组织化的沿海兜售堕落的同时，他们提出了英国商人的正式要求，也就是他们所认为的在中国的正当权益。在这里寻找逻辑是徒劳无益的，但或许以下事实可以从心态层面帮助我们理解为什么这样的行为在当时没有被讽刺为最厚颜无耻的虚伪：在当时的广州和澳门，最受欢迎的话题是嘲笑美国人贩卖士麦那鸦片，而东印度公司在同一时期出售的鸦片则是对烟民伤害更小的鸦片。换句话说，贸易商为贩卖品质最上乘的鸦片而自鸣得意。除了这一价值存疑的线索，我还要补充说明的是，总的来说，英国人对中国人的伪善，以及各类限制和贿赂永远包含着的两面性，可谓极度厌烦。于是，英国人觉得自己的虚伪微不足道，可忽略不计。

二　美国人对珠江的看法

美国人不像英国人那样讨厌广州。威廉·亨特（William Hunter）作为最受欢迎的美国人之一具有一种无穷无尽的幽默感，1828 年他就开始担任旗昌洋行的中文通事，并最终成了其合伙人。关于那些日子，他在回忆录中写道，人们认为广州的生活意味着"太多限制；与当局，与各种考验、威胁、人身危险，以及与明日带来的未知感的持久斗争"。诚然，他继续写道，外国人被告知要听从与服从，要温顺，勿因固执己见和违规行为违背皇帝的旨意并因此招致其愤怒。外国人常常被提醒，他们能在广州逗留倚仗的是天朝的仁慈。他们还被反复威胁说，如果继续向中国人出售"洋泥"（鸦片），毁损其健康，使其坠入贫穷，并同时使贵金属流出中国，他们将被施以极端的处罚。他们被警告说，此类行为将不再被容忍。

然而，鸦片贩运照常进行着。

伶仃洋上的趸船被勒令在锚地停留，它们无法进港或回到各自的母国。虽然威震四海的统治者满心怜悯，但是现在情况已刻不容缓，被派来的水师巡船将打开它们势不可挡的侧舷。

虽然感到恐惧，但这些船只坚决不肯让步。

除非在每月三次的固定时间，且具有获得官方认可的通事的陪同，否则外国人是被禁止外出闲逛的。但事实上，外国人想出门时就出门，想待多久就待多久，他们也从不携带通事。

番鬼被命令在贸易季结束后航行回国，或至少前往澳门，但他们只有在这样做可满足自己的需求时才这样做。

每座外国商馆仅被允许招八名中国仆役以及一名买办，然而实际情况是他们想招多少就招多少。

144

外国商馆和泊在黄埔的船只间的走私被严令禁止，如有违反则处以重罚。但负责防范走私的那些人——海关船只上的工作人员和商馆对面的监视的军人——实际是走私的中间人，只要交付费用，外国人便可免于遭受所有与走私行为有关的难堪。

外国人根据规则不得在城门提交请愿书，以免遭受天子神圣一瞥的鄙夷。然而，外国人藐视王法，仍旧发出请愿书，最后守卫将他们护送出人群。很快，清朝官员就会出现，温和地责备他们对天子意志的任性忽视，并最终荒谬地接受他们的请愿书。随后他们会进行愉快的交谈，官员提供茶水，接受方头雪茄，然后离开，并下令杖刑放外国人进来的守卫。与此同时，外国人毫发未损地回到商馆，心情愉快，精神振奋。

亨特因此总结道，虽然直接违反了命令且做了不被允许之事，但外国人仍和气生财，将生意做得顺风顺水。

三　英国人在澳门的全盛时期——
乔治·钱纳利

美国人认为英国人总是对其困境夸大其词，许多中国人对此深以为然，伍浩官尤其赞同这一观点。与英国人相比，他比较喜欢美国人，尽管他与英美两国的商人均有交易。伍浩官是广州十三行最成功的行商，是世界顶级富豪之一，以睿智和远见而闻名。

正如他和其他批评者所看到的，在体面问题和原则性问题上，英国人钻牛角尖的程度让人难以忍受。一点微不足道的小事就会让他们气鼓鼓地陷入沉默，或是提出抗议和待满足的要求，或因感到受到伤害而产生一种令中国人困惑的义愤填膺，仅仅因为这些事或多或少地把原则与在他们看来只与金钱、风险和私利相关的东西混为一谈。

一个重要的事实是，在这一点上，尤其在贸易方面，美国人和中国人的态度惊人的一致——在今天仍然如此，因为这类事很少发生变化。这使英美两国商人在中国的串通一气显得虚伪。正如旗昌洋行的内情所显示的，美国人做得好，因为他们比英国人更能理解中国人，这里的中国人指的是像伍浩官一样的中国人。还有另一个原因，即美国人没有英国人在印度的那种经历。比如在加尔各答，东印度公司的一个单身汉的家里有四五十个佣人，包括厨师、管家仆人、清洁工、男仆、守门人及马夫。正因为英国人在印度有这类背景，他们才不太可能像美国人一样对广州的贸易条件轻轻一笑便轻易接受，并在此感到宾至如归。

当然，世道很公平，散商贸易的利润和东印度公司员工的工资非常可观。在一个好的年头里，"特选委员会"主席可以期望挣到10000英镑（相当于今天的15万英镑），而记账员在七年服务期中每年只能挣1000英镑。这样的收入与那些港脚商人相比还算过得去。这一时期的许多英国人衣柜做得特别大，他们将衣物送到加尔各答清洗，四个月后它们又被送回中国。

按理来说，他们每年待在广州的八个月间应当过着苦行僧般的生活。但事实并非如此，正如中国官员们偶尔指控的那样，不太体面的行商将"花艇"上的女孩偷运到商馆，还偷运男孩前去当家仆。早先我们注意到，东印度公司认为，只有伍浩官和四位高级行商是有偿付能力且值得尊重的。事实上，十三行中的部分行商为弥补自己生意上的不顺，在广州极不寻常的日常生活中尽力迎合外商的需求。

在外国商馆里，一群军官胡乱作乐，他们时常举行酒会，并在持续很久的饭后闲聊中天南地北、滔滔不绝。他们的文娱活动包括看由男人反串女角的业余戏剧演出和听由东印度公司船上乐队演奏的音乐，以及欣赏其后的个性化舞蹈和其他滑稽表演。从威廉·亨特的描述中我们可以看出，商人们努力适应生活的乏味，尽可能让时间在快乐中流逝。

夏季，单身汉们前往澳门放松身心。所有故事中的主要角色，甚至那些坚持只在时机合适时才从广州南下的人，都在澳门住下了。澳门的娱乐业规模远不如加尔各答，但在澳门，一个单身汉家里配有 20 个仆人是不会被认作铺张浪费的。英国人尽管有几辆马车，但他们一般都骑马上路。

我们对当时——英国人在澳门的全盛时期——澳门景象的了解，大多来自出生于伦敦的艺术家乔治·钱纳利（George Chinnery）所绘素描和肖像画。他于 1825 年到达澳门并一直居住于此，直到 1852 年去世。在此期间他一直作画，这些作品为他赢得了生前身后名，它们包括马礼逊博士翻译《圣经》时的画像、哈丽特·洛（Harriet Low）迷人的肖像画、泰特美术馆里的伍浩官肖像，以及英国国家肖像馆里的他的自画像。

钱纳利的丑陋外表是常人难以想象的：粗浓杂乱的眉毛，长着乱七八糟毛发的高耸的额头，石块一般的下巴，以及一片肥厚硕大的在闭嘴时几乎快要覆盖住上唇的下唇。但人们很快发现他这种外表的丑陋别有一番不言而喻的幽默感。钱纳利之前在印度生活了 23 年，他一到澳门就毫无保留地宣布他来此是为了逃离自己的妻子——"那个他人生中见过的长相最丑陋的女人"。"她的美貌，"他说，"和我的相比简直半斤八两。"

当然，澳门人很快发现钱纳利想要逃离的还有债务，他在加尔各答欠债 40000 英镑，数额惊人。但他是一个十足有趣的家伙，还是一个可熟练使用最新孟加拉语的健谈者，因此人们很少提及他的债主或妻子。

钱纳利在澳门待了三年后，有传言称玛丽·安（Mary Ann）即将从加尔各答前来澳门，钱纳利一听说这消息便开始谨慎行事。在传言看起来越来越真实的时候，他打包好行李逃往了广州。

防止罪恶的女人进入那座城市的第二项规定距上次我们碰到它时已在文字上有了改进，现在是："女人、枪支、长矛，或任何类型的武器，都不得被带入外国商馆。"这显示出一种关于钱纳利妻子的先见之明。

"中国政府想得多么周到啊，"钱纳利对 19 岁的威利·亨特（Willie Hunter）说道，"它禁止柔弱的女性来打扰我们。这难道不是一个令人拍手称快的安排吗？"然而，这被证明是一次虚假的警报，钱纳利回到了澳门。但又出现了数次同样的警报，且警报每出现一次，这位艺术家都会撤到广州，这逗乐了当地的欧美人群体，钱纳利太太变成了一个笑柄。

1827 年，澳门的英国人社区有了自己的报纸《广州纪录报》（*The Canton Register*），这是生活越来越丰富并趋于正常化的另外一个标志。报纸由马地臣和他兄弟借来的小型手压机印刷，在某个外国商馆的仓库中运作，编辑兼排字工人是一位美国人。《广州纪录报》为英国人自欺欺人的优良传统增添了一抹新的虚伪感：在鸦片商被可怕的惩罚威胁的同时，每期报纸却可不受惩罚地刊登与鸦片有关的话语。

四　美国医生和传教士—鸦片与周日圣歌

人道主义浪潮一直在向前推进，早先把西医引入中国的尝试是零星间歇的，这主要是因为东印度公司的外科医生人员变动频繁，能够且愿意去承担这项工作的医生很少。在亚历山大·皮尔森尝试把接种牛痘引进中国之后，1820 年马礼逊和其屈指可数的私人朋友之一、东印度公司的外科医师约翰·李文斯敦（John Livingstone）在澳门为中国人开了家诊所，至此，这一事业才有了实质性的进展。有趣的是，对中草药的专门研究在马礼逊的协助下才得以开展，诊所中还有一名草药医生与李文斯敦共事。

这项工作因为李文斯敦的离开戛然而止，第二个类似的医疗机构是一个免费的眼科诊所，由东印度公司另一个外科医师托马斯·郭雷枢（Thomas Colledge）1827 年在澳门开办。渣甸对此很热心，他帮第一个做手术的病人支付了费用，以此说服中国人来接受治疗，这帮助诊所克服了初期的障碍。毋庸置疑，这种手段很快就停止使用了，事实证明诊所的成功并不依赖于此。

1834 年，医疗事业由于美国医生彼得·伯驾（Peter Parker）的到来又迈出了伟大的一步，第一家西方医院在中国创办起来，它就是后来的博济医院。医院起初在伍浩官专门为此提供的房子里接待病人，并很快获得了许多广州穷人的信任。伯驾是一名能力杰出的医生兼政治观察员，他后来在广州担任美国领事，多年来为美国当局的对华事务出谋划策。他的医院培训了第一批学习西医知识的中国外科医生。最早接受培训的医生的名字在英文中读作关阿杜（Kwan Ato），他的叔叔是钱纳利的学生、中国艺术家林呱（Lamqua）。就这样，悄无声息地，另一种入侵，即知识的入侵——

这当然是最重要的入侵——在中国官员的眼皮底下完成了。

在传教事务方面，在马礼逊单枪匹马奋斗多年之后，首批来华的两位美国传教士神治文（Elijah Bridgman）和雅裨理（David Abeel）在 1828 年加入了他的事业。前者与马礼逊合作密切，在广州创办了一个印刷出版社，出版中文版的基督教小册子，并在 1832 年创办了英文期刊《中国丛报》（*The Chinese Repository*）。这个刊物是一个有价值的新媒介，旨在传播中国历史和习俗方面的知识，同时它还提供海外对中国商业和政治局势的评论。此外，神治文同年开始在广州教中国学生学习英文。

149　　1830 年，荷兰传教会的查尔斯·郭实猎（Charles Gützlaff）来到澳门，他是那个时期最为出色的人物之一，是一位不屈不挠的普鲁士人。他对中文的精通程度令人惊讶，他言辞激烈，奇怪地拥有类似于中国人的长相，因此他在传教时总能找到听众。他曾沿海北上远至朝鲜，其目的是尽可能广泛地向中国人分发基督教出版物（最早由米怜在马六甲出版），以便他们自学基督教义。然而，他被人铭记的，却是他极度混乱、矛盾的作风——他一边推崇人道主义，一边进行鸦片走私活动。1832 年，渣甸邀请郭实猎到他的一艘商船上担任通事。

这是怡和洋行采取的令自己鹤立鸡群的妙招之一，体现了两位"鸦片王子"有勇有谋的特点。渣甸的信写得十分用心，信中措辞敏锐谨慎，并未确切提到鸦片，而是明确表示如果郭实猎接受邀请，希望他能在非法鸦片贸易中担任通事。这位传教士一时间踟蹰不定，他进行了深刻的自我反省。他本身的工作要求他沿着海岸线前往尽可能多的地方，而相比其他商船，渣甸的商船去到的地方最多且最远，除此之外，他的商船还安全、快捷、舒适。郭实猎最终接受了这份工作邀请，从此他出现在了中国沿海许多意想不到的场合，大肆向中国大众传教，分发了大量的小册子，然后急忙回去向一些商人保证怡和洋行拥有品质最为上乘的鸦片。

渣甸不可能找到比郭实猎更为合适的合作伙伴，后者既能帮助提升鸦片销量，又能使成千上万的中国人对基督教产生兴趣，不过郭实猎本人对后一个成就更为得意。人们是怎样评价这样一位独特人物的呢？事实上欧洲人从未对此做出任何评价，除了被渣甸的反应——他闪烁的眼神——惊讶得倒吸了一口冷气。

1833 年 10 月，有一位名叫卫三畏（Samuel Wells Williams）的美国人也加入了传教士的队伍，21 岁的他魅力过人、心智平衡，随着时间的推移，他成了美国首屈一指的汉学家，在华人及中国文化研究方面堪称第一权威。在接下来的关键几年中，以郭实猎、裨治文、卫三畏为代表的这些传教士兼汉学家除了处理宗教事务外，还在那些逐渐打破中国的傲慢和隔绝的艰难谈判中完成了具有重大政治意义的传译工作。

面对规模扩大的鸦片贸易，传教士们是持不赞同态度的旁观者，但他们对交易商施加的影响从不奏效。传教士们特有的困惑之一（这也是我们在阅读这段历史时会产生的困惑）是，如果不考虑鸦片问题，许多鸦片商从基督教徒的标准来看算是好人。例如，英尼斯每天读一章《圣经》，甚至在沿海岸运送鸦片的船上也是如此；渣甸为中国贫民的医疗服务做出了贡献；马地臣除了对印刷业和音乐感兴趣（他还拥有广州当时唯一的一架钢琴）外，还留给当时的澳门总督一大笔钱，用于澳葡当局选定的慈善活动；马礼逊去世后，所有重要的鸦片商贩为了纪念他，联合捐款创立了马礼逊教育会（Morrison Education Society），为中国青年提供免费的中英文教育。

在新教传教士开展传教活动的早期，中国人皈依的比例极低。

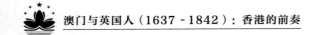

1832 年，中国境内仅有 10 名中国人是新教徒，其中有一两位来自马六甲。卫三畏后来写道，回顾自己的传教过程，他甚至想不起一位在 1850 年之前就皈依的中国教徒。但在其他方面，这些新教徒所造成的影响对所有人来说还是显而易见的。在广州外国商馆的一间房子里，以及在澳门基督教坟场内的小教堂里均可举办新教仪式。教堂会众由英美商人及其妻子（妻子们仅在澳门活动）、皇家海军军官、商船船长和海员组成。海员陆上教堂的旗帜偶尔升起，

151　黄埔港商船的甲板上此时就会回响起激昂的圣歌。

　　1832 年，50 多岁的马礼逊意识到自己行将就木，他公正地总结了新教的成就以及自己的贡献。"如今在广州，中国人的社会状态，"他写道，"完全不同于我在 1807 年所看到的模样。中国学者、教会学校的学生、英文出版社、中文版《圣经》，都从那个时期起，与对上帝的公众崇拜一同发展起来了。对我们这代人，我已

152　经完成了使命，只有上帝知道我将于何时安眠。"

第十章 巴麦尊的贸易新体系

一 "特选委员会" 改善贸易条件的
尝试—女性涌入广州

渣甸、马地臣及其在中国沿海的朋友们可能会猛烈抨击东印度公司，并决定对中国人实施"前进政策"。执行该政策需要英国政府的帮助，但伦敦对中国的普遍态度完全不利于此类政策的推行。内阁大臣和许多富有责任感的民众密切关注英国在印度不断扩大的领土，一个接一个的印度统治者似乎毫不费力地就来到了东印度公司的保护伞下。由此引发的实际问题——如何管理由不同种族构成的大英帝国——令许多人感到不安，这种想法带来的后果便是：在处理中国问题时，最重要的考虑因素是不要再采取任何可能会使英国承担更多印度式义务的行动。

伦敦认识到，有必要废除东印度公司在中国的垄断权，这主要基于以下理由：如果英国人的贸易受到限制，美国人就可以随心所欲地积极投身于对华贸易。但是，如果废除垄断权，同中国建立一

个新的贸易体系，那么这项创新之举就不能仰仗英国的势力。对待
153 中国人的手段必须是坚定威严而不是威胁敌对的。彼时，东印度公
司正处于其在中国拥有垄断权的最后十年，且已经无法确定其未来
的发展方向，为了保持这种温和观点，公司董事会建议澳门和广州
的"特选委员会"主席部楼顿（Chicheley Plowden）不要做任何可
能扰乱贸易的事。

在滑铁卢之战发生十年之后，身居海外的英国人深刻地认识到
了他们在亚洲不容挑战的全新地位，这使他们在中国沿海的无助显
得更加荒谬。但就英国本身而言，1829年——渣甸和马地臣在马
格尼亚克商行的第四个年头——的实际形势是，英国政府掌握了所
有实情却对此不予理睬。

广州的东印度公司职员形成了一个小团体，他们深知马格尼亚
克商行中的言论趋势，害怕英国人在东印度公司的领导权受到威
胁，于是他们决定无视董事会的命令，尝试自行解决问题。在一些
愤世嫉俗的港脚商人看来，这个团体只是想以"前进政策"的领
导者身份在广州和澳门社会大放光彩。这个团体的首领是威廉·盼
师（William Baynes），他是一位高级大班，也是"特选委员会"
的成员，他在选举中与"特选委员会"的其他成员合力击败了部
楼顿。1829年，盼师企图以在广州港实行英国的禁运令作为威胁，
逼迫中国提供更好的贸易条件。英国船只在他的命令下离开黄埔，
与泊在伶仃洋上的鸦片船汇合。此后，"特选委员会"要求中方任
命更多的公行商人，降低税费及关税，放宽对租借办公室和仓库的
限制，并提出一些不算惊天动地但非常实际的其他要求。

两广总督客气地处理了这件事，但他毫不屈服。在历经数月的
讨论和信件交流后，东印度公司一无所获，反而耽误了自己的货
运。盼师及其同伙自认为已经提出了一两个令人满意的观点，于是

解除了禁运令，以期改善当前的紧张关系。但是，部楼顿、马礼逊和其他一些比盼师更为睿智的人从一开始就意识到，如果东印度公司在没有取得任何重要成就的情况下就被迫投降，英国人则会颜面扫地，这会使中国人更加坚信无视外国人的抱怨不会招致报复。

这群与中国对抗的人并不认为他们丢了面子。在接下来的贸易季，部楼顿返回欧洲，"特选委员会"现任主席盼师公然违抗规定，把毁灭性的"武器"——妻子带入广州。随行而来的还有一另一位大班的妻子罗便臣太太（Mrs. Robinson）与汉诺威领事的妻子费伦夫人（Mrs. Fearon）。她们并不是第一批到达广州的英国女性；几年前，一名女子曾因意外被运到广州，后来又被运返澳门。但是盼师夫人和她的朋友们是第一批故意违反第二项规定到达广州的女性。

事实上，中国人将这些女性归为危险人物的做法比想象中更加睿智，因为在澳门出现的英国女性无疑是导致政治局势升温的因素之一。除非出现了危机，如发生凶杀案，否则中国的限制令对欧洲男性来说无关痛痒。在平常的大部分时间，他们对限制令要么咒骂、嘲笑或忍气吞声，要么就干脆当它们不存在。

对关于中国仆役、轿子及将活动范围限制在澳门的规定，女士们有不同看法。她们并不觉得这些规矩好笑，相反，这些规定在她们看来是令人反感且惨无人道的；她们也无法理解男人们怎么能在这种制度下苟活。她们在澳门见到的周围的中国人，其生活环境破败不堪，心理状态极其原始，在这种情况下，政府的权力和重要作用又何从谈起呢？在这些女性眼中，中国荒唐、专制的官府是时候摆正自己的位置了。

不只英国女性羡慕盼师太太的广州之旅。1829 年，两名美国女性首次出现在中国，她们是威廉·洛（William Low，他是旗昌洋行和东印度公司的合伙人之一）的太太阿比盖尔（Abigail），以及她活泼可爱的侄女哈丽特·洛（Harriet Low）。哈丽特已经做好了面对澳门死气沉沉的东印度公司以及目中无人、高人一等的公司职员的准备，但她很快就改变了这种心态。英国女性拥有强烈的好奇心，凡事都做最坏的打算，她们在拜访中发现她们一贯的谨慎保守得到了来自美国塞勒姆（Salem）的女士们的相似回应，美国女士们的社交能力因此迅速提高；然而对于东印度公司的绅士们来说，他们的注意力都在哈丽特身上，而她也完全乐在其中——很明显，这是一位严格论者的恰当举止。哈丽特和她的婶婶阿比盖尔都发现自己非常喜欢英国人。公司牧师、可敬的乔治·韦切尔（George Vachell）是非常细心的人；还有公司的外科医生郭雷枢先生也是如此；钱纳利为她画个人肖像，并告诉她关于加尔各答的玛丽·安的最新惊人消息。

威廉·洛在最短的时间内从广州赶到澳门与她们汇合。哈丽特渴望了解关于广州这座城市的一切信息，以及她自己是否有机会前往那里。当她收到的所有确切消息都告诉她可能性为零时，盼师夫人已经动身了，但哈丽特还是决定遵守规矩。

盼师太太的访问很简短，如果她不能尽快回到澳门，停仓就极有可能发生。但是，1830年秋，盼师因生病需要她的照顾，于是以此作为借口，她在一位朋友的陪伴下再次前往广州。

两广总督正在找英国人的麻烦，因为他们拒绝交出三位涉嫌谋杀的巴斯人。此时盼师夫人又违抗命令擅自进入广州，这激起了总督的愤怒。正如马礼逊所说，"两广总督带来了一项雷霆般的谕令，即驱逐'外国妇女'，并且禁止外国人乘坐轿子。夷商不得超越他们的品级，只能步行"。

这项法令没有奏效，接下来两广总督又暗示行商，如果盼师太太在几天之内没有离开，那么他就会派兵将其强行驱逐。盼师以两门 18 磅大炮和 100 名东印度公司士兵作为回应，他们身着红色战袍，手持火绳枪、刀剑和手枪，在商馆严阵以待。两门大炮被架在商馆门口，没有瞄准特定的目标，倒像是待出售的商品。就这样，他们僵持了数日。

当时，两广总督还面临广西暴乱的困扰，他做出决定，派遣军队镇压叛乱比驱逐外国妇女更加重要。他的语气有所缓和，于是，东印度公司的士兵和两门 18 磅大炮被调遣至黄埔，但盼师夫人留在了广州。

此时，哈丽特和阿比盖尔也从澳门赶过来了。虽然洛太太和洛小姐的出行没有获得武装力量的保护（哎，美国人没有可以用来保护人见人爱的哈丽特的军队），但在大的社会环境下其行为仍然显得出格。美国绅士们的心中七上八下。女士们抵达广州一事结束了他们自由自在的生活。在洛太太和洛小姐抵达后不久，年轻的亨特便发现他一些稍年长的同事们"在登门拜访时，穿上了已经压箱底十年或十五年的盛装，打上了大领结，戴上了手套"。

令人庆幸的是，他们不必长期忍受这种约束。旗昌洋行也收到停仓的威胁，于是在广州停留十八天后，洛太太和洛小姐回到了澳门。美国人全都来到河边目送她们离开，之后他们扯掉领结，全身都获得了解放。一个刻薄的老家伙说，他希望女人们永远不要再前来广州打扰他们的生活。

二 曼彻斯特在对华贸易中的利益

次年，盼师被撤销"特选委员会"的职位，他的同情者也被移出了晋升行列，取而代之的是一些资历相对较浅的同事。但盼师出演的要求中国人改善贸易条件的喜剧，向英国散商明确传达了一则信息，即如果英国政府不正式出面干预，贸易条件的改善将机会渺茫。1830 年末，他们迈出超乎寻常的一步，禀请议院任命一位长期派驻北京的大使，并在中国沿海某个岛屿修建一个贮运站。伶仃岛是一个选项，另一个提议则是台湾。

对于英国政府对中国局势采取的消极态度，英国散商并不是唯一的不满者。中国人对皇家海军（其船只被称为最无耻的鸦片走私船）的态度激怒了所有英国人，不管他们是东印度公司职员还是散商。就连马礼逊都对此十分反感，他不明白英王陛下的大臣们是如何忍受此等侮辱的。

给议院的请愿书没能取得任何成果，但 1832 年，一份全新有效的递交给英国政府和人民的诉求出人意料地出现在了英格兰。曼彻斯特商会打着使其制造的棉产品获得更广阔市场的名义，试图引导公众关注废除东印度公司垄断权一事的重要性。对此有兴趣者，包括渣甸在伦敦具有政治才能的代理，很快就借此机会自发鼓励其他商业机构发出同样的诉求。这一我们现代人所谓的公关运动的最早案例之一的结果，便是在短短数个月内，贸易委员会不断收到来自全英国各地商会的请愿书，它们要求在中国享有自由贸易的权利。最终，政府动摇了，对东方的贸易情况发起了议院质询。离计划在西敏寺举行的关于《印度法案》（India Bill）的议会辩论越近，议会和公众的意见就愈加偏向废除贸易垄断。

在经历一段惯有的滞后期后，这种趋势出现在了遥远的中国广州和澳门。在"特选委员会"存在的最后几年里，笼罩其上的解散阴影越来越重，解散后的人员将被遣回印度。强行要求散商在贸易季结束后离开的麻烦不会再有了，领事旗也失去了以往的价值，澳门的外国人口数量急剧上升。

在澳门的生活也不像之前那么容易了。英国人曾将葡萄牙人赶出鸦片贸易，使澳门沦为一个纯粹的海边休养地，对此葡萄牙人仍然心存怨恨，因此他们采取了不合作的愤怒态度。在政府采取措施禁止对收入微薄的雇员上涨租金前，房租持续上涨。1831 年，澳葡当局甚至尝试阻止外国居民人数的进一步增长，英国人不得不另寻他法，吁请印度总督与葡萄牙在果阿的总督进行商洽，正是后者下令废除了澳门的居住令。

就在同一时期（1830~1833 年），中国人介入澳门一事尤其令人厌烦。对古老建筑物的修缮被禁止了；某些商品被宣布为非法进口物；轿子禁令被严格执行了；受雇于欧洲家庭的中国人被要求辞去工作。与以往一样，这些限制令虽然只生效了短短几日，但还是十分恼人。欧洲人现在明白，对于中国当局来说，这些鸡毛蒜皮的小事被认为是使外国人保持谦卑并接受中国人管制的充分且必要条件。

三 东印度公司垄断中国贸易的终结

1834 年初，有消息称这件久久等待、万众期待的大事终于要发生了。散商在下议院的辩论中获胜，东印度公司的垄断权最终被废除。

伦敦意识到，需要在中国确立一个可代替"特选委员会"的中心权威机构，来确保英国臣民间的秩序，以及他们对中国规章制度的遵守，并以此作为英国商人与中国当局沟通的渠道。要履行这些功能，必须建立一个由三位成员组成的委员会，其高级成员被称为"英王陛下驻华商务总监"（His Majesty's Chief Superintendent of British Trade in China）。渣甸担心斯当东爵士（他已成为议员）或

158

者前东印度公司的大班被授予这个职位。但斯当东从前曾批评政府的措施，他因此被排除在人选名单之外。因此，这一职位最后落到了律劳卑（Napier）勋爵头上，他是前海军军官和养羊事务上的专家。

伦敦方面还意识到了重新组织贸易的需要。采取何种形式——在广州建立英国商会，并通过它促成中国政府废除公行——成为律劳卑勋爵和英国人团体有待讨论的事务。

这无伤大雅。然而，律劳卑的训令又前进了一步。英国政府任命商务总监的主要意图是在中国沿海指派一位级别足够与中国官员在平等基础上打交道的代表。"特选委员会"旧有的通过行商递交禀请的做法将被废除。每年往返澳门的陈腐做法也将停止施行。广州即将成为英国唯一的贸易总部。为了实现这些变革，律劳卑勋爵需要认真考虑且委婉处理与中国当局的关系，武力或其他威胁的方式是行不通的，他还应展示出对中国习俗的尊重。

我们立刻就能发现，在广州及其禀请门前，这些训令简直就是不可能实现的废话。对于外交大臣巴麦尊（Palmerston）勋爵来说，它们看起来恰当、公正且明智，斯当东爵士对此的具有警告意味的批评也被驳回。像斯当东一样的人仍然按照东印度公司时代的方式思考，然而一个全新的体系出现了，必须要向中国人说明这一点。巴麦尊勋爵似乎确信这不会造成任何麻烦。事实上，此时商人们开始对英国政府感到失望，就像他们对中国官员感到失望一样。拥有马戛尔尼和阿美士德使团的前车之鉴，掌握着东印度公司及斯当东和马礼逊的出版物提供的大量信息，而且斯当东本人就在英国可以随时供人咨询，英国人再也不能像以前那样以不知道与中国打交道是如此困难重重为借口了。虽然巴麦尊勋爵在别的领域取得了伟大成就，但他在鸦片战争相关文件中的形象是十分消极的。自始至终，他从未理解，或者他拒绝相信，在与中国官员交往的过程中，即使是与他们首次碰面，以书面形式写好的禀文都是必不可少的。毫无疑问，对于 19 世纪的英国政府而言，这样做（似乎）是不合时宜的。但是在中国事实确实如此，它确实可以作为落实训令的权宜之计。在一个国家根本就没有通电话时，你不会通过电话与一个国家的大臣进行交流。无论如何，巴麦尊还是下定决心，采取了与此相似的行动。此时，律劳卑勋爵正驶向中国，全然不知他正在靠近屈辱和死亡。

四　律劳卑在广州—马礼逊之死

渣甸早就意识到律劳卑的训令可能令人心生不满，但他对此并没有特别担心。渣甸是经历十分丰富、个人发展最好的在华英国人，连东印度公司最后一任大班在年龄和资历上都不如他。彼时，渣甸能够置律劳卑于自己的羽翼之下，看起来他似乎打算利用这个机会。

英国驻华商务总监律劳卑带着妻子和两个女儿于 1834 年 7 月抵达澳门。为了表明与旧体制划清界限，他没有住进原东印度公司大班官邸，而是搬进了由渣甸与马地臣为其提供、可以任其处置的一座位于山顶的大宅。为了表明这种划清界限并不像表面上看起来那样彻底，他任命了两位前东印度公司的大班为第二和第三商务监督：一位是约翰·佛朗西斯·德庇时（John Francis Davis），他是当时很有前途的汉学家之一，后来以撰写中国问题的作家及香港总督的身份而闻名于世；另一位是乔治·罗便臣先生（George Robinson），他与德庇时同年就职。皇家海军上校查尔斯·义律（Charles Elliot）被任命为总监助理（Master Attendant），他在鸦片战争中一跃成为关键人物，港英政府也在他手中成立。皇家委员会（Royal Commission）的其他成员有：阿斯特尔（J. H. Astell），他之前是东印度公司的职员，现在被任命为秘书；亚历山大·庄士敦（Alexander R. Johnston），他后来成为香港首任辅政司（Colonial Secretary），担任律劳卑勋爵的私人秘书；马礼逊先生则被任命为汉文正使（Chinese Interpreter），享受丰厚的俸禄（此时，他几乎不再是一名传教士了），他被命令尽快穿上副领事制服。

161　　向律劳卑提供山顶的大宅是渣甸棋局中的第一步，其目的是确保商务总监选择了正确的前进方向，也就是确保他成为渣甸和马地臣倡议的政策的主要支持者。本质上这项政策并不复杂。长期与中国人打交道的经验表明，只有在武力威胁下，中国的官员们才会提供更多有利的贸易条件。这并不意味着与中国的战争不可避免，应当不惜一切代价避免战争爆发。但是在着手新的贸易基础谈判前组织一次武力示威，或者在占领沿海小岛（比如伶仃岛）等的行动中小规模交火，则是非常有必要的。

　　并非所有商人都支持这个观点。有些商人支持不那么具有侵略性的方式。有些人反对它仅仅是因为它获得了渣甸的支持——渣甸因其粗暴的行事风格和从不妥协的做事方法树立了大批敌人，且这些敌人都是知名英国人。反对意见主要来自兰斯洛特·颠地（Lancelot Dent），他是颠地洋行的高级成员，该洋行是仅次于怡和洋行的第二大英国商号。

　　任何对律劳卑的训令有所了解的资深商人，都想不到一个崭新的贸易体制真的就要开始实行了。多年来商人们一直等待着"特选委员会"的覆灭，他们的预计是这些伟大的事件将在1834年发生。当7月底律劳卑勋爵在没有向两广总督申请通行证的情况下便擅自驶向广州进行谈判时，没有人谈论其中的诸多困难。当时，律劳卑心情轻松，但一些事情最终还是发生了。

马礼逊为两广总督翻译了律劳卑的公开信，并向其告知了律劳卑的到来。马礼逊年满二十的儿子马儒翰（John Robert Morrison）和马礼逊一样是一位杰出的汉学家，他与阿斯特尔前往禀请门送信。由于这份文书的抬头为"信"而不是"禀"，且它显然是由某个未经批准就进入广州的神秘夷人官员发出的，因此没人敢接手这封信。同时，由于律劳卑勋爵不愿屈服，拒绝通过行商将信送出，事情从一开始就陷入了僵局。

马礼逊因眼前的工作感到焦虑。显然，如果律劳卑确实想要与中国官员对话，那么官方通事需要做大量工作。为伍浩官和律劳卑遇到的人翻译意见与声明，并对其中某些观点提出只会导致惊愕与分歧的质疑，这些工作内容对马礼逊造成了巨大压力，他因此感到忧心忡忡。焦虑感令这位传教士的健康迅速垮掉。马礼逊从小就患有头痛病，这段时间这个毛病愈加严重并且使他夜不能寐。有一两天，他勉强陪同律劳卑勋爵接受访问，往返都乘坐轿子，轿子两边用厚厚的布帘遮挡，以防中国当局看到外国人坐在里面。此后，轿夫拒绝再冒险载运他。在这个月的最后三天，他被迫困在家里，郭雷枢努力挽救他的性命，甚至叫来渣甸提供专业意见。他于 8 月 1 日去世，享年 51 岁。

律劳卑勋爵和整个外国人团体，包括印度人和巴斯人，都在将马礼逊的遗体从其家中运往码头的途中为他送行，他被用船载运至澳门，他们将他葬在了新教坟场。马礼逊的伟大众人皆知；即使是他在广州那糟糕的第一年，他性格里的一些东西和他的见解所激起的，更多是人们对他的赞赏而非同情。甚至作为最高尚的传教士之一的卫三畏，也和其他人一样把自尊自爱的马礼逊当成他们共同事业的杰出代表，他这样评价马礼逊："他本性善良，不玩阴谋诡计，不疑神疑鬼，不吹毛求疵，不贪图享乐，不玩文字游戏；从那些不关心他心中最在意的事业的人身上，他所得到的更多是尊重而不是喜爱。"

五　律劳卑勋爵最糟糕的时刻及其逝世

律劳卑在广州的"萎靡"（这是亨特与他爱开玩笑的朋友们的说法）又持续了两个月。两广总督命令律劳卑离开，但由于命令是通过行商传达的，律劳卑拒绝接受，还一度对此不以为意。到 8 月中旬，律劳卑明确得出如下结论：在这种特殊情况下，如果想要避免陷入因伦敦的训令与广州形势间的矛盾而产生的混乱，那么渣甸的观点和他自身作为前海军军官的反应是唯一可以遵循的准则。虽然在其他院墙之内，颠地和他的小团体开始批评甚至诋毁皇家委员会，但此时律劳卑接见渣甸的次数甚至多于他与第二商务监督德庇时的会面。在越来越多的人知道了渣甸与律劳卑的联系后，英国人团体分成了两个阵营，分别支持和反对英王陛下的委员会。两广总督得知了这个情况，感到大为放心——现在他只需静观其变。为了给英国人一次轻微的刺激，他下达了部分停仓的命令。

几天后，对于他与两广总督拒绝阅读对方信件的僵局，律劳卑找到了一个打破的办法。中国老百姓不满意满洲贵族的统治，并且这种不满情绪很容易受到煽动，他相信这对他有利，于是他安排人写了一份中文告示，指责两广总督的无知和偏执，谴责部分停仓给成千上万的广州人带来的毁灭性影响，包括使他们失业。律劳卑让手下把这份告示贴满他们能够去到的广州城内的大街小巷。

对律劳卑来说，向两广总督传达自己的意见当然有效，但这是

163

一个双方都可以玩的游戏。在两广总督的回复公告中，律劳卑（他的名字在中文中被赋予了辛劳与卑贱之意）被称作一个不守法律的外国奴才和蛮夷之狗。紧随这份公告而来的是 9 月 2 日的全面停仓。为了确保律劳卑看到这份告示，中国人故意安排了一个排的士兵将其贴在东印度公司的正门。当然，正如大家之后发现的，律劳卑对普通民众的煽动并没有产生任何作用。

　　敏锐、外交手腕、忍耐力、良好礼仪和运气都是律劳卑需要掌握的要素。不幸的是，这个可怜的人此刻一项都不具备。他甚至连礼仪都顾不上了。更可笑的是他竟模仿两广总督的写信风格，在某封信的结尾处对其说道："颤抖吧，狠狠地颤抖吧！"安森或许是 144 那种能够掌控这种局势的人；但面对中国人这种沉着的自卫方法，律劳卑很快就做出了他的标准反应：怒不可遏。这让他病倒了，加上热带性发热，他内心变得烦躁不安。他无视英国王室的训令，决心诉诸武力来抵制此次停仓。

　　自海军上将喥路喇访华以来，中国的权力还没被公开挑战，渣甸、马地臣、英尼斯以及他们的同伙都兴致勃勃地观望这种挑战将会产生的影响。多年来，一部分英国商人一直鼓吹，只要向广州来几次舷炮齐射，便能迅速解决大部分麻烦。

　　尽管欣赏律劳卑的自信，但渣甸不敢冒险公开鼓励这种做法，因为使用武力不管怎么看都将以失败告终，而且时至此刻，仍然没有人清楚中国到底储备了多少精锐部队。结果，当律劳卑勋爵提到这个话题时，渣甸和他的朋友只能点头附和，于是英王陛下的代表独自进行了可能指明未来道路的实验。这种情形为支持"前进政策"的集团提供了极大的方便。9 月 5 日，律劳卑下令让两艘护卫舰"伊莫金"号（Imogene）和"安德鲁马克"号（Andromache）进入虎门，沿河而上，直抵黄埔。

他们这样做了。炮台上上演起了比往常更勇敢的局面，虽然此时风平浪静（导致船只前进缓慢），他们只开了几次火，且没有杀死一个人。在整个行动中，义律上校坐在甲板上，在伞下泰然自若地关注着局势，他的小艇"路易莎"号（*Louisa*）紧跟其后。

两广总督立马组织防御措施。为了阻止英国船只从黄埔进入广州，一些装满石头的中国帆船被沉在河中，还有一支舰队在这个区域巡逻。一旦英国船只经过第二道炮台，如果有需要，中方将采取措施堵住河道以截断入海的水流。

这种需要没有出现。律劳卑立马就看出他的进攻策略失败了，他原本用来恐吓广州的船只已经无法正常移动。沮丧感使他发烧了，他只好回到床上休息，由郭雷枢医生照料。

中国当局对自己的表现以及当前的总体局势感到满意，并沾沾自喜地告知行商，只要英国船只离开珠江且律劳卑回到澳门，就会立马开仓。这本质上还是那个经典故事：危险的夷人律劳卑（辛劳卑贱）作为奸细被派来中国，他满口威胁言论并带来了战舰，但这一切都被天朝至高无上的力量驱逐了。这一次，律劳卑和总督之间的通信结果通过印刷的告示被难得地公布出来，整个广州城都亲眼见证了他们的总督所言非虚。

对律劳卑来说，在经历这次惨败之后，他必须尽可能有尊严地离开。放低姿态试图与另一方开展谈判是没有意义的，因为使用武力的尝试导致他被两广总督玩弄于股掌之间并颜面尽失。他也不可能向自己的同胞求助，因为他不明智地与渣甸走得太近，疏远了由颠地领导的温和派，这使他无法再要求英国人团体对自己唯命是从。最终，他也不能留下德庇时作为其副手进行谈判，因为渣甸与颠地之间相互鄙视、水火不容，而律劳卑与渣甸的结盟激怒了温和派，在英国人眼中这对皇家委员会的名誉造成了无法弥补的伤害。两广

165

总督对这个事实了然于胸。很少有人的垮台可以比律劳卑更为彻底。

郭雷枢建议无论如何都必须尽快将律劳卑送回澳门，因为这可能为其提供一个退路。但此时，两广总督通过衙门暗地里又对"辛劳卑贱"另外施加了一系列具有中国特色的侮辱。律劳卑实际上被围困在广州，只有接受总督开出的条件他才能撤离。与郭雷枢和渣甸就这些条件进行谈判的是行商（第一道羞辱），最后谈判结果由两广总督批准。在这些条件的要求之下，律劳卑下令撤回战舰，写了一份卑微的禀文（第二道羞辱），请求天朝的官员颁发一份标准的红信以批准其离开（这封信表示他已经偿清了在留广期间的所有债务，并且暗示他是一个普通商人）。中方签发了批准信，但前提是他只能走较次的路线离开广州（在中国从哪扇门进出象征着一个人的身份地位，因此这非常重要），也就是葡萄牙人使用的三角洲航道，且须由全副武装的中国人押送离开（最后一道羞辱）。

律劳卑在同意上述所有条件后离开了广州。他乘坐楼船经过三角洲，这使他在旅途中浪费了很多时间，押送官兵的行进速度也很缓慢。他们在香山县耽误了两天，因为广州方面还没有下达允许他们通关的命令。香山县是个人山人海的热闹之地，达官贵人经过之处总是锣鼓喧天，每逢婚嫁或其他节庆之日爆竹之声总是不绝于耳。律劳卑一路上被不断打扰，这使他的高烧越发严重，当他抵达澳门与家人团聚时，他的身体状况已经非常危险。两周以来，律劳卑高烧不退，奄奄一息，最后于 10 月 11 日逝世。

有人认为，随着阿美士德（勋爵）使团的失败，英国陷入了外交低谷，使自己被公开置于一个非常不体面的位置。在与和中国一样古怪的国家打交道时，英国没有做好充分准备。与阿美士德使团相比，律劳卑使团更是糟糕透顶的大惨败。毫无疑问，律劳卑勋爵并非带领使团前往中国的合适人选，这是英国人常犯错误的典型例子：他们总是以出身或者其他与正事无太大关系的标准来任命高等职位。但律劳卑所处的无法挽回的境地，以及使他沦为一个人人同情的悲剧人物的其他遭遇，则完全是他自己下达的训令及巴麦尊勋爵对专家意见的拒绝听从所造成的恶果。

167

六　静默—鸦片贸易的迅速扩张

律劳卑的决策失误导致英国商人内部意见不合，他的逝去使得这个团体群龙无首，更加无所节制，此时鸦片贸易进入新阶段，在中英贸易中占了极高比例。

德庇时接任律劳卑成为驻华商务总监，罗便臣爵士为第二商务监督，义律上校被擢升为第三商务监督。尽管德庇时学识渊博、成就卓越，但用我们现在的话来说，他仍然具备人民公仆的意识。他非常讲究原则，拥有性格温和与品行端正这两种东印度公司相当看重的品质，但在这个特殊时刻，他缺乏商人们看重的特质，即在日益恶化的情况下将其同胞凝聚在一起的能力。作为曾经的大班，他几乎不能获得同胞的尊敬——渣甸及他的朋友们都不能忍受他。且作为一个相对而言资历尚浅的年轻人，他处于中英关系的危机之中，没有得到英国政府的任何指示，而律劳卑勋爵对其使团毫无帮助的训令则是不折不扣的失败。德庇时据此紧急致信伦敦，要求其给出进一步的训令。他将皇家委员会迁到澳门，命令同胞们实行绝对静默的政策，并且补充道，静默不等于默许。

鉴于他所面对的是"鸦片大亨"，因此，最后一项指示愚蠢至极。渣甸高航速的鸦片飞剪船发挥了功效，原先东印度公司的船只每年在印度和中国之间只能往返两次，而这些飞剪船能往返四次。每年被运到中国的鸦片数量从 1833～1834 年贸易季的 20486 箱，增长到 1835～1836 年贸易季的 30202 箱，1838 年其总量已经超过 40000 箱。1837 年，伶仃洋上的趸船数量从 5 艘增加到了 25 艘。换句话说，鸦片本来就已十分巨大的贸易量在五年的时间内翻了一番，最后占英国向中国出口货物总量的五分之三（美国人也大量参与了鸦片贸易，以上给出的箱数也包括了他们的运量）。

168

　　德庇时静默政策的结果是英王陛下的驻华商务总监已无足轻重、形同虚设，在这样一个不负责任的环境中，非法贸易发展到了空前规模。远东贸易垄断权的终结使英国商人数量增加，其中包括许多之前因被东印度公司认为声名狼藉而无法获得贸易许可的人。他们没有自行施加贸易约束来代替那些原来由东印度公司设定的限制。

　　1835 年初，德庇时犹如一个被流放的君王，只剩宫廷之中的遗老仍然待他恭敬有礼。他在澳门这样生活了三个多月，然后辞去了商务总监的职位回到了英格兰。接替他的是罗便臣爵士，义律上校成了第二商务监督，庄士敦为第三商务监督。

　　前东印度公司职工趾高气扬、令人厌恶的特点在罗便臣爵士身上体现得淋漓尽致。他相当准确地注意到（但就当时的形势来看，这也是毫无意义的），一旦贸易重开，英国商人一定会立马赶回广州，除非中国人逼迫，否则他们不会离开，在这种情况下，通过谈判来改善贸易条件的机会十分渺茫。他想要做的——他在给巴麦尊勋爵的信中也提到了这点——就是劝告所有在广州和澳门的英国团体暂停一切贸易活动并上船离开，然后在大屿山或者香港的某个宜人锚地避居。如果有必要，还可以摧毁一两个中国的沿海炮台（他似乎指的是大屿山的炮台），然后英国人就可以在海边安顿下来。

　　我们可以看出，这份提议实际上包含了占领大屿山或诸如此类的沿海岛屿，这在本质上与渣甸的政策并没有什么不同。但实现这个提议需要兵力和领导能力。虽然罗便臣手中有充足的兵力可任其调配，这些兵力至少能够确保英国人在岛上暂时安全，但是他没有能力主导任何事。英国商人之间的不和与商务总监威望的下降导致对任何人施加任何政策都变得不切实际。要是罗便臣能够说服任何一个商人集团赞同他的意见，他都有可能成功实现自己的想法；但现实是他不能，没有人愿意听他的话。此外，在这个节骨眼上，人与人之间的冲突发展至最高点：罗便臣认为渣甸是一个十足的粗人，他还看不起其他人；渣甸和他的朋友们则认为罗便臣是个自大狂。其余的人对这个英王陛下的代表不屑一顾地耸耸肩，然后继续兜售鸦片。在澳门度过了一年中最好的时节后，罗便臣爵士被身边主张自由贸易的同胞激怒了，于是他做出决定，如果他们不听从他的意见离开广州和澳门，他就将以身作则独自离开。

1835 年 11 月，他真的这样做了。他将他的整个办公室（包括档案）搬到了"路易莎"小艇上，然后他将其驶向伶仃岛，最不合时宜地停在了鸦片飞剪船和趸船的边上。

显然，就算在白厅街①看来，罗便臣的搬迁也只是导致国王的委员会更加无力改变现状而已。1836 年 6 月，巴麦尊写信废除商务总监这个职位，命令罗便臣将档案转交给义律，义律因此成为这个残存的委员会的领导，庄士敦则是另一位成员。这份信函在五个月之后才被收到并生效。这是 1836 年 12 月所发生的事情。

七　马地臣在英国

同时，马地臣在英格兰一直非常活跃，作为一系列行动的发生

---

① 白厅街（Whitehall）为英国主要政府机关的所在街道，它常被用来指代英国行政部门。——译者注

地的英格兰正变得越来越重要。

在律劳卑事件发展至高潮时，英国商会在广州成立了，由马地臣担任第一任主席。商会不能代表所有英国商人，且从其人员构成来看，商会不可能变成一个具有约束效力的组织，当时的局面却需要这种约束力。但是商会开启了富有成效的公关运动，使英国人意识到有必要提高在华同胞们的地位。1834 年末，商会向国王会同枢密院写了一份请愿书，请求政府在战舰的支持下向中国派出一名大使，要求中国打开更多的通商口岸并废除公行体系。

170

此时，渣甸、马地臣及其团队的其他领头人物已经充分意识到，鉴于中国的行动和他自己与伦敦的通信成果，到目前为止，上述要求不可能实现。递给国王的请愿书实际上不会引起英国政府的兴趣，除非在伦敦能够引导消息灵通且具有影响力的人物关注中国的形势。现在需要做的是分头行动，一头扎根于中国，另一头前往英格兰，显然英国政府对中国的情况知之甚少，对此有必要花大量精力让他们增进了解。为了激起英国人的关注，马地臣出于礼节和商业利益，陪同律劳卑太太和她的女儿们踏上了这段不愉快的回国之旅。

马地臣一到伦敦就开始了工作，他与英国政府进行了交涉。他想见的人巴麦尊已经下台了。马地臣听说目前担任首相的是惠灵顿公爵（Duke of Wellington），这是一个非常短命的政府，仅从 1834 年 11 月持续到 1835 年 4 月。这位铁血公爵对在华的小商贩的问题根本不感兴趣。惠灵顿公爵的接见不能令马地臣满意，他得出结论：继续要求这群人关注此事最终只会一无所获。因此他将目标转向在华商人此前寻求过帮助的对象——英国工业化大城市中的商会。

如此一来，第二次且同样有效的公关运动开始了。马地臣巡游全英，向感兴趣的团体发表演讲。1836 年，他在伦敦出版了一本小册子，名为《中国贸易的目前形势和未来展望》（*The Present Position and Future Prospects of Trade in China*），英国最重要的三个商会——曼彻斯特商会、利物浦商会和格拉斯哥商会——都就此问题致函英国贸易委员会（Board of Trade）。

这引发了令人意想不到的特殊双重局面：鸦片战争期间，英国政府的行动和英国本土人民的情绪似乎完全令人难以理解。这可以被称作中国国内的行动与英国本土的思想的二重性，甚至可以被称作理论与实践的二重性。实际上，这种二重性于在华英国人中长期存在，它现在只不过蔓延到了英国，马地臣将英国公众对局势的了解程度控制在了合适的范围。珠江的英国散商向中国带去了他们认为中国人可以吸食的鸦片；而与此同时，在伦敦，英国人以公正和国家荣誉的名义展开了激烈的辩论，提出要结束英国人长期在中国人手下遭受虐待的局面（却极少有人提到鸦片）。

引发这一惊人矛盾的大部分功劳——或是对此的大部分责备——都必须归于马地臣，他知道如何正确地勾起英国人的兴趣并引发强烈的反响。在他的整个公关运动中，英国制造品的潜在中国市场被当作通商的主要问题，鸦片问题则被当作次要问题。有一点应该记住，它事关马地臣的为人：事实上他确实没有欺骗英国公众。仔细研究对华贸易我们可以看出，鸦片确实是次要问题。出于各种各样的原因（其中最突出的是东印度公司的约束力减弱，以及英国政府在阿美士德使团与律劳卑使团间的 19 年里对中国的情况漠不关心），鸦片贸易的泡沫越来越大，这个巨大泡沫反射出的影像甚至令我们当中的许多人误以为鸦片才是中英贸易的主要议题，以为是鸦片让我们逼迫中国打开通商大门。然而事实并非如此。在鸦片是茶叶贸易所需资金的主要提供者时，它当然可以被描述为贸易的主要议题，但那样的日子早已不复存在了。1815 年后，中国人随时可以戳破这个不断膨胀的鸦片泡沫，中国人——准确来说中国官员——的选择是此中关键，现在发生的一切已经证明了此点。为了进行更好的观察，我们必须穿过广州的禀请门，走进这个伟大的国家，走近中国官僚的内庭和皇帝的宝座。

172

第十一章 对峙

一 上奏天子

在渣甸飞剪船的帮助下，中国的鸦片进口量飞速增长，中国内部由此产生了一种现象，它预示着意义重大的进展。中国公务部门的最高层人员，也就是那些为数不多的捍卫传统和安全的巡抚和有着其他长期管理经验的官员，突然醒悟他们有责任保护民众的健康和道德。他们不仅觉醒了，而且以一种对他们来说最危险的方式——通过"户部"向皇帝上呈奏折——采取了行动。一旦他们的奏折不受重视或被皇帝认为毫无价值，他们的处境就会变得十分危险。他们每个人都知道，皇帝是鸦片贸易间接意义上的最大受益人之一。触及该话题就等于从天子的钱包中掏钱，甚至会冒犯天子的尊严。然而一份接一份的奏折从全国各地送达天子手中，这些奏折仅由官职最高之人掌笔——这依然很危险。或许他们已经与天子串通好了——谁知道呢？在官僚体系的最顶层，有很多人为了自保只能与别人保持一定距离，从另一方面讲这或许是自发现象。在北京情况也是如此，而且这一理由变得更加重要。

　　奏折用一种冷静负责的笔调写成，今天读来它们缺乏官员们长期以来大量使用的修饰性措辞，这使它们带有了强烈的现代性意味。官员们谦逊地向皇帝报告，除非采取万无一失的措施杜绝吸食鸦片这一可耻习惯，否则夷商将继续运送鸦片到中国。读者可以发现，夷人没有受到过多责备，因为在奏折里过多提及夷人实际上有损天朝高官的威严。奏折间接地提出并相信，如果将有毒的鸦片带进中国可以挣得银圆，夷人们就会这样做，对于他们中国人无须有更多期待。奏折里还单独挑出鸦片吸食者进行谴责。现在，吸食鸦片的人数急剧增长，请愿者递上奏折，要求皇帝立刻采取行动。一旦有所延迟，吸食鸦片的风气就会继续蔓延，到时候再要控制鸦片贸易或防止人民斗志受损就为时已晚了。

　　读这样的奏折令人心情沉重不安，它向现代社会的我们证明，当中国人谈论鸦片使人坠入空虚时，他们并不是毫无根据。正如中国地位最高、最负责任的官员所认为的那样，厄运正在逼近中国。他们直言不讳，将造成这种问题的主要原因归结于中国人对鸦片的强烈渴求。如果不是这种难以解释的根源，今天世界各地的人们可能从来不会听说鸦片这种东西。

　　大多数奏请者提到了另一个与鸦片相关的严重问题——银圆的流失。他们的说辞表明朝廷一致认为鸦片的输入是中国银圆流失的主要原因，广州发生的一切证明这种说法完全正确。（事实上，银圆的流失现在已经十分严重，使较小面值的铜钱从一两白银兑换1000文贬值至一两白银兑换1600文。）并非所有的奏请者都赞同鸦片需要为货币贬值负责，也不是所有的奏请者都认同禁止鸦片贸易必会终止银圆外流。大多数奏折里的议题集中在是否应该全面禁止鸦片贸易，或者是否应以颁发执照的方式对其加以控制。在提到

173

174 控制鸦片贸易时，一些递交奏折的官员表达了对预防所谓的"小贪"的诉求，并认为在鸦片吸食者和中国经销商（非外国人）之间，有一方应受到更重的处罚。

在 1836 年下半年之前，北京的主流观点认为最明智的做法是将鸦片贸易合法化，将鸦片贸易引领到一个可行的控制体系下，要么在物物交换的基础上接受鸦片输入，要么严格限制其价格和每年的进口量。奏折源源不断地被呈上，但道光皇帝犹豫不决，迟迟没有采取任何行动。

二　义律担任驻华商务监督

白厅街也收到了要求提高在华英商的待遇的请愿书，对此英国政府的反应与中国皇帝相同。惠灵顿内阁已经下台了，辉格党重掌大权，巴麦尊重任外交大臣。他也犹豫不决，迟迟没有动手，期待着中国沿海地区的局势出现新进展。

在中国，罗便臣爵士被撤去商务总监一职一事使一个新的集团被引入英国对华事务。要是他们能获得伦敦通情达理的外交大臣的支持，他们就很有可能在不经历残酷战争的情况下把对珠江的幻想变成现实。

"鲜有来华的外国官员比义律更有才能，或是比他更适合完成被赋予的重要使命，"卫三畏写道，"义律还有一个优势，即他身边有身兼通事和顾问的马儒翰，他是马礼逊的儿子，属于只要人们对他有所了解就会喜欢上的那类人。他生于中国，童年时就与中国人很熟，在某些方面比他父亲能力更强……他和义律对中国人的想法有着清晰的认识，中国人认为自己有着他国不可挑战的至高地位……确实，很难想象，他们认为自己比那些住在广州商馆里为数不多的外国人优越许多。这些外国人只热衷于贸易，在中国人划分的四类职业和追求当中，贸易属于最低级的行当。"

义律没有给出相反的训令，他和广州当局恢复了联系，完全遵守中国的制度。他谦逊地提出进入广州的申请，在收到来自北京的答复之前他一直在澳门等待。1837 年 3 月，北京终于传来音讯，结果令人满意。尽管中国没有承认义律作为大英帝国国王代表的身份，却承认他的地位与"特选委员会"前主席有些不同（因为他不是一个商人）。而且只要义律遵守规则，通过行商递交所有信件，且在贸易季结束后不再逗留广州，他们就会视其为夷人的领导。相较于之前那唯一可行的方法，也就是通过蚕食体系层层递交禀文，这的确是一个明显的进步。

接着，以同样的方法，义律了迎来了事情的关键点：虽然两广总督的信件继续通过公行转交给外国人，但义律写给总督的信件是在密封的状态下交给公行的，信封上只贴了要求转交的纸条。

同中国历史上他那个级别的其他官员一样，两广总督邓廷桢①凭借私人和官方渠道对于大内动向消息十分灵通。譬如现在，他知道皇帝收到了与鸦片相关的奏折，还知道皇帝对此犹豫不决。邓廷桢认为，无论最后的决定是什么，无论是将鸦片合法化，还是将其全面禁止，一旦决定在明天下达，都理所当然地会要求驱走鸦片船。就在义律取得控制权的前夕，邓廷桢依据从北京传来的禁烟谣言采取了行动，把 12 位鸦片商从广州驱逐出去，其中 8 位都是英国人。他还命令整个地区提高警惕，命令所有沿海炮台和水师巡逻队报告外国船只的动静。自义律任职以来，两广总督经常因鸦片船

---

① 原文为 Governor of Kwangtung，即广东巡抚，但此时邓廷桢实系两广总督。——译者注

176　在珠江不同区域及香港洋面停留向他抱怨，对此他的回应是他没有命令这些船只离开的权力。这种回答在以前就已经激怒过广东的官员，义律一直以来努力建立的良好关系此时并未发挥作用。事实上，义律自己也强烈反对鸦片贸易，他想拥有更大的船运控制权。但之前当他试图行使该项权利的时候，巴麦尊警告他不要越俎代庖。

　　两广总督邓廷桢改善了禁止鸦片贸易的办法，其结果当然是这些鸦片的运送方式也需要改进，从中邓廷桢和其他高官可以压榨利润。不管表面上发生了什么变化，背后的交易依然不变。1836 年，伶仃岛上的英国人和珠江江面上的由帆船组成的水师船队达成了不成文协议，只要英国人每月交纳白银 36000 两，中国水师便会将鸦片护送到黄埔。为了安全起见，在接下来的一年中，中国水师的船只实际上亲自运送鸦片，作为货物的鸦片按一定比例被交给他们充当回报，他们中的大多数再亲自把鸦片卖给经销商。

　　义律坚决反对鸦片贸易，在这个节骨眼上，他作为大英帝国代表的个人地位已经不值得羡慕。由于无法预见且不能回答的因素，他的处境现在更糟了，他的权力也被逐渐削弱。巴麦尊勋爵收到了义律作为皇家委员会领导人物写出的第一封信，他惊讶地发现通过公行递交禀请的旧方法仍在使用。巴麦尊的回信于 1837 年 11 月才被递到义律手中，信里采用了具有批判性和权威性的措辞。

　　巴麦尊写道："让东印度公司的职员们自己组成一个商人团体，再通过行商与中国当局进行沟通，这或许是比较合适的做法，但是商务监督是大英帝国国王的官员，这一身份只适合与中国政府
177　官员直接进行沟通。"他补充道，义律绝对不能在给中国人的信函中写下任何带有"禀请"意味的字眼。

　　巴麦尊专注于欧洲事务，对中国知之甚少。此外，这是一个东方的地位逐渐被取代的时代。在这个时代中，面对东方的政治阴

谋，大使们需要拥有如基督教徒般的干净体面，还必须善于控制局势。很不幸的是，中国虽然是东方国家，却丝毫没有表现出这种倾向。期待巴麦尊能理解中国官员的"品级"或许是奢望。另一个不幸之点在于，这个问题与最初出现的很多问题性质相同，且它看似微不足道。但是，仔细想想，身为伟大的外交大臣，巴麦尊需要对律劳卑的惨败负责。他拥有律劳卑和义律写给他的信件，然而他继续将义律置于律劳卑曾经处于的那种无可挽回的境地。在这封1837年的信件中，巴麦尊剥夺了英国代表与中国人通信的权利。当然，从来没有一个使团接到过如此令人费解的训令。

义律非常恭敬地告知两广总督——他们或多或少还是保持着一些日常通信——他将不再以"禀"的形式递交书信，总督则回信称他不会接受其他任何形式的信件。珠江的形势迅速恶化，英美武装船只载着鸦片从伶仃洋一路战斗至黄埔。如果事态再继续发展下去，两广总督邓廷桢就容易陷入因惊动北京而产生的麻烦中。因此，当两广总督就禀请一事坚持己见时，义律借着前往澳门的机会向他表明，其采取的立场将会毫无结果。两广总督很有可能需要借义律之手来约束英国人。

两广总督邓廷桢认为，义律的这种姿态或许只是他犯下的少数错误之一，他本可以对中国做出极为正确的判断。义律移居澳门的举动（很难想象如果这一做法不奏效他还有什么其他办法）切断了他与中国当局的进一步对话。

178

三 广州暴乱

在整个1838年，澳门一直是义律的大本营。澳门受到谣言的影响，谣言称中国正从北京调集兵力，皇帝正计划禁止鸦片贸易。

澳门还受到英国人和美国人不断加强的决心的影响，他们决定冲破邓廷桢的防线，强行将鸦片带入黄埔。从前从未涌入过如此之多的欧洲人的澳门，是对交战双方都至关重要的中立城市，此时澳门的局势呈现出了中立城市惯有的那种紧张与不明朗。

澳门总督和议事会成员是在观察中国局势方面最有经验的人。在他们看来，显然中英两国间的龃龉即将酿成大祸，如果澳门稍有不慎没能牢守中间立场，那么它也将被卷入这场灾难并将因此走向毁灭。许多葡萄牙人现在可以松一口气了，因为他们的城市不再是鸦片贸易中心。澳门不再是鸦片贸易中心的事实更能显现出其中立的态度。

偶尔澳门总督的立场会偏向一方，这时便会招来另一方的抱怨。律劳卑去世之后，他拒绝承认英国驻华商务监督的官方地位，强迫巴麦尊就此事致信里斯本。之后，从 1837 年年中起，义律和澳门总督的关系有所改善，虽然这种改善可能只是表面上的。澳门面临着中立者经常会面对的情况：英国人坚信澳门偏向中国人，而中国人又怀疑葡萄牙人与英国人串通。这是一个人心惶惶、焦虑不安的时期。在义律看来，主要的问题是澳门还住着许多英国妇女和儿童，葡萄牙人万一被迫选择支持中国，这些人将毫无招架之力。

总体形势呈现出更加不祥的征兆。两广总督邓廷桢从鸦片中收受贿赂一事已成为公开的秘密，1838 年 4 月，他在澳门公开处决了一名被指控违反鸦片谕令的中国人，之后澳门和广州又发生了一系列类似的处决事件。在这种不人道的不公面前，一股震惊和反感之风席卷外国人团体，他们感觉自己实际上是在和一个既野蛮又恐怖的政府打交道，这些官员根本不值得他们进一步的忍耐和尊重。这种感觉强烈且普遍，它蔓延到了生活在中国沿海地区的最谦卑的欧洲人群体中。西方的忍耐已经到了尽头。

在同年 12 月，当一箱鸦片在英尼斯广州的宅邸之前被缴获时，

179

气氛就已经是这样的了。英尼斯须在 10 日之内离开广州，而他的
担保商则被处以游街示众，后者脖子上戴着枷锁，脑袋上写着所犯
罪行，这是中国版本的带上足枷的惩罚。一两天之后，在中国官府
的命令下，一个绞架在外国人的商馆前被立起，它将被用来绞死一
位中国籍的鸦片商。对于中国人将他们的娱乐休闲之地用作处决犯
人的场所一事，一帮外国人在亨特的带领下提出抗议，但是负责的
中国官员对他们不予理睬。一队英国海员碰巧在这个时候上岸，他
们在看清眼前的局势后自发上前攻击那位中国官员及其手下，掀翻
了他的桌子和茶壶，拆毁了绞架。中国人被狼狈地赶了出去，一群
由广州社会最底层人员组成的暴民团伙，在这一事件以及清除此处
所有外国人的想法的驱动下，包围了商馆，混乱无序的状态持续了
好几个小时。每扇窗户都被砸得七零八碎，撞锤被扔在门前。这
时，亨特和另一个美国人吉迪恩·奈（Gideon Nye）设法从屋顶逃
离了包围区，他们找到对此毫不知情的伍浩官，让他叫来巡捕。不
久之后，巡捕赶到了，他们以一贯的粗暴手段处理了这群暴民，用
竹竿抽打他们。在逃离这个广场时，许多人要么胳膊断了，要么头
破血流。在混乱的逃窜过程中，有几个人被推进河里，由于不识水
性，他们被淹死了。其中有几个人离船只有几步之遥，船上的人却
无动于衷，没有施以援手，这种情况在中国已是司空见惯。不多
时，此处又恢复了平静。

关于这次暴乱的报道引起了住在澳门的义律的警觉。对外国人
来说，这肯定是他们在广州碰到的最严重的暴乱。义律在没有获得
通行证的情形下立即从澳门出发前往广州。他和一部分英国商人都
相信一场灾难即将来临。他召集同胞开了一次大会，敦促他们与自
己合作，共同停止伶仃岛和黄埔之间的非法鸦片贩运。但许多参会
人员拥有多次在中国沿海地区处理危机的经历，因此他们根本没把

180

这件事放在心上。在这群居高自傲的人眼中，义律经验不足且意气用事，他破坏鸦片财路的做法加深了他们从最初就形成的对他的厌恶和的顾虑。没有几个人把他的呼吁当作一回事。

他们冷淡的态度没能阻挡义律，他又与两广总督通信，努力化解他坚信即将来临的危机。但是巴麦尊关于禀请的坚持破坏了义律从前用自己的方法逐渐积累的地位，他发现自己现在不得不与一个地位更低的人通信——他现在只能通过公行与总督的下属打交道。这是当时紧急局势下身不由己的妥协，但是这种做法导致英国商人圈子对他产生了极大恶意。从此，义律做的每一件事在鸦片商的眼中几乎都是错的，他由此成为商人们在心情沮丧、焦虑和不满时的攻击对象。义律没有处理好与商人的关系。无论在语言还是行动上，他没能跟他们保持一致的步调，在与巴麦尊的通信中他也经常如此。然而，我们仍然会惊讶地发现，鸦片商们会为施舍给义律的同情心而感到兴奋，他们正是这样的一群人。

虽然此时广州没人知道英国本土发生的变化，但是当马地臣通过他的公关活动在英格兰掀起波澜时，死亡的诅咒已经下达。将这些小波浪般的战战兢兢转变成战争的狂潮的，正是义律预言中的即将到来的危机，它发生在义律到达广州大约一周后。

181

1839 年 1 月下旬，皇帝公开了其就鸦片问题做出的决定。在短短几个小时内，鸦片贸易就停止了。鸦片价格出现了有记录以来最大幅度的暴跌，甚至连加尔各答的市场都陷入了停滞状态。在皇帝下达命令后，虽然两广总督继续发出严厉警告，并在 2 月成功地将一个中国鸦片商吊死在商馆门前，但他没有采取任何行动。当地人也没有采取任何行动，仅仅因为天子在北京用毛笔写下的一个决定，僵局在珠江流域形成。

为了了解那时到底发生了什么，我必须介绍一下中国对外关系史中最著名的一位中国人，他名满天下、家喻户晓，是中国的民族英雄，是天朝最伟大的官员之一。他公正廉洁、秉公职守，是不朽的榜样。我认为有必要在开头先对他进行一番描述，因为如果不这样做，之后我们便没有机会真正从中国的视角审视他，在中国看来，他是荣誉榜上的杰出人物。考虑到在我们遇见他时他所处的特殊境况，我们将看到的更多的是他的缺点而非优点。正是由于这个原因，他经常被西方轻视。此刻让我们明确一点，即我们所面对的是清朝历史上最杰出的人物之一，直到现在中国人都不会听错的名字。然后，让我们诚实地审视他的事迹，我们的看法和中国人的观点不一定一致。

四 林则徐抵达广州

1838 年呈给皇帝的关于鸦片问题的奏折中，令人印象最深刻的一份来自林则徐。林则徐是一位福建籍官员，时任两湖总督①。林则徐的奏折比大多数人的奏折都长，它用词精妙且极具说服力，就与鸦片这一话题有关的文书而言，直到今天它都是其中最杰出的作品，它显示出林则徐对吸食鸦片、鸦片贸易、吸食者、吸食习惯和吸食鸦片之后果有最为详细的了解。林则徐信心十足地写下奏折，因为正如他自己解释的，他最近才被迫采取严厉措施对付其辖区内吸食鸦片的恶习。林则徐在奏折中建议皇帝在广东实施类似的政策。

奏折表明林则徐对鸦片问题了解程度很深，于是皇帝召林则徐进京，在多次接见他后，皇帝决定如果要实行禁烟（这是林则徐

182

---

① 官衔全称为总督湖北湖南等处地方提督军务、粮饷兼巡抚事，正式简称为湖北湖南总督，总管湖北和湖南的军民政务。湖南、湖北两省在明朝时同属湖广省，故其又通称湖广总督。——译者注

的建议），那么担此重任的非他莫属。林则徐被晋升到比"户部"和两广总督更高的官阶，事实上，广东从未有过如此高官。作为代表着皇权的钦差大臣和皇帝的私人使节，他亲赴广州以彻底并永远禁绝鸦片贸易。此外，如果没有对外贸易带来的财政收入，皇帝的内库就将难以为继，因此林则徐有意在广东重建1834年以前的正常贸易关系，也就是东印度公司主导之下的贸易体系。林则徐自信满满地向皇帝保证，他将执行这两项命令。他坚信自己的方法能让鸦片贸易逐渐消失。

1839年3月，成千上万的群众聚集在珠江江畔——这是人们印象中珠江边嘈杂的人群唯一一次变得鸦雀无声，这标志着中国人对林则徐最崇高的敬意。珠江上所有船只都暂时停止航行。一队黑金相间的官船停泊在河边，船上的彩旗随风飘动，独自坐在第一艘船的华盖之下的林则徐到达广州，他仪态庄严、目不斜视，在令人敬畏的寂静中穿过珠江。

林则徐身材魁梧，胡须黑长，肤滑面平。"在我认识的所有中国人里，"卫三畏曾如此写道，"林则徐绝对是最英俊、最具智慧的人。他的确是一位极其优秀的人才，如果他有更加可靠的消息渠道，他可能会把皇帝交代的棘手事务处理得更为人称道。但他的无知以及伴随无知而生的自负阻碍了……他理所当然地为自己的官阶洋洋得意，皇帝赐予他的绝对权力导致他办事鲁莽，最终自食其果。"

中国自古以来就深信可以通过恫吓的手段控制夷人，这是测试该想法正确与否的最佳也是最后一次机会，卫三畏提到的林则徐的无知指的就是这一点。与同时代每个受过良好教育的中国人无异，林则徐对外国及其组织架构一无所知。林则徐在到达广东之前就决定采取一种恫吓的态度，他完全没有衡量敌对势力大小如何。他对外国人的智慧和能力也没有什么了解，他甚至不知道英格兰在哪，显然他以为它只是一个在中国 2500 英里之外的地方。与大多数和他级别相同的中国官员一样，他知道英国是印度的宗主国，读者可能会认为这可以给他提供一些线索。但当时中国人并不知道印度的国土面积，在 7 世纪之后中国就再没有获得任何关于印度的可靠消息，这些消息已经过时约 1200 年了。然而中国人普遍认为印度是一群怪物和畸形野兽的聚集地，不值得他们大费周章去征服。事实上，人们越深入地调查林则徐所了解的知识，就越能发现他不懂的实在太多，这的确是一个悲剧。正如卫三畏所说，林则徐实际上是一个十分高傲的人，仔细分析就能发现他最大的悲剧在于在采取行动前，他竟然完全没有试图向欧洲人了解情况。他所掌握的所有与外国人、鸦片贸易、对华贸易对相关国家的重要性有关的信息，所有这些本可以基本解决广东当局和外国商人间矛盾的信息，大多来自中国人且可信度不高。

　　义律错过了林则徐到来的盛大场面。他意识到英国人在这几天可能会有大麻烦，于是他南下前往澳门，采取可能的预防措施以确保那里的英国男女的人身安全。在沿江南下的途中，义律发现珠江上规模巨大的战船和火船已集结起来，显然准备突袭伶仃岛的锚地，这个锚地显然不再安全。到达澳门后，他建议所有英国船只离开伶仃岛，暂时前往香港洋面躲避。然后，他询问澳门总督边度（Adrião Acácio da Silveira Pinto）是否可以将所有的英国臣民置于葡萄牙人的保护之下。对于这个要求，澳门总督表示他同意提供庇护，但那些从事鸦片贸易的商人除外。义律把这个模棱两可的回答视作底牌，如果中国真的施加压力逼迫英国人离开广州，那么澳门显然是他们唯一的安全住所。换句话说，义律私下断定，必须劝说葡萄牙人（且葡萄牙人也可以被说服）改变中立立场，使他们坚定地站在英国这边。

184

五　商馆区遭到围困

在广州秘密调查了数日后，钦差大臣林则徐发布了一项不可更改的命令——即刻上交贮藏在外国商馆以及黄埔的所有鸦片以便销毁。全副武装的中国水师阻隔了黄埔的外国船只与伶仃岛及香港的联系，军队包围了商馆区，跨越珠江水面排列着一列船只，这一切使逃离的可能性降为零。

不少鸦片商人仍未认识到这次危机的非同寻常之处。面对林则徐提出的要求，外国人根据行商的建议主动上交了 1037 箱鸦片，以此向钦差大臣示好。但林则徐与广州以前熟知的那类官员十分不同，他断然拒绝了外国人的提议，然后捎话给颠地，邀请他前去广州城同自己面谈。人们相信颠地藏有大约 6000 箱鸦片。

各个国家的外国人群体都坚定不移地认为颠地绝不应前往广州。于是，所有的中国雇员都被下令离开商馆，所有资源供应（包括水）都被切断。僵局持续了几天，而在此期间，林则徐仍一再重申与颠地见面的要求。

现存至今的档案资料活灵活现地将当时的场景呈现在了我们的面前。英国人被重重包围，无人为他们主持大局，他们开始变得忧心忡忡，就在此时他们意外地发现女王的代表就在他们的中间。义律勇敢地从澳门赶来，突破了中国人设置的重重障碍，抵达了被中国人包围的商馆区。在抵达之前，他还象征性地升起了英国国旗。即使在这群受人尊敬且敬畏上帝的毒品贩中，也有不少人的心因此被触动。之后，义律将颠地置于自己的保护之下，还与他共享自己的房间，虽然颠地对此并没有完全领情。

巴麦尊给义律的训令几乎没有提及处理珠江地区一般情况的办

法，也没涉及与类似危机相关的内容。但总要有人站出来，在英国人中这一任务非义律莫属。因此他只能主动担负起处理当前情况的责任。他先是请求中国人允许全体英国人离开。林则徐仍然坚持自己的要求，在遭到拒绝的三天后，义律下令让英国人将所有属于他们的鸦片交给自己，以便他将其上交中国人，英国政府在之后将会就如何赔偿英商的损失下达决定。

在听到会有赔偿之后，鸦片商们愉快地遵从了命令，尽管对是否有此必要他们仍心存怀疑。当他们发现义律准备一箱不差地上交所有鸦片时，这种怀疑的程度加深了。虽然义律向林则徐主动提出他将上交所有鸦片，但商馆区的形势仍然极其不明朗。林则徐除了下令收缴全部鸦片之外，还要求每位商人签署具结书，保证永远不再携带鸦片入华。他还告知他们，如有食言，依照大清律例，他们将被处以死刑。当义律代表整个英国人群体表示拒绝时，他得到了同胞们的一致支持。他们对两广总督邓廷桢对中国律例的施行仍记忆犹新。尽管对于义律将如此之多的鸦片上交的政策，商人们并不真正认同（这是一个关于度的问题，但每个人都明白必须上交一定数量的鸦片），但很大程度上因为具结书的签署问题，他们团结在了义律身边。

到了商馆区被围困的第四周，形势发生了如下变化：义律向林则徐上交了 20283 箱鸦片，但他仍在争取使商人在不签署具结书的情况下摆脱围困。美国人和其他外国团体都服从要求签署了具结书，这进一步削弱了英国人的地位，对商馆的围困也再度被延长。与此同时，义律得出了结论：正如当前局势所揭示的，继续将广州当作贸易基地只会让英国人陷入完全任由中国人宰割的局面，因此这种做法是行不通的。义律将目光转向了澳门，对其寄予了前所未有的厚望。

186

在一封写给澳门总督边度的信件中，义律表示，英国政府的信誉值得澳门信任，并以此为担保请求边度下达使澳门进入全员戒备状态的命令。他建议对一些船只进行武装以便更好守卫海岸。他还建议倘若被中国军队围困，澳门应直接从马尼拉获取物资供应。义律称，为防不测，他可以下令让英国臣民接受总督的安排，让他们保卫澳门并维护葡萄牙王室在此的利益。

边度拒绝了这些建议。他解释道，澳门地位特殊，因此他必须尽可能长久地使澳门保持中立。但几天之后，林则徐开始用对待外国商馆的方式向澳门施压，这让边度意识到他最好愉快地接受英国人的帮助。在澳门关闸，中国人提高了对运往内地的货物的审查力度，这些迹象都清晰地表明，中国人将用封锁的手段强迫澳门屈从，这种方式过去曾多次使澳门就范。边度急忙下令，让澳门的货栈和仓库清空鸦片，3000 箱鸦片因此被宣布已被装船发往马尼拉，凑巧的是，马地臣也准备将他的鸦片交易总部转移至马尼拉。

进入 5 月时，对商馆的包围已经持续了 6 周，义律交出的数目庞大的鸦片起了作用，所有与鸦片贸易无关的外国人都获准离开广州。美国人觉得自己的涉事程度没英国人那么深，便大多留了下来，并因此为自己争取到了不错的结果。但这次围困给英国人带去了不小震动，他们暂时受够了广州。在围困逐渐被解除的 5 月，他们重新聚集在澳门，在这里他们出人意料地受到了澳门总督边度的热情款待。林则徐最近提出，在必要之时他可能会攻占澳门炮台，这使葡萄牙人对英国人感同身受的程度比以往 50 年中的任何一刻都要深。不管义律的观点是什么，如果澳门接受了他早先提出的安排，它本可能成为英国在华贸易的下一处基地。

在所有受困于广州的英国人中，义律是最后一个离开的。在签署具结书的问题上他等到了自己想要的结果，没有任何一个英国人签署任何一份具结书。以此作为交换的是，中国人认定的情节最严重的 16 名鸦片犯写下了书面保证，他们承诺将离开中国并永不再返。贸易恢复了。鸦片上缴的新闻令加尔各答的鸦片价格小幅上涨，那里的贸易也恢复了。换句话说……

　　"此事已得到妥善处理。"读完林则徐的报告后，道光皇帝给出了这样的批示。

188

第十二章　背海一战的英国人

一　林则徐的强硬政策

迄今为止，对于林则徐来说，一切都进展得十分顺利，无论人们从哪个角度看，他都散发着耀眼的光芒。在得知义律是真心实意上缴鸦片后，他对这个英国人表现出了宽宏大量和细致周到，这说明林则徐是极其平易近人的人，对于君子他的回应十分慷慨大方。林则徐和义律的交锋确实是一个奇异的场面。在一个充斥着谎言、虚伪和欺诈的环境中，在他们各自的祖国面前，两人拥有的显而易见的忠诚、礼貌、宽容，以及对鸦片贸易的憎恶是相似的。在这一点上，两人观点上的差别在于：林则徐相信他已经成功劝说夷人改革他们的方式，一个更好的崭新时代开始了，他对于此点十分高兴和自信；然而义律深知，除非林则徐加大力度持续行动，否则整个事件不过是发动运动所需的小小冲突。义律确信一旦已在途中的新鲜鸦片从加尔各答运抵中国，更多的麻烦必然会发生——不可能阻止英国人带来鸦片，也不可能阻止中国

人吸食。于是，他决定将大本营迁到澳门。英国的鸦片商或者其他　　189
任何商人，都不得再在广州干这种勾当。

　　实际上，林则徐迄今为止只履行了部分职责。他还要执行指
令中的第二项任务——恢复正常的贸易秩序，也就是广州之前的
季节性贸易。现在正值 6 月，到 9 月，他就得想办法让外国人回
到广州，以便贸易季能如期到来。他既兴奋又自信。通过威胁和
恐吓，他成功地完成了禁烟任务。现在他要继续以同样的方式来
恢复贸易。

　　虽然早些时候身居广州的英国人属于林则徐的掌控范围，但现
在他们不再是了，他们已经撤退到那些他们传统上被禁止前往的小
岛上去了。中国人虽然禁止外国人前往海岛，但他们一般很少采取
进一步的措施，这是因为他们十分清楚这片区域不是他们所能控制
的。葡萄牙人给珠江口的岛屿的欧洲名称为 Ladrones，也就是打劫
者，这是有原因的。这里是中国最无法无天的区域之一，只有两个
政权（蒙古人的政权和现在的政府）曾出力使这里不受海盗与打
劫者的侵扰。有人立马就会产生疑问：像林则徐这样睿智的人究竟
是以什么样的思路，得出靠威胁与恐吓而非引诱就能使退到岛上的
外国人回到广州的结论？更有可能出现的情况是，英国人占领一座
岛屿然后与广州一刀两断，或者他们直接奔向马尼拉，但令人惊讶
的是林则徐居然没有预料到这一点。

　　林则徐的基本思路是，他相信对于夷人来说，金钱的诱惑力是
如此之大，因此没有什么可以劝说他们离开中国。这个信念的事实
依据是，美国人铁了心要在中国开展贸易活动，他们对中国人唯命
是从、从不反抗，让他们签什么他们就会签什么，他们同意受制于
中国的刑法，还接受了林则徐开出的所有条件。这清楚地揭示了在
最终导致中英之战的一系列事件中，缺乏政策引导的美国人所扮演　　190

的奇特角色。还是那个老故事：如果美国人能够遵规守矩的，那么英国人也应该能。林则徐真的相信，只要给珠江口的英国人造成不便和难堪，就能迫使他们回到广州，再次将他们置于广州的控制之下。

二　林则徐对英国人的恐吓—九龙谋杀案—英国人从澳门撤离

此时英国人集中在两个地方——澳门的陆地上和香港洋面的船上。在那个时代的英国人的主导下，香港才慢慢发展成我们今天看到的样子，在它不断发展壮大之前，我们应该解释一下这一切是如何发生的。

当贸易还在澳门和黄埔进行之时，也就是在茶叶贸易的鼎盛时期，欧洲人没有靠近香港及其附近的岛屿的理由，因为这样做会偏离他们的常规航线。阿美士德使团的文件显示，1816 年英国人已经对香港有所耳闻，当时“香港”（意思为“芳香的港湾”）这一令人费解的名称已在使用。[1] 但是当时他们并没有意识到香港岛和大陆之间的港口是世界上最大的天然良港之一。作为鸦片贸易中转站的伶仃岛自 1818 年起的发展壮大使英国人更加靠近这个地区，但是直到 1829 年发生盼师禁运事件后，香港才真正进入他们的视

---

[1]　中国人通常不会给如香港一样大的岛屿，也就是那些不能一眼就看出来是岛屿的岛屿命名。因此当我在本书的导言中将这一地区的岛屿称作“无名岛屿”时，我并不是在无视中国的权威。小岛通常都是依照岛上的主要村庄取名的，但是此地没有一个叫作“香港”的村子，因此我们只能推测这是某个住处靠近香港岛水域的渔夫的名字且附近渔业兴旺。“香港”最初是水域名字而不是地块的名字，它最有可能指岛屿南面香港仔与鸭脷洲的保护性小岛之间的水域，但这种说法并未得到完全证实。

野。那时，英国人正从黄埔撤走船只，他们必须在伶仃岛周围找一
个条件良好的停船地点，正是在寻找的过程中，他们发现了香港岛
作为港口的天然优势。自 1829 年起，每年都有一些英国船只停泊
在香港岛和大陆之间的这片条件优良的水域内。

　　十年过后，这里仍然是一处无人问津的偏远之地，香港不过是
沿海的一座千疮百孔的花岗岩大山，一丛丛灌木长在石缝中，下面
是由夏季的暴雨冲刷而成的凄凉的瀑布。港湾对面坐落着一两个村
庄，但它们在这个灰暗的地带如此不起眼，以至于只有借助望远镜
才可以看出这个岛屿并不是完全荒无人烟的。如今大陆对面金光闪
闪、高楼林立的九龙半岛，当时只是一个岩石遍布、杂草丛生、人
烟稀少的低矮山丘，附近只有几个与世隔绝的村庄，村庄附近只有
几块面积不大的耕地。对于英国人来说，这个地方唯一的好处就是
可以下锚。1839 年，没有人相信欧洲人会在香港岛或者九龙半岛
定居。

　　林则徐在继续进行着他那个异想天开、不切实际的用恫吓将澳
门和香港的英国人赶回广州的计划。为了使这两个英国基地的境况
岌岌可危，他组织了令人印象深刻的中国陆军与水师的演练。林则
徐下令在香港岛的英国船只附近修筑了炮台，派遣了大量士兵驻守
在九龙半岛与港湾主要水域的交接处，他们几乎将整个水域一分为
二。围绕澳门布置的军事力量也十分广泛，以至于葡萄牙人以为林
则徐打算将这个地方团团包围。

　　林则徐深知义律与澳门总督边度保持着良好的关系，并且明白
只要他们维持这种关系，那么就很难说服英国人放弃将澳门作为他
们下一个商业中心，现在林则徐需要想办法正式解除英国人和葡萄
牙人的关系。在这种情况下，林则徐在澳门做的军事准备取得了意
想不到的效果。澳门的葡萄牙大众对此心惊胆战，这使他们在与英

191

192 国人打交道时不像以前那样友好了，他们认为英国人是一个危险的累赘。林则徐明智地意识到提及葡萄牙人的炮台是错误的。为了纠正这个错误，他私下向边度保证自己绝没有占领炮台的意图。无比精明的他还警告澳门总督英国人意图鸠占鹊巢，这个警告令人不适地基本道出了当时的实情。

在英国人看来，中国人又一次要求所有商人在商船进入黄埔之前签署具结书，既然如此，义律干脆下令全面暂停贸易。显然这不足以威胁林则徐与他们达成更加平等的贸易条件，因为美国人按照林则徐的要求与中国做了大量生意，但义律觉得在那种情况下他已经竭尽全力了。

这种情况占了上风，英国的部分贸易活动通过澳门间接地进行着，这样又持续了六周。1839 年 7 月 7 日发生了一起酒后斗殴事件，成为中英关系恶化的典型导火索之一。涉事分子是九龙半岛的英美海员和岸上的中国人，在这一事件中一名中国人不幸身亡。

义律马不停蹄地从澳门赶来调查这个案子。在审问期间，义律无法决定哪个海员该为这起命案负责，但是他下令剥夺了几个涉事人员的人身自由，并赔偿了遇害者的家人。

这起事件不可避免地传到了林则徐的耳中。在义律回到澳门后不久，林则徐就下令在南湾贴出告示，指控义律受贿为杀害中国人的犯人掩盖罪行。一两天之后，中国正式要求英方交出犯了谋杀罪的海员或者其他任何英国人，使其接受中国法律的制裁，但是没有任何人被交出，香山县丞于是下令撤走所有在澳门为英国人做事的中国佣人。英国人又僵持了一周，葡萄牙人帮助他们采购了食物。

193 在此期间又有一系列告示发出，威胁英国人说如果不交出那个海员，他们将付出生命的代价。香山县丞要求边度保证葡萄牙人停止对英国人的帮助，如果英国人不交出嫌犯，就休想得到任何食物和饮水。早先发生这类事件后，中国人都会关闭关闸，整个澳门都会被切断食物供给。由此可以看出，林则徐在与边度打交道时仍然小心谨慎，其目的是离间两国关系；但是义律和边度都意识到，这种容忍持续不了几天。

在英国人的一次会议上，义律指出，如果他们继续留在澳门，就会给葡萄牙人造成极其严重的后果。他宣布要与家人一起离开，加入位于香港洋面的船队，他还督促所有人都采取同样的行动。就在他离开后的第二日，一艘被用作澳门和香港之间的客船的小型纵帆船遭到了中国人的袭击，全体船员都被杀死，他们都是英国人，只留下一名被割掉一只耳朵的乘客。这可能是一次偶然的海上抢劫行为，但它使澳门感到震惊，总督边度接下来对仍然待在澳门的英国人发出了最后警告：如果在十八个小时之后他们还留在澳门，那么他将不会为他们将面临的后果承担任何责任。

英国人举行了最后一次会议，决定第二天早上所有人都离开澳门。由于害怕中国人会在夜晚袭击英国人的私人住宅，大多数英国人彻夜未眠。第二天，也就是 8 月 26 日，所有英国人都启程离开了，包括钱纳利（他站在楼梯最高处瑟瑟发抖，害怕得连楼都不敢下），每个人都带了一些财物。保持中立、擅长外交、细致周到但极度紧张的澳门总督亲自送他们离开，他将女士们扶上船，最后一次向英国人展现了友谊。

八天后，林则徐进入澳门欣赏其第二次胜利（第一次胜利是禁绝鸦片贸易）。现在他又成功地使英国人在珠江口的据点从两个减少为一个。下一个关键任务是逼迫英国人离开香港洋面并返回广州。毫无疑问，保持中立的澳门总督也以送别英国人的礼节接待了林则徐。为了澳门的生死存亡，他别无他法。

194

三 英国人聚集在香港洋面—林则徐中断谈判及他的威胁和要求—战争

在香港洋面的一艘船上生活并不容易。虽然从香港岛的山间小溪可以轻松取水，但是筲箕湾、黄泥涌和其他面朝洋面的村子不能为船上数量庞大的英国人提供足够的家禽和蔬菜。在九龙半岛一侧（即大陆一侧）的港口登陆必将引发与中国武装力量的冲突。此外，林则徐还在所有沿海村庄贴上告示，让村民们攻击任何一个试图上岸的英国人。

英国人感到局促不安，对于来自中国人的威胁他们的感受并没有特别深刻；相反，他们受够了义律停止贸易的命令，不知道这种困在船上的日子还要持续多久，以上种种因素使他们对义律的不满达到了顶峰。英国人迟钝地开始对之前被迫上交的大量鸦片感到恼怒，从公行商人中传出的很多流言加剧了这一情绪。他们甚至认为，如果义律没有那么草率地做出决定，林则徐也许就会满足于那七八千箱鸦片，他们也就不用将两万多箱鸦片悉数上交。正是让鸦片商上交了太多鸦片这一点使义律无法获得谅解。他们作为"过来人"的观点，即义律从一开始就在大题小做，是当时的普遍想法。即使是现在的我们，也很难意识到如下事实：义律对当时形势的判断是正确的，并且他选择了唯一可行的道路。他确实可以将几千箱鸦片藏在某处，但在林则徐这样精明的人面前，这样做会使英国人面临巨大风险，况且义律为人诚实，玩不出这种把戏。在许多场合都有人提到的事实是，甚至连伍浩官这样的人都说义律上交的鸦片远远超过了他需要上交的数量。但当时英国人已经决定上交鸦片，伍浩官对他们说这样的话不过是出于礼貌罢了。伍浩官对美国人说的话

195

则更切中要害，当林则徐还没到广州时，伍浩官就曾警告美国人鸦片贸易将被终止。毫无疑问，义律对林则徐的判断是正确的。

但是在香港洋面，被困在船上的人认为，迄今为止义律除带领大家撤退之外一事无成。撤退到香港洋面并没有什么用，此外，一些小事在当时也放大了事态的严重程度。那时正值天气最为炎热、最令人不爽的时候，炽热的阳光被热带的倾盆大雨所阻断。许多逃难者离开了自己在澳门装饰豪华的住宅，现在家中无人照料，任何愿意走入其中的人都可以自取所需，对英国人家中的财物随意进行处置。一想到这些，他们就气愤难耐，英国人的团结没法指望了。

义律了解这些情况，并且知道自己成了众矢之的，为尽快回到澳门他立马开启了谈判。就在林则徐到访澳门指日可待的时候，他给边度写的第一封信被送到了，但边度的回信依旧采用了中立的口吻。之后在 9 月，义律、边度和香山县丞（他负责向林则徐禀报）进行了三方谈判。此时，有些人受够了船上的生活，对形势不抱任何指望，他们开始返回澳门，发现在澳门邻居的帮忙照看下，房中物品件件齐全。

在香山县丞向林则徐报告义律开始谈判后，这位钦差大臣得出的结论是他的威胁起了作用，他的政策也被证明完全正确，他终于让英国人下跪求情，恳求他允许他们回到澳门。带着这种充满误解的判断，他又在谈判中增加了要求。他下令，不管谈判结果如何，每一个到达中国的英国人，无论其是否从事贸易，都必须签署具结，自愿接受中国法律的管辖。义律始终坚持自己的立场，即就算一直停在虎门，也不能再让英国人受中国人的摆布，因此他绝不允许任何一个英国人签署具结书。

双方的争执持续了一个月，几乎陷入僵局，直到 10 月底，有一艘从印度开来的英国商船"托马斯·科茨"号（*Thomas Coutts*）

196

完全忽视义律的指令，径直驶向虎门，签署了林则徐要求的具结书，然后进入黄埔，并在那里获得了中国人悉心的招待。

这正是林则徐盼望已久的局面。他立马停止与义律的谈判，发布告示称，如果英国人在三天之内不签署规定的具结书，那么中国人就要攻击停在香港洋面的英国商船，并且包围所有回到澳门的英国人的住所。

义律拥有两艘才抵达的英国皇家战舰——"窝拉疑"号（Volage）和"海阿新"号（Hyacinth）——的指挥权。"窝拉疑"号的指挥官海军上校史密斯是一位有进取心且办事果断的军官。虽然英国海军部的命令是避免与中国人发生直接冲突，但史密斯建议义律在接受中国人的要求时提出自己的交换条件。据此，1939 年11 月 2 日，义律和史密斯带领两艘战船驶向虎门，将写给钦差大臣林则徐和两广总督邓廷桢的信交给水师负责人。信里要求中国人在三天之内发布公告，撤除禁止英国人上岸的告示，允许英国商人及其家人返回澳门的住宅，并且不再施加撤离仆人和断绝供给的威胁。

在信件送达时，林则徐和邓廷桢恰好在视察虎门的防御工事。正率领着一支由 29 艘强大战船组成的帆船船队的水师提督关天培答应将立即为义律和史密斯上交信件。他还表示，如果在收到回信前英国船只能够朝下游稍稍移动远离中国的帆船，他将不胜感激。英国人希望早日得到回信，于是他们答应了关天培的请求。

197

当天他们没有收到答复。船队就在原地过夜，没有制造什么大动静。可是，第二天早上，中国舰队缓缓逼近两只英国护卫舰。英国人迅速起航，准备迎接攻击。他们看见关天培在靠近英国船只时命令船队抛锚。英国人也做了同样的事。

史密斯上校接下来要求马儒翰（他也加入了此次远征）将一

个强横的要求翻译为中文，即中国人必须退回到原来的位置。在一份作为答复的便条里，关天培说，只要交出犯下九龙谋杀案的英国海员，他就会退回原处，还会把仍未得到答复的义律的信交给林则徐。

让中国的战船一直待到夜幕降临之时是不安全的。英国护卫舰驶入的下游地区水面更加宽阔，中国船队在夜晚可轻松地从这里悄悄驶过，实现他们宣称的攻击停在香港洋面的商船的意图，而英国唯一的防御武器就是这两艘护卫舰。正如义律在向巴麦尊汇报时提到的，在交换信函后撤退——这是一个更为温和的选择——将"有辱大英帝国的尊严"。因此在 1839 年 11 月 3 日的中午时分，在得到义律的批准之后，史密斯上校发出了行动的指令。在同欧洲人 198 于沿海地区打了 327 年交道后，中国人终于与他们开战了。

第十三章 义律被误解的方针

一 第一次穿鼻之战—英国人从香港转移至铜鼓

义律后来在描述该事件时说道，英国的护卫舰"那时停靠在中国水师的最右侧，它们靠在一起呈一纵列，风向从右舷的梁上吹来。我们利用这种风向在航行中撞击中国水师，不断向其发射毁灭性的炮击。从侧面吹来的风使船从中国水师的背面发起了同样的进攻，再次撞向中国水师的左舷。中国人用他们一向的斗志回应了我们的攻击；但我们的火力产生的骇人效果很快显现出来。一艘中国战船在离'窝拉疑'号只有大约手枪射程远时发生爆炸，一发炮弹穿过了它的火药舱。三艘船沉没了，此外还有几艘有明显的进水。"

水师提督关天培全然不顾自身安危，在交火最激烈的时刻站在旗舰船头亲自指挥交战中的中方船只。"然而不到四十五分钟，他和他的残余部队便深陷巨大的困境，他于是撤退至他们之前的锚地。"

英国人觉得他们已经做得够多了，于是为搭载他们的同胞，他们撤退到了澳门。鉴于事态出现了更严重的新转折，他们认为再一次离开澳门可能是明智的做法。

199

这场军事行动以此告终。因交战的水域为穿鼻洋，它被人们称为第一次穿鼻之战。三天之后，这场行动带来的第一个直接后果出现了。穿鼻之战的消息传到了驻扎在九龙半岛上的中国军队的耳中。作为回应，他们在岸上朝着英国商船发射了炮弹。这次开火虽然不是特别奏效，但它使欧洲人做出从香港洋面撤到铜鼓岛旁的锚地的决定，该锚地位于伶仃岛与大家熟知的陆上和它同样陡峭的"青山"①　之间。

中国人对于战事的基本反应一直以来都是一致的，即态度逐渐强硬。当消息传到北京时，皇帝颁布了一道谕令，永久禁止英国人与中国人进行贸易。尽管中国人的宇宙观中并没有提到与海上夷人的交战（需要对付的从海上而来的敌人只有海盗），但广州还是集结了更多兵力，进入了战备状态。

广州于 1839 年 12 月 6 日颁布了皇帝的谕令。为争取英国在澳门的贸易权，义律先后与林则徐与边度进行了谈判，但他一无所获。穿鼻之战使澳门总督意识到，对他来说更加重要的是向中国人表明自己与英国人关系冷淡。他不仅拒绝了英国人将货物暂时贮存在澳门的要求，而且当中国发出一批新告示以煽动住在澳门的中国人杀光所有英国人时，澳门总督允许中国人将它们张贴出来。

然而，不管打不打仗——奇怪的是，对于大部分外国人而言，这看起来并不像战争——贸易再度活跃了起来。在美国以及其他中立国家的船只的帮助下，英国的货物（包括鸦片）从铜鼓岛溯珠

---

①　即现在的屯门。——译者注

江而上运抵黄埔，这些船只的主人都根据林则徐的要求签署了具结书。美国人开始从事短线转口生意以从中牟利，他们包括旗昌洋行在内的几家领头商号在泊在铜鼓岛的英国船上设立了额外的代理机构。在澳门，同样的间接贸易也在进行，这使回到此地的英国商人们开始获得利润。

1840 年 2 月 4 日，史密斯上校在发现澳门张贴的蓄意谋杀英国人的告示后，立即驾着"海阿新"号进入澳门内港，以期再次疏散英国人，这引起了澳门总督与议事会的高度警惕。他们拒绝向史密斯提供任何设施，并命令他马上离开。史密斯勉强遵从了命令，因为如果不这样做，英国人将进一步陷入危险。

同时，林则徐接任邓廷桢成为两广总督。他加紧备战，甚至从美国人那里购买外国船只（这标志着美国人温和政策的顶点），打算用西洋兵法训练他的士兵。乡勇从中国社会的底层被集结起来，他们中有海盗与匪徒，也有渔夫。涉事的几名英国主犯都被悬赏捉拿，义律的悬赏价格最高，他的人头价值 5000 银圆。这似乎是英国人第一次陷入如此严重的危机，以至于他们很有可能将在很短的时间内采取迄今为止规模最大的临时性撤离行动。

二　渣甸到达伦敦—英国远征军到达舟山及天津—琦善被任命为谈判者

但这并没有发生。当时英格兰本土的民众还不知道关于穿鼻之战的消息，也不知道中英两国实际上成了交战双方，但最终舆论还是在英格兰被激了起来。广州商馆被围困一事在 1839 年下半年被报告至伦敦，这使人们的注意力从鸦片问题转移到更简单且更富戏剧性的主题——英国人面临生命危险。马地臣返回中国时渣甸已经退休并离开了中国，这发生在林则徐空降广州的六个星期前，他发现自己现身于伦敦的时机简直再恰当不过了。他不遗余力地利用广州商馆被围困的事件做文章。作为义律在中国的最大对手，渣甸在英格兰着重强调了女王的代表所遭受的不公，这是他精于政治的重要体现。1840 年 1 月，在西敏寺发表即位演讲时，年轻的维多利201亚女王提到了这件发生在中国的影响到其臣民利益与王室尊严的事；在接下来的一个月，渣甸不断就保护在华英国人需要采取的手段向巴麦尊谏言。

　　这一次，巴麦尊听从了这个在中国事务上经验丰富之人的意见。渣甸的建议毫无疑问相当可靠，当考虑到战争现在已经爆发这一事实——尽管他们此刻对此并不知情——时更是如此。相比斯当东或其他中国学专家，渣甸与巴麦尊是更相似的一类人。他们的外交大臣认为斯当东等人的意见学究气过重、含糊不清、复杂难懂。他们在气氛清冷的白厅街表述的观点过分委婉曲折，与珠江温和的气候和奇特的现实相去甚远。

　　在这样的情况下，政府采取的措施准确地体现了渣甸与马地臣一直以来的主张便不足为奇了。一支远征军已经准备就绪，他们接到命令，必须全力克制任何可能导致流血事件的冲动。这支队伍的主要任务是将巴麦尊提出具体要求的信件护送至北京，这些要求包括就侮辱驻华商务监督义律一事做出赔偿并正式认可他的这一职务，在其他港口开港通商，就上交的鸦片以及英商蒙受的其他损失做出赔偿，以及在将来为出于合法目的定居中国的英国人提供法律保护。

　　如果中国愿割让一个或多个沿海岛屿，以作为对女王的代表及臣民在中国遭遇的无礼行为的赔偿，那么英国政府将乐于接手这些岛屿。对于某些岛屿，在谈判之前先用武力占领是更可取的做法

（这是渣甸的主要观点之一）。"然而，如果中国政府表现出不愿割让这些岛屿的迹象，那么他们就应该依据条约，保障定居中国的女王陛下的臣民的人身安全和贸易自由，英国政府不会拒绝这样的安排，且会在这种情形下放弃永久占有任何一座中国沿海岛屿。"

海军少将乔治·懿律（George Elliot）及其堂弟商务总监义律上校被任命为全权特使。在他们二人的命令下，整个军队由海军准将詹姆斯·约翰·戈登·伯麦（James John Gordon Bremer）爵士指挥。这支军队由 3 艘战舰、14 艘护卫舰、14 艘单桅纵帆船、4 艘东印度公司的武装蒸汽船，以及运载着 4000 多名英国与印度陆军士兵的 27 艘运兵船组成。

1840 年 6 月底，军队在香港湾集结，在对当地局势做了一番估计后，伯麦宣布封锁广州，并在两名全权特使的陪同下向北航行，占领了舟山岛上的定海镇，然后在天津向直隶总督呈上了巴麦尊的信函，以便将其传递至北京。

南方的林则徐继续执行着他之前的战术。8 月，在英国人正在等候皇帝的回复并试图稳固他们对舟山的掌控之时，更多的告示出现在了澳门；一名年轻的英国传教士在游泳时被捕；据报道，因英国人返回澳门而震怒的林则徐正打算派出军队将他们驱逐出境。

史密斯上校认为，出于形势所迫，他应该再次向中国展示英军的军事实力，于是他驾着一艘武装蒸汽船驶向关闸附近，并派出一些英军从关闸北面登陆。在与中国军队的短暂交手中，他使他们溃不成军，然后他摧毁了关闸建筑和兵营。数千名待在澳门的中国人旁观了这场交战，然而他们并不激动，对此卫三畏写道："他们静静地看着，然后在这场军事行动结束后回到家中告诉家人他们的所见。"他补充道，在看到中方不可一世的部队大败时，他们当中有很多人并没有感到不快——"想要理解他们此刻的情绪，就必须指出，对一个中国村庄而言，一队士兵意味着会骚扰他们的麻烦"。

8月底，在经过了三周的等待之后，皇帝命直隶总督琦善前往广东的北河与英国人进行谈判，义律是英方发言人。经过了一周的激烈辩论及坦诚交谈后，双方达成一致意见：如果能立即就恢复广州和澳门的贸易安排谈判（中方坚持在南方进行谈判，他们的目的在于在尽可能远的地方解决这些令人不快的麻烦），那么英军将从沿海各地撤出，仅继续保留舟山一处驻地，以此敦促中方履行这一严正的计划。

又过了三周，皇帝批准了这项协议。这个让步虽然微不足道，但对道光皇帝而言这已经相当过分。林则徐被罢免并遭到贬谪。在他原来的职位上，皇帝安排了最不可思议的人员组合。琦善从直隶被调到广东担任两广总督，但在他的身边，皇帝又安置了两名同一级别的谋士。其中之一正是林则徐，他虽被贬谪，但仍受命留在广州。另一位则是林则徐的前任、如今的闽浙总督邓廷桢。考虑到这两人都曾经因个人行为不当而从琦善所处的职位被解职，琦善能从他们二人身上获得多少有用建议不言而喻。更糟糕的是，为使琦善尽早垮台，林则徐与邓廷桢两人结成了联盟。

三 义律与琦善—穿鼻草约—英国占领香港岛

因此，1840年11月，当义律与琦善这两位主要对手在珠江再次见面时，他们的处境有着奇特的相似之处。琦善与义律都是性格温和、头脑冷静的人，他们对自身所面对的敌对力量多少有几分了解（琦善比义律了解得更多）。琦善承受的压力来自于中国南方最为负责的舆论，即应彻底根除外国人，将他们永远地驱逐出境，而不是让他们占领舟山并同时与中国谈条件。对于义律而言，他发现他的同胞十分高傲自大，把他在北河签订的协议抛到了脑后。似乎对于他们来说言，将如此庞大的军队带到中国却什么实事都不做，这实在是荒唐可笑，还不如做点实事，将之前律劳卑（勋爵）使团已经享有的非正式待遇变成正式待遇，即在澳门和伶仃岛设置贸易设施。他们无法理解义律所采取的步步为营的行动方法。这些商人可能也不知道，义律得到的命令是尽最大可能避免使用武力，而他也确实是这样做的。

12月初，海军少将懿律因患上重病不得不返回英格兰，他将自己之前拥有的控制权（现在这一权力已变得更大）交给堂弟。英商的反应在预料之中，他们致信英国国内，强烈批评义律在处理中国问题时的软弱无能，并鼓动他们在伦敦的朋友接近巴麦尊并说服他撤掉义律。义律和琦善都清楚，在他们的同胞中有反对他们的势力，于是，带着个人方面的不确定性，他们重新开启了谈判，这种不确定性使他们的决定具有了一抹脱离现实的色彩。

义律的采取的第一步措施是要求中方割让香港岛，这也是他收到的训令中的要求。在中国人眼中，这一要求实为耻辱，无法予以考虑。琦善的个人意见是允许英国人占领厦门与香港岛。只要琦善依据圣谕就此事的可能性与林则徐和邓廷桢进行磋商，他们两人就会委婉地表达出对这一令人感到耻辱的提议的抗拒之情。

这些通过信件或中间人进行的谈判进展缓慢。1841 年 1 月，也就是谈判开始了六个星期后，琦善在广州及义律在澳门拥有的威望与信任降到了冰点。义律因此发出了最后通牒，如果中国人在次日八点前仍没有明确提出谈判的中心议题，他就会占领虎门炮台。

义律没有收到回复。第二次穿鼻之战爆发了（1 月 7 日）。在不到两小时的时间里，虎门炮台沦陷，落入英军手中。18 艘中国战船被击沉，500 名中国士兵阵亡，并且有 300 人负伤。英国方面则是有 38 人受伤但无人阵亡。指挥炮台的中国官员溯流而上向琦善发去了紧急通告以请求增援，但琦善没有理睬，他整晚都在起草写给义律的投降协议书。接下来，水师提督关天培举着休战旗出现在珠江上，他请求在送达协议书之前先休战几天。在英国人表示同意后，中国人又请求英国人归还舟山并提议将香港岛作为英国的贸易通商之地，还答应就收缴的鸦片做出补偿。

　　义律立即答应将这些内容作为双方谈判的中心议题，并在 1841 年 1 月 20 日宣布了一个仍在雏形阶段的条约①，它要求将香港岛割让给英国女王，条件是"对于在此的所有商业，其应向中华帝国交纳的合法费用及税捐"的支付方式，与"在黄埔进行贸易时相同"。其他要求包括：中国人支付 600 万银圆的赔偿；大英帝国与中国间的官方往来此后要在平等的基础上进行；广州与黄埔要在 10 日之内开港通商。最终结果是，义律命令英军立刻撤出舟山，同一时间中国人开始撤除九龙半岛上的炮台。

　　这些条款在很多方面都未满足英国王室训令中的要求。在条约被中方批准之前英军本应继续占领舟山。此外，允许中国人在香港岛收取与贸易相关的税赋肯定会带来很多麻烦，就像在澳门，香山县丞和驻澳门前山也带来了很多麻烦。居澳英国人对《穿鼻草约》冷嘲热讽，因为到当时为止这一切都与义律有关。它招致批评的地方主要在于英国对香港岛的占领，这座岛屿实在没有什么用处，上面连一平方英尺的平地都很难见到；对其的批评还在于中国对鸦片的赔款数量太少。整个草约被视为一份最全面的最新证据，它证明

_____

① 即《穿鼻草约》。——译者注

了义律作为一名领导者及一名与中国谈判的官员的不足之处。

对于义律做出当时那些决定的原因，旁人并没有完全理解。从最开始他就明白，琦善因林则徐和邓廷桢而官位随时不保；他也能想到，在这种情形下说服琦善做出哪怕是最微不足道的让步也一定是极为困难的。义律知道，即使做出的是最小的让步，它也一定会导致琦善遭到羞辱。此外，义律进行谈判的形势也并非像英国本土民众（以及后来的巴麦尊）所想象的那样有利。英国人在中国的战事也不像预想中的那样轻而易举。尽管英军在舟山已经占领了主要城镇定海，他们却无法成为整座岛屿的主人，并且在定海及其他地方，士兵们患上了各种疾病，如未知的热症（包括疟疾）、痢疾及皮肤病，它们已经暂时削弱了远征军的战斗力。广州肯定在几日之内就会得知此事。因此在琦善被顽固派替换掉之前，在英军经受更严峻的考验之前，义律选择先从琦善手中获得他当时所能拿出的最优条件。他很清楚事件在中国惯有的进展方式，因此他深信，未来很快会出现让中国做出更多让步的机会，于是他安心地下令英兵从舟山撤军，以免白白牺牲更多性命。

即使英国民众对占领香港岛表示嘲笑，对于海军以及陆军官员来说这件事值得庆祝，且他们可以立即对其加以利用。1 月 25 日是一个星期一，当天一个调查组登陆香港岛，他们在一片荒石中为女王的健康干杯。第二天，没有等到比义律的草约更为可靠且更有约束力的条约，海军准将伯麦就带领着他的舰队进入了香港洋面，然后他们正式占领了香港岛。

四 义律控制下的广州

义律立即下达的让英军从舟山撤离的命令——这确实是他在谈

判中惯用的技巧——还需要进一步的解释。必须记住的是，义律迄今为止的主要谈判都是与林则徐和琦善这两位杰出人士进行的。尤其在林则徐身上，义律亲眼见识到了马儒翰曾告诉他的一点：这位中国人言出必行。在林则徐意识到与自己打交道的义律是一位诚信之人后，作为回报，他坦诚地向义律告知了他对广州商馆被围困这一整件事的态度。对于自己答应的事情，林则徐从未有过食言。对于像林则徐这样有知识有地位的人而言，哪怕是面对夷人，食言也是一种会令自己颜面扫地的举动，他绝不会考虑做这样的事情。

207

在中国人的眼中，义律只不过是一名夷人的首领，仅此而已。从最广义的角度看，英国人在中国的目标——一旦这一目标达成，岛屿和赔偿等较小的问题就将迎刃而解——是改变中国将外国人视为夷人的这一传统观念，让"天朝上国"意识到中国并非世界上唯一的文明国度，意识到必须平等地对待来自其他文明国度的人。

到现在，义律已经很清楚，中国人评价其他民族最常用的方法就是依据他们的外在行为做出的判断。如果要说服中国人与他们打交道的英国人并非夷人，义律需要马上采取的措施是用他与林则徐打交道的方式同其他中国人打交道，即应诚实守信、恪守诺言。为了让他们更好地认清现实，总得有人去让中国人知道，他们不是唯一母语中有"信用"（honour）一词的民族，也不是唯一说话算话的民族。这点只能通过令人信服的例子，也就是通过外在行为向他们解释。除了因士兵们一批批病死在舟山而产生的命军队撤离的迫切需要，义律还有一个动机，他想尽快兑现自己对琦善的承诺。在接下来的几个月里，这样的想法变得愈加清晰，义律坚定、杰出地践行着自己的诺言。此时义律希望实现的方针明显超出了其在中国或英国的绝大多数同胞的理解能力；他坚持巴麦尊训令的精神而不

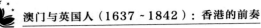
208

囿于其字面意思，他这样做的原因在当时只有精通中文并熟悉中国传统的外国人才能明白。对他们来说义律的每个行动都是有意义的，但实际上除他们之外的其他人并不能明白他的意图。

后来代表道光皇帝与英方全权特使打交道的人就不再像林则徐或者琦善那样具有才干了。一支力量强大到令人畏惧的夷人海军（中国人是这么认为的）抵达天津，这引起了北京的警觉。英国人"顺从地"向更往南的地方撤退，龙椅上无所作为的皇帝把这看成一次胜利。英国人是因为畏惧中国的强大才撤退的，在皇帝看来，只需要最后展示一次实力，就能将他们永远驱逐。因此皇帝颁布了一道包含有这种意思的谕令，恰巧在伯麦占领香港岛的那一天，琦善就收到了谕令，他被授权集结一支大军以充分地展示"天朝可怕的复仇"。由于第二天琦善就要和义律为签署草约在莲花塔碰面，琦善对此秘而不宣，"喜笑颜开"地会见了英国人，并在一片热忱和友好的氛围中招待他们共进午餐。

十二天后，北京下达了进一步的命令。琦善没有被立刻罢免，而是因任务失败而蒙受耻辱。但因为有林则徐的先例，所以有人告诉他，只要他尽最大努力消灭所有红毛番鬼，他就可能不会遭到类似的贬谪。于是，他撕毁了与义律签订的草约，并开始小规模地攻击英国船只。义律的人头悬赏金增至 30000 银圆；如果能活捉义律、伯麦及马儒翰（通常通事的生命安全尤其面临危险），则可获得 50000 银圆。

这引发了第三次穿鼻之战（1841 年 2 月 26 日）。在这场战役中，中国士兵大量阵亡，其中包括英勇的关天培将军。虎门所有的主要炮台都被占领了。战斗结束之后，义律组织了武器收缴和死者安葬工作，然后将 1000 名左右的中国俘虏无条件释放（别忘了中国官员在抓捕安森以及关押夷犯时采取的不友好态度，这是义律为

刺激中国人尊重"夷人"而采取的另一个行动）。英军继续向前推
进至黄埔，击败了中国的守备军队，这支军队由来自湖南的官兵组
成，他们是中国国内最英勇善战的一伙人。五天后，英军消灭了其
在行军途中遇到的所有防御力量，进军到了距广州城只有几英里远
的地方。

这时中国人发出了停战的请求，义律对此做出了让步。但中国
人只想拖延谈判，并用这一时间加固广州的防御工事。当这一意图
变得愈加明显时，义律再次下令英军推进至广州城墙之下。他在泊
于珠江的旗舰上用中文发出宣告，称这场战争针对的是皇帝身边不
合格的谏臣（这是中国所有打着爱国旗号的内部叛乱惯用的论
调）。他还称如果可以恢复广州的贸易，这座城池及其居民就将免
受战乱之苦。这则宣告深谙中国的历史传统，以通俗易懂的方式向
每一位中国人发出威胁性的暗示：如果中国人不接受英国提出的条
款，清王朝就将面临覆灭之灾。

这位全权特使要求恢复贸易。在某种意义上，贸易早就已经恢
复了。随着英国舰队溯游而上，商人与鸦片船也紧随其后。在占领
黄埔后的大约一小时之内，商人们的店铺重新开张，鸦片的价格也
开始上涨。

六天之后，也就是 3 月 12 日，琦善被皇帝贬谪，他戴着脚镣
被当众押往北京接受审判。留下来掌管这座城市的中国官员做出了
绝望的尝试，他们在靠近英军船只的地方建立了隐蔽的防御工事；
广州知府却对外表现出了妥协的"诚意"，他试图拉义律进行谈
判。中方准备了火船和新的进攻大炮，而英军则一天一天地拆除河
道上剩下的防御工事以巩固他们对中国人的压制。英军进入了知名
商馆，而且只要一声令下，他们就可以包围这座城市。

义律的态度强硬而又不失礼貌，他依然保持着冷静克制，就像

林则徐在之前的形势中仍以宽宏大量待他一样。经北京批准，双方又一次达成休战共识。为了表示他的信誉，义律得意扬扬地带着妻子，将他在澳门的大本营迁入广州的商馆。同时，他每天都会跟进与中国当局的行动有关的报道。他意识到，他们也许会做出继续反抗从而使他不得不下令攻占广州的愚蠢举动。于是，他决定等中国人先出手，这样后果就全由他们自负。他希望通过这样的举动让中国肯定英国提出的要求的合理性和合法性。

210

在澳门观察着事件进展的卫三畏对义律的策略表示赞同。"中国政府的这道在一定程度上意识到外国的强大、忍耐和坚决的指令，"他写道，"在我看来，最终会比一次压倒性的攻击和大屠杀更有裨益。"

到 5 月中旬，中国人为一举消灭英国人而进行奇袭的准备工作已接近尾声。5 月 20 日，广州府发出了一则欺骗性的告示，鼓励所有想与外国人做生意的广州人大胆行动，不要畏首畏尾。在 21 日与 22 日之间的那个晚上，火船漂向英国舰队，隐藏的炮台也从多方开炮，同时一支大型武装部队袭击了商馆。

尽管各方配合得当，但中国的这次行动还是完全失败了。义律在此之前就收到了消息，他知道中国人在酝酿着什么。他劝说大家在那天晚上离开商馆，并让全体船员保持警戒。由于他的绝佳情报，英方在未损失一艘船的情况下就全数摧毁了中国火船。商馆遭到了公开的洗劫，洗劫者先是中国士兵，再是广州暴徒，但在他们中找不到一个外国人。中国隐蔽的排炮依然不准，由于其位置是固定的，天一亮它们便受到了攻击并被英军摧毁。江面上的中国武装船只被英军消灭了，100 多艘战船和火船都被击沉了。

为了全力进攻广州，现在英军已经准备就绪。城内的情况急剧恶化，成千上万的中国人开始带着家人和财物逃出广州，同时军与

民、乡勇与官兵间的关系都变得十分恶劣，局势一度发展到了内战
的边缘。最后，中国的领导者确确实实感到了害怕，于是他又一次
提出了谈判的恳求。义律强横地提出了他的条件，就在发起总攻的
几分钟前，英国的指挥官收到了《广州和约》已经缔结的通知，这使
英军感到大为恼火。

五　早期香港的台风与热症

根据该和约，中国将支付 600 万银圆作为广州的赎金以及对英
方损失的赔偿；中国皇帝派出的负责广州事务的军队以及钦差大臣
们必须撤退到广州的 60 英里之外；同时中方做出了英国人可以在
黄埔以和平方式进行贸易的保证。中国人被警告，任何想要重新武
装虎门炮台的尝试（虎门炮台会对英军从海上进入黄埔造成威胁）
都只会导致英军再次攻入珠江。在中国军队与钦差大臣都离开广州
且赔款也付清之后，英国人撤回到香港洋面，偏爱在海边居住的义
律则南下前往澳门。

令人感到好奇的是，《广州和约》初看之下似乎忽略了一
点——它没有提及香港岛，因此英国人对香港岛的占领尚未得到中
国人的确认。香港岛这一没有被确认的非常规状态未能在义律有机
会的时候得到修正（这仍旧只是初步的草约），这被很多人归咎于
义律的软弱、疏忽，以及他认为英国人对香港岛的占领无可非议的
自以为是。对于这个观点，我们还需要更加仔细地加以审视，别忘
了此时的义律很擅长与中国人打交道，而且他只用极少的武力就能
从中国人手中获得他想要的东西。义律的方法是如此成功，以至于
英国人不再面临任何实质性的威胁，虽然他差点在中国人间引发一
场内战。

从在和约中提出条款的那一刻起，义律就意识到，只要稍加煽动，就可以在与他打交道的中国钦差大臣（他们是香港经常谈论的话题）间引发骚乱与恐慌。琦善已经因自己在此事中的所作所为被套上锁链押走了，让他的继任者们，也就是那些不如他的钦差大臣们承认香港岛已被割让给英国是毫无意义的。他们和皇帝注定会给出否定的答复，这不会改变对香港岛占领不够充分的局面与广州城遭到的洗劫，这种否定是义律急切想要避免的。

此外，他已经操之在手的是琦善拟定的草约，义律打算以此作为契约来进行下一步的谈判。回到澳门后，他任命苏格兰步兵团的威廉·坚（William Caine）上尉管理整个香港岛的治安和司法，同时他公布了香港第一批待出售的土地。只要建筑物开始拔地而起且欧洲人开始搬入，那么在义律手头拥有的兵力的保证下，英国对香港岛的占领问题就能在不造成太多不愉快的前提下迅速解决。这甚至还能让中国割让更多的岛屿，在军队的支持下，这样步步为营的方法万无一失。以同样的方法，无视草约里提到的关于向中国交纳赋税的规定，义律宣布香港将成为"自由港"。

在澳门的英国商人私下或在《广州纪录报》的版面上又一次嘲笑了义律的土地出售通告。然而，正如曾批评义律的商人在战事爆发后就迫不及待地带着鸦片跟在英国舰队身后顺流而上前往广州，在出售土地的那天，所有曾经嘲笑过义律的商人都出现了，几个主要商号以竞拍的方式买下了每一片海边的地块，今天，皇后大道中的两边矗立着超过世界半数国家的银行和高耸的办公大楼。大约一天后，庄士敦被委派掌管香港政府（马儒翰被任命为汉文正使，一名澳门的葡萄牙人被任命为书记员），他从澳门搬到了香港的新办公室（那是搭在海边的一顶帐篷），成为香港首任辅政司。

义律对香港的态度及他为劝说英国人迁往香港而付出的努力，

都显示了他迫切的个人愿望，即他付出心血的这处驻留地会获得成功。在售卖土地的同一个月（1841 年 6 月），香港开始了一些建设工作，但这并没有达到义律的预期。欧洲人不愿从澳门搬出的主要原因——香港令人震惊的高死亡率——全然被忽视了。欧洲与中国居民都因为一种形似疟疾的疾病不断死去，这种疾病在当时还没有正式名字，在当地以"香港热症"之名为人所知。甚至义律宣布香港为自由港都不能引诱人们搬到这里。此外，有令人不安的报告称，"在这片第一次对外开放土地上，哪里在经过太阳的长期暴晒后又被暴雨冲刷，哪里就会出现'香港热症'"。① 英国在香港的驻留地的最早可见标志就是马地臣的鸦片公司（早期画报自豪地刊登了它的图片），以及一座坟场。

7 月 21 日，台风全面袭击了这座岛屿。香港岛上新建筑的地基及其更下面的部分都是由石头建成，上面的部分由于石匠的紧缺由木料与稻草搭成。结果，每座建筑物的屋顶都被掀开了。受灾居民们刚要开始重建房屋，五天后台风又吹了回来，再次卷走了所有屋顶。义律与伯麦在从澳门返回香港岛的途中碰到了这次台风，他们在大屿山南面的万山群岛发生了船难。因为活捉他们的悬赏高达15 万银圆，他们费了点儿劲，给了一些中国渔夫大量礼物，才说服他们把自己带回澳门。义律抵达澳门的时候，"头戴一顶马尼拉草帽，上身着一件救生衣，没穿衬衣，下身穿着一条条纹长裤，脚上穿了一双鞋"。②

第二天的报纸写道，义律上校的职位已经被他人取代了。这是义律第一次听说此事。五天后，在一封巴麦尊寄来的信中，这篇报

① E. J. Eitel: *Europe in China*.
② 欧德理（Eitel）引用的新闻报道。

道的内容得到了证实。数日后，1841 年 8 月 10 日，他的继任者亨利·璞鼎查（Henry Pottinger）爵士抵达澳门。

六　义律的罢免、成就及性格

214　　这件事被处理得如此唐突，说明中国及伦敦的与义律唱反调的势力已经达成目的。当义律宣布他与琦善达成草约的信件到达伦敦时，巴麦尊勋爵对其感到极其不满。在一封给女王的信中，他做出了以下评价：

> 中国人为上缴的鸦片给出的赔偿还抵不上这些鸦片本身的价值，而对于远征军的开销则什么补偿都没有……全权特使们放弃了为在华英国人争取人身安全权利，在下达给他们的命令中他们被明确要求做到这点；之前已经特别通知他们要在中国付清所有赔款后才撤离舟山岛，但他们还是草率且有损颜面地撤出了。甚至香港岛的割让还附加了上交关税的条件，这也就意味着香港岛并非由英国王室所有，而是在中国人默许下设立在中国皇土之上的一个驻留地，就像澳门一样。

与澳门发生的情形类似，英军占领香港岛的消息在伦敦广受嘲笑。甚至女王都惊人的以戏谑的方式对此发表了评论：她在中国的代表竟然向她呈上了这么一块人迹罕至、布满花岗岩的荒地。1841 年 4 月 21 日，巴麦尊接待了渣甸和其他商人，随后他立刻写了一封语气暴躁的信，在信里他将义律所做的一切都抱怨了一番，他告知这位全权特使他将被罢免，接替他的人将很快到达。

1841 年 8 月 24 日，义律与伯麦在澳门登上了离开中国的船只。一座葡萄牙炮台鸣了十三发礼炮。葡萄牙人很同情义律，他们认为，他们自己和义律从英国人那里获得的待遇相似。当义律离开时，璞鼎查爵士并不在澳门，没有一位较重要的英国人到场为他送别；而当他抵达伦敦时，他发现，上到女王下到首相，每一位相关的人物都认为他违背了训令，用女王的话说，他"曾试图从中国人手中获得最无用的条款"。

作为一位从未受过外交训练的海军军官，义律出于偶然的巧合才被招去完成近代史上难度最大的外交任务之一。尽管依据巴麦尊寄出的训令义律有与中国人和解的意愿，且他的态度甚至称得上软弱，但他的性格里也有强大的一面。对于鸦片贸易，他一直秉持强硬的谴责态度。他称其为罪恶与耻辱，认为它与强盗行径没什么两样。他被置于为维护鸦片贸易而不得不发动战争的道德困境，同时他预见到以鸦片为借口侵略中国最终是不可能推动两国和谐共处的。因此，他充分利用了他获得的训令中的部分命令，即仅在极端情况下他才有权使用武力。在每个紧急关头，他都有意向中国人表明，仅在受到挑衅的情况下他才会诉诸武力，而且他从不错过任何一次与中国和谈的机会。这样一来，从良心、上级及自己对中国现实情况的敏锐洞察给出的相互矛盾的命令中，他选择了一个不可思议却被人误解的方针。

在社会风气败坏的珠江之上，义律在很多方面主动遵守了连传教士都没有被要求一定履行的准则。只要他在职位上稍稍做出让步，他本可以收获他最缺少且通常重要性被他低估的同胞的青睐，这本可以使他成为他们当中的领头人。更为重要的是，他的妻子本可以获得女王的代表的妻子这一崇高身份。但他拒绝了。如果之前他做了这些事，他就能得到物质上的利益，但是义律从未屈服。

我们已经了解过美国汉学家、传教士卫三畏的观点。他一直保持中立，是一位杰出的现场观察者。现在让我们看看另一个更加中肯的观点，它来自伍浩官。无论英国女王和中国皇帝的看法是什么，在义律离开后，只要有人提到义律的名字，伍浩官就会像哲人一样点点头，然后说："义律，他是一个像上等磨刀石一样的男人。"除了表示夸赞外，他在说这句话时也许还在暗示（但此时事情已经过去很久）义律其实不必上交这么多的鸦片。

人们已经注意到义律与琦善处境的惊人地相似，但他们的相似之处远不止这些。义律被"流放"了，先是在得克萨斯任英国总领事，然后他相继担任了百慕大、特立尼达岛、圣赫勒拿岛的总督。对琦善的境况，他一无所知。当他想起琦善这个名字时，他思索着说道："可怜的家伙！想必他们已经砍下了他的头颅。"

但琦善也被"流放"了。几年后，琦善以皇帝派往西藏的驻藏大臣的身份，在拉萨接待了古伯察（Abbé Huc）①。最后一点令人称奇的相似之处出现了。对义律怀着相同的敬意，琦善叹了口气，推测维多利亚女王一定已经将义律斩首了。

---

① 古伯察为法国来华传教士、旅游作家、天主教遣使会神父，1844～1846 年在清朝游历，他关于蒙古族、藏族、汉族的见闻令他闻名欧洲。——译者注

第十四章　破碎的魔镜

一　璞鼎查爵士一心照不宣地接手香港

在义律负责英国对华事务时，大不列颠仍有最后一次机会（有人会说，这是一个非常好的机会）使中国人无须受到心理冲击就可满足英方的要求。义律、马儒翰和作为汉学家的传教士们在某种程度上已经预见了这种心理冲击将会产生的深远的负面的影响，但很少有其他人认识到这一点。随着巴麦尊将义律撤职，这个机会也不复存在了，中英战争进入了更加残酷的阶段。

璞鼎查爵士是一个能在权衡利弊后做出判断之人，与义律相比，他是根据巴麦尊的意愿来推行其政策的更优人选。这个政策仍然主张当提出的只是一些不太重要的要求时，对使用武力要持克制态度。事实上，璞鼎查温和节制、公正不阿，在短短两年的时间内，这种特点使他同义律一样不得人心，不受鸦片商欢迎——这是当时时局的侧面反映。鸦片商不能接受任何一个人的领导，中国沿海沉浸在一种你争我抢、快速致富的氛围中。

这位新上任的全权特使依然是一位脾气很差的人，甚至比义律的脾气还差。他对中国人没有直接的了解，义律、马礼逊及其他人对中国人的特殊考虑和他们对中国的理解，并没有对他产生任何影响。对于璞鼎查来说，中国人就是与英国交战了 18 个月的敌人，他们背信弃义、诡计多端、胆小怕事、狡猾精明，因此必须狠狠地对付他们。一旦商人们见识到了璞鼎查的能耐，他们便会发现他的出现是一个令人宽慰的改变。

在璞鼎查到达两天后，他宣布只要英国女王没有其他打算，前任全权特使对香港做的所有安排都暂时保持原样，这是义律在颜面尽失地离开中国前听到的唯一公开鼓励。就在同一天，广东籍商贩占据着的被称为"集市"的香港棚屋发生了一场大火，整片区域都被夷为平地。

接着，璞鼎查派遣他的私人秘书前往广州向中国当局传达他被正式任命的消息，并严正警告中国人，要是他们有丝毫违反停战协定的企图，他就会马上在广东开战。他的信件在广州的知识分子间引起了骚乱，导致了一些前所未有的场景的出现。红毛番鬼居然敢如此放肆地冒犯和羞辱天朝官员，这简直罪不可恕。广州知府在主持一年一度的童试时，还被应试文童称作卖国贼。

为使庄士敦无法干涉自己的行为，璞鼎查将其留在了香港，然后他直接开始处理他的第一项主要任务——尽快结束战争，给人们一个令人满意的结果。这位新上任的全权特使的坚定态度获得了鸦片商的赞许，1841 年 8 月 21 日，他带领的舰队从香港岛向北进发，迅速占领了厦门、定海、宁波，并再次占领了舟山。但在舟山，由于病员太多，整个军队被迫停止前进；而此时，中国人正兴奋地准备着反击方案，其中包括夺回香港岛，然后将那里的欧洲人杀得片甲不留。

将璞鼎查爵士派往中国的目的是纠正义律的错误，可是在
1842年初，他很不情愿地发现自己陷入了和义律相同的处境，也
就是1840年出现的那种僵局：军队散落于沿海各地，疫情拖延了
行军步伐，英军无法对中国人发起致命一击。既然待在舟山也无济 219
于事，璞鼎查将军队留在原地，独自返回了香港。

香港从一开始就存在的混乱情况并没有发生什么变化。1841
年9月，"集市"第二次被火灾夷为平地。同样在9月，军中疫情
恶化，为防止疫情继续蔓延，军中人员不得上岸。11月，天气开
始转凉，士兵的身体素质总体有所改善，但是疾病对于驻留地的存
续而言，仍然是一个严重的威胁。

然而，到目前为止，璞鼎查在中国沿海已有了更多观察，也认
识到了更多的问题，他得出了如下结论：如果消除绝对主权的障
碍，那么占领香港岛就并不像伦敦方面普遍认为的那样毫无价值。
1842年2月，虽然没有就这个问题公开出台政策，但他透露他未
来的打算是将商务监督署从澳门迁至香港。

二　长江沿海的对峙—《南京条约》的签订— 香港被英国殖民统治后的第一个关键年份

1842年3月，中国人认为自己足够强大，可以向英国开战，
于是发起了武力反抗，试图从英国人手中夺回宁波和定海。英国士
兵的身体素质在天气凉爽的月份发生了明显改善，他们击退了中国
人的进攻，然后他们乘胜追击，进入了内陆。在接下来的一个月
里，吴淞和上海沦陷，中国因此取消了向香港进军的计划，原计划
进攻香港的军队也被迅速转移到了大陆的中部地区。7月，英国人
攻占了长江沿岸的镇江，它是大运河的起点，大运河为中国北部

（包括北京）提供了大量食物，英国人这一举动为京城敲响了警钟，皇帝极不情愿地下令进行谈判。英国人继续挺进南京这一中国南方的重镇，8 月 11 日，在英国战舰和军队快要攻打这座城市之时，中国人提出求和请求。

璞鼎查的要求很快就被上呈皇帝。在北京，那个皇后与魔镜的童话故事正在上演。魔镜总是告诉皇后她是天底下最美丽的女人，但是有一天魔镜不再说恭维话了。道光皇帝在面对英国人的种种要求时的反应，就和故事中的皇后一样。怀着恐惧、仇恨和复仇的决心，他同意了英国人的要求。

1842 年 8 月 29 日，《南京条约》签订。它的内容包括：把香港岛割让给英国，"今大皇帝准将香港一岛给予大英国君主暨嗣后世袭主位者常远据守主掌，任便立法治理"。英国人不必就其在香港的贸易活动向中国支付税费与其他杂费。开放广州、厦门、福州、宁波、上海为通商口岸。英国人被允许在通商口岸居住，他们接受英国法律的管辖，并由英国女王派驻领事进行管理。调整中国的进出口关税，清政府赔偿英国 2100 万银圆。

从地理意义上讲，中国在条约中做出的让步微不足道：在北京几乎没人听说过的一个石头密布的贫瘠岛屿，还有广州和其他四个遥远港口的五块没人在意的土地及其周边的泥滩和沙洲。初看之下，在地大物博的中国，这种毫不起眼的让步竟然能导致群情激愤，并进而在这个没有发明报纸和收音机的国度引起规模如此之大的民族仇恨，这似乎令人难以置信。但是，我们不要忘了中国人的宇宙观和他们独特的思想境界（对于西方，中国人是另一个星球上的居民）。在这些微不足道的让步（上海因此发展成为世界第五大城市，但此刻这还是一个不为人知的秘密）中，中国"凌驾于其他所有民族，具有不可逾越的至高无上的力量"的思想面临着严峻挑战。现实情况使中国人的传统宇宙观面临威胁。幻想遭到打击，濒临破灭。就像一面破碎的魔镜，虽然它还有几分价值，但那点价值已经不完整了，最终的破灭是无法避免的。

1843 年 6 月，皇帝的代表是耆英，他是一位高级满族官员。担任着琦善当年的角色——皇帝和外国人之间的调节者，他来到香港进行条约换文。他受到了璞鼎查爵士的热情接见和招待（对于一位中国官员来说，这是一个新的竞技场，但似乎没有人认为这是一个奇怪的选择），璞鼎查极力给他留下好印象，希望在未来建立友好的中英关系。之后，璞鼎查宣誓成为第一任港督，他同时也是英国派驻中国的第一位终身大使。

在不到一个月内，"香港热症"再次袭来，死亡人数急剧上升。驻军某个团在六周的时间内就失去了 100 名士兵。所有尚未传染的人都成群结队地撤离香港前往澳门。到 8 月时，形势已经十分严峻，就连璞鼎查本人也为了宜人健康的气候渡海前往澳门这个葡萄牙人驻留地，并在那里待了几周。9 月，大批人死于热症，其中便有义律的幕后智囊、为人谦逊的马儒翰，他的遗体被运至澳门，葬在他父母的旁边。

《南京条约》中的通商口岸的前景也不乐观。强烈的仇外情绪席卷中国，但也有少数几处保持了克制，其中之一便是上海，这个新兴的国际通商口岸起了示范的作用。厦门、福州和宁波作为通商口岸的商业价值不高，而广州的仇外情绪极其强烈，根本不可能在那里执行条约中的内容，那里的外国人仍旧只能住在旧商馆区。

当冬季再次来临时，驻扎香港岛的英军的健康状况出现好转。1844 年春天，在香港定居的各国居民意识到，不管这个刚开始接受英国殖民统治的地区是多么的危险与令人不适，也不管它面临的危机和不确定性有多大，他们都必须共同忍受。因此，许多在离开

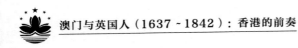

澳门一事上摇摆不定的人现在都将办公地点迁到了香港，宽敞凉爽
223 的住宅则被留在澳门，成为度假或者躲避对身体不利的香港炎热夏
季的居所。许多待在澳门的葡萄牙人也前往香港开设自己的公司，
或在香港的政府或商业机构中谋职。还有人前往北边的通商口岸，
他们去得最多的是上海。

　　随着人口的流动，未来发展中的一个方面已经变得十分清晰
了。不管他们在中国会遇到怎样的困难（可以肯定的是困难将只
多不少），大规模地返回澳门是没有可能的了。作为葡萄牙人的驻
留地，澳门打开了中西方思想交流的小门，并使这个门敞开好几个
世纪，无论这种思想交流是多么的零碎。澳门已经完成了这一历史
使命。中欧关系的新时代已经开启，澳门不再是西方通往中国的唯
一门户。向东 40 英里，越过河流和岛屿，铮铮的凿石之声正在将
224 香港的花岗岩变成高楼大厦的基石，那里声响阵阵，不绝于耳。

参考文献

　　本书中涉及澳门内部环境的许多资料都来源于口述传统。在描述安森的经历时，我得益于迄今为止尚未出版的中文史料。在白乐嘉所拥有的资料中，我亦受惠于第101页引用的韦尔斯利先生的信件，此信的原件被收藏在大英博物馆，它在本书中首此以印刷形式被公布出来。其他背景资料则来自《广州纪录报》和《中国丛报》，以及一些早期在澳门出版的宽幅印刷品和报纸。

　　主要参考书目如下所示。

直接相关的出版物：

HELEN AUGUR：*Tall Ships to Cathay*，Doubleday，New York，1951.

E. W. BOVILL：*George Chinnery（1774–1852）*，Notes and Queries，New Series，Vol. I，Nos. 5 and 6，May – June I954，London.

C. R. BOXER：*Fidalgos in the Far East，1550 – 1770*，Martinus Nijhoff，The Hague，I948.

J. M. BRAGA：*The Western Pioneers and Their Discovery of Macao*，

Imprensa Nacional, Macao, 1949.

WILLIAM WARDER CADBURY and MARY HOXIE JONES: *At the Point of a Lancet*, Kelly and Walsh, Shanghai, 1935.

MAURICE COLLIS: *The Great Within*, Faber, London, 1941; *Foreign Mud*, Faber, London, 1946.

E. J. EITEL: *Europe in China*, Kelly and Walsh, Hongkong, 1895.

G. B. ENDACOTT: *A History of Hong Kong*, Oxford, 1958.

SIR WILLIAM FOSTER, C. I. E. : *British Artists in India*, Journal of the Royal Society of Arts, London, May 1950.

MICHAEL GREENBERG: *British Trade and the Opening of China, 1800–42*, Cambridge, 1951.

WILLIAM HICKEY, *Memoirs of (1749–1775)*, edited by Alfred Spencer, Hurst and Blackett, London, 1919.

WILLIAMC. HUNTER: *Bits of Old China*, Kelly and Walsh, Shanghai, 1911 (first published Kegan Paul, London, 1885); *The 'Fan Kwae' at Canton before Treaty Days, 1825–1844*, The Oriental Affairs, Shanghai, 1938 (first published 1882).

P. C. KUO, A. M. , Ph. D. (Harvard): *A Critical Study of the First Anglo-Chinese War*, Commercial Press, Shanghai, 1935.

ANDREW LJUNGSTEDT: *An Historical Sketch of the Portuguese Settlements in China*, James Munroe, Boston, 1836.

C. A. MONTALTO DE JESUS: *Historic Macao*, Salesian Printing Press, Macao, 1926 (first edition 1902).

ROBERT MORRISON, D. D., *Memoirs of*, compiled by his widow, Longman, Orme, Brown, Green, and Longmans, London, 1839.

HOSEA BALLOU MORSE, L. L. D.: *The Chronicles of the East*

India Company Trading to China, *1635–1834*, Oxford, 1926–9, 5 vols.; *The International Relations of the Chinese Empire*, Vol. I, Kelly and Walsh, Shanghai, 1910; Vol. II, Longmans Green, London, 1918.

PETER MUNDY, *The Travels of, in Europe and Asia*, *1608–1667*, Vol. III, Parts I and II; edited by Lt.-Col. Sir Richard Carnac Temple, Bt., C.B., C.I.E., F.S.A., Hakluyt Society, London, 1919.

GIDEON NYE, JR.: *The Morning of My Life in China*, Canton, 1873.

G. R. SAYER: *Hong Kong, Birth, Adolescence, and Coming of Age*, Oxford, 1937.

SIR GEORGE STAUNTON, BT.: *An Authentic Account of an Embassy from the King of Great Britain to the Emperor of China*, London, 1797.

FREDERICK WELLS WILLIAMS: *The Life and Letters of Samuel Wells Williams*, Putnam, New York, 1889.

其他有帮助的出版物:

C. R. BOXER: *The Christian Century in Japan*, *1549–1650*, University of California Press, 1951.

The Cambridge History of India, edited by H. H. Dodwell, M.A., Vol. V, 'British India,' 1497 – 1858, Cambridge, 1929.

KEITH FElLING: *Warren Hastings*, Macmillan, London, 1954.

C. P. FITZGERALD: *China, A Short Cultural History*, The Cresset Press, London, 1935.

L. CARRINGTON GOODRICH: *A Short History of the Chinese People*, George Allen and Unwin, London, 1948.

DENNIS KINCAID: *British Social Life in India*, *1608–1937*, George Routledge, London, 1938.

H. V. LIVERMORE：*A History of Portugal*，Cambridge，1947.

FELIX ALFRED PLATTNER：*Jesuiten zur See*，translated from German by Lord Sudley and Oscar Blobel，as *Jesuits Go East*，Clonmore and Reynolds，Dublin，1950.

ARNOLD H. ROWBOTHAM：*Missionary and Mandarin*，University of California Press，1942.

G. B. SANSOM：*The Western World and Japan*，The Cresset Press，London，1950.

C. R. WURTZBURG：*Raifles of the Eastern Isles*，Hodder and Stoughton，London，1954.

GREGORIO F. ZAIDE：*The Philippines since Pre-Spanish Times*，R. P. Garcia Publishing Co.，Manila，1949.

索 引

Abeel, David, American missionary, 149

Africans, runaway slaves 4, 13, 21, used as executioners 68

Alvarenga, Lucas José, Governor of Macao, 113

American Independence, War of, 76, 124

Americans, in China trade, 124–5, 130, 132–5, 142, 143, 144–6, doctors and missionaries 149–151, in opium 168, 187, 191–2, 200–1

Amherst, William, Earl of, 119–122, 160, 167, 172

Amiens, Peace of (1802), 94

Amoy, as place of trade, 34, 35, 37, 41, 83, 205, 219, as treaty port 222, 223

Andromache, H.M.S., 165

Anson, Capt. George, R.N., 48–55, 102, 116, 136, 164, 209

Anunghoi Fort, 7, 21, 51, 52

Arriaga, Miguel de, Judge (ouvidor), 96–101

Arrogant, H.M.S., 92

Assis Pacheco e Sampaio, F.X., 86, 88

Astell, J. H., secretary to Napier mission, 161, 162

Bankruptcies, 40, 72, 74, 76, 118

Baynes, William, E.I.C. super-cargo, organizes trade embargo 154, takes wife to Canton 155–7, dismissed 157, and Hongkong 191

Beale, Daniel, Prussian Consul, 72–3, 127, 140

Beale, Thomas, 73, Prussian Consul 127, 130, 140–1

Beale and Magniac, 111, 127

Bocca Tigris, 4, 7, 51, 165, 197, 205

Bremer, Commodore Sir J. J. G., 203, takes possession of Hongkong 207, 209, 214, 215

Bridgman, Elijah, American missionary, 149, 151

Broker system at Canton, 40, 41, 43

Caine, Capt. William, 213

Camara Noronha, Domingos da, Captain-General of Macao, 1, 3, 18, 21, 25

Camões, Luis Vaz de, poet, in Macao 1557, 77

Canton, Treaty of, 212

Canton Register, 148, 213

Casa Branca, Mandarin of the, 42–3, 68–70, 99, 193, 194, 196, 206

Casa Garden, 77, 161

Cathcart, Col. Charles, appointed Ambassador to China, 83–4, 100

Centurion, H.M.S., Anson's flagship, 48–9, 51, 52, 53

Chang Tê, Ming Emperor (1506–22), 86

Charles I, of England, 1

Chia Ch'ing, Emperor (1796–1820), 94, 95, 106, 119–122, 123

Ch'ien Lung, Emperor (1735–95), 48, 58, 60, 86, 88–91, 103

Chinese Repository, 149

Ch'ing dynasty (1644-1912), 29, 34

Chinnery, George, artist, 147–8, 149, 156, 194

Chuenpé, 1st battle of 198–200, 201, 2nd battle of 205–6, 3rd battle of 209

Chusan, as place of trade, 87, 89, seized during Opium War 203, 204, 206, 207, 219, 220

---

* 本索引中页码为原书页码（即本书页边码）。

Co-Hong, 43, 44, 45, 55, 74, 76, 159, 171, 175, 177, 181

Colledge, Thomas, E.I.C. surgeon, 149, 156, 162, 166, 167

Compagnie de la Chine, 46, 60, 61

Consuls (honorary), 71–4, 136, 139, 141, 158

Cosmology, 29–31, and commerce 33, 64, and the sea 33, and emigration 37–8, and foreign residence 45–6, and navies 50, and foreign women 59, 148, 155

Cotton goods, 42, 64, 123, American cotton 125, 130, 131

Country trade, basis of, 62–4

Cox, James, East India merchant, 72

Cox, John Henry, at Canton, 72–3, 111, 140

Criminal law (Chinese), 67–9, 77–8, 80, applied to Americans 133–4, 196–7

Cushing, John Perkins, American merchant and Consul, 109, 140

Danes, in China trade, 39, 60, 64, 76

Davis, Sir John Francis, subs. Governor of Hongkong, 161, 164, 166, as Chief Sup't of Trade 168, 169

Defence, E.I.C. ship, 35, 36

Dent, Lancelot, 162, 164, 166, 185

Dent and Co., 139, 162

Drury, Rear-Admiral William, 94–100, 102, 111, 126, 165

Dundas, Henry, later Viscount Melville, 81–6, 91, 117

Dutch, in China trade, 29, 39, 42, 46, 60, 65, 76, 78, 93, 124

East India Company, 28, 34, 35, 46, 47, 57, 60, resident at Macao 61, basis of its trade 61–4, and opium 65–7, 69, designs on Macao 77–9, moves to protect Macao from French 92–100, patron of Chinese studies 104,

opposition to missionaries 107–8, abolition of Indian monopoly 113, and Malwa opium 126–7, 130, and Chinese emigrants 132, opposed to bonds 136, 140, 154, 158, China monopoly abolished 159

Eight Regulations, 58–60, 148

Elliot, Capt. Charles, R.N., in Napier mission 161, 165, becomes a Sup't of Trade 168, 169, head of mission 170, 175–198, conduct of Opium War 199–214, dismissal 214–7, 218

Elliot, Rear-Admiral George, plenipotentiary in China, 203, 205

Ellis, Henry, E.I.C. supercargo, 120

Embassies to China: British 83–92, 119–120; Dutch 28–31, 85, 86; Portuguese 86–7; Russian 86; and the cosmology 29–31, 85; and the kowtow 30–31, 86–8, 119–20

Emigration, 37–8, Chinese wave of 130–1

Empress of China, 124

Factories, at Canton, 45, life in 146–7, looted 211

Faria, Sir Roger de, Bombay merchant, 127

Foochow, as place of trade 37, as treaty port 222, 223

French, in China trade, 31–4, 46, 57, 60, appoint a Consul at Canton 71, 76, 78, 93, 100, 124

French Revolution, 83

George III, of England (1760–1820), 88, 89

George IV, of England (1820–30), 112, as Prince Regent 121

Godowns, 130–1

Gützlaff, Charles, missionary, 149–50, 151

Hastings, Warren, Governor-General of India, 78, 100

Heath, William, master of *Defence*, 35, 36

Hongkong, ix, 119, 169, 184, 191–2, 195–8, 200, 203, offered as depot by Kishen 205, 206, Bremer takes possession of 207, 209, 212 *et seq.*

Hoppo (Kwangtung Customs Commissioner), 43, 44, 55, 58, 59, 74, 76, 87, 90, 123

Howqua, senior Hong merchant, 135, 140, 145, 146, 147, provides house for Canton Hospital 149, 162, 195–6, on Elliot 216–7

Huc, Abbé, 217

Hunter, William C., 130, 144–5, 148, 157, 163, 180

Hyacinth, H.M.S., 197–9, 201

Imogene, H.M.S., 165

Innes, James, merchant, 139, 142, 151, 165, 180

Japan trade, with Macao, 3, 4, 21, 24, 25, 28, 41

Jardine, William, 141, 143, interest in medical services for Chinese 149, invites Gützlaff to be interpreter 150, 151, 153, 154, 158, 159, called in as surgeon to attend Dr. Morrison 163, advising Lord Napier 161–7, 168, 169, 170, in England 201, advises Palmerston 202, 215

Jardine, Matheson and Co., 142, 150, 162, 171

Jesuits, 1, 2, 21, 22, 28, 31, 32, 33, 34, 41, 54, 104, 110

João V, of Portugal, 86

Johnston, Alexander R., subs. Colonial Secretary of Hongkong, 161, 169, 170, appointed to administer Hongkong 213, 219

K'ang Hsi, Emperor (1662–1723), 32, 33, 38, 41, 47, 54, 121

Kishen, Governor of Chihli, 203, of Kwangtung 204, negotiations with Elliot 204–9, disgraced 210, 212, at Lhasa 217

Kiying, Imperial representative, 223

Kwan Ato, first Chinese trained in Western medicine, 149

Kwan T'ien-pei, Admiral, 197–9, 206, 209

Lady Hughes, country ship, 79–80, 134

Lamqua, artist, 149

Lantao Island, 133, 169

Lemos Faria, Bernardo Aleixo de, Governor of Macao, 95–9

Leslie, Abraham, E.I.C. surgeon, 78

Lin Tse-hsü, Imperial High Commissioner, 182–201, Governor of Kwangtung 201, dismissed 204, 205, 206, 207–9, 210

Lintin, 21, as opium depot 126–7, 133, 134, 135, 137, 138, 144, 154, 168, 170, 177 *et seq.*

Lion, H.M.S., 87

Livingstone, John, E.I.C. surgeon, 148, 149

Lodgers, in Macao, 44, 45, 56, law against rescinded 60, 62

London, voyage of under charter (1635), 7

London Missionary Society, 107, 109, 112

Louis XIV, of France, 31, 54

Louisa, Elliot's cutter, 165, 170

Low, Abigail, wife of William Low, 155–7

Low, Harriet, portrait by Chinnery 147, visit to Canton 155–7

Low, William, partner in Russell and Co., 155, 156

Macartney, George, Viscount, 84–91, 92, 103, 116, 117, 122, 160

Macclesfield, E.I.C. ship, 35, 36, 37, 63

Magniac and Co., 139–42, centre of anti-Company views 143, 154

Mandarinate, 6, 51, 53, 103, 116, 172

Mascarenhas, D. Pedro, Viceroy, 47

Matheson, James, 135–7, 138, 139, 141, 142, 143, 148, 151, 153, 154, 161, 162, 165, in England 170–2, 181, 187, 201, 202, 214

Meneses, D. Luis de, Viceroy, 43

Metello de Sousa e Meneses, D. Alexandre, Ambassador to China, 86

Milne, William, missionary, 113, education work in Malaya 114, 150

Ming dynasty (1368–1644), 24, downfall of 34, voyages abroad during 37

Minto, Gilbert Elliot, Earl of, Governor-General of India, 94, 113

Morrison, John Robert, 162, 175 *et seq.*, 198, 207, 209, 213, 218, death of 223

Morrison, Mary, *née* Morton, 1st wife of Dr. Robert Morrison, 112, 113, death of 118

Morrison, Robert, Hon. D.D., missionary, 107–114, as Company interpreter 114–8, with Amherst mission 119, 121, 125, 127, 135, 138, 147, 148, 149, 151, 152, 154, 156, 158, 160, given rank of vice-consul 161, 162, death of 163

Mountney, John, accountant in Weddell's voyage, 1–27

Mundy, Peter, diarist, factor in Weddell's voyage, 1–27, 54, 55

Nanking, Treaty of, 222

Napier, Lord, Chief Sup't of Trade, 159–167, 168, 170, 172, 178

Napoleon, on St. Helena, 122, 132

Napoleonic War, 94–101, 130

Ningpo, as place of trade, 37, 87, 89, 219, 220, as treaty port 222, 223

Norette, Paulo, interpreter, 8–24, 114

Nye, Gideon, American trader, 180

Opium, 42, 47, 64–7, 72–3, 84, 111, 123 *et seq.*, expansion of trade in 168 *et seq.*

Opium clippers, 142, 168, 173

Opium War (1839–42), 197 *et seq.*

Padroado, 32

Palmerston, Lord, Foreign Secretary, 91, 160, 161, 167, 169, 170, 171, 175–9, 181, 186, 198, advised by Jardine, 202, 203, 207, 208, dismisses Elliot 214–5, 216, 218

Panton, Capt. John, R.N., 76

Parker, Dr. Peter, subs. American Consul, 149

Pearson, Alexander, E.I.C. surgeon, 104, 111, 148

Pensioners, 104, 111, 141

Pigou, W. H., Pres. of Sel. C'ttee, 79–81

Pitt, William, Prime Minister, 81

Plowden, Chicheley, Pres. of Sel. C'ttee, 154, 155

Pottinger, Sir Henry, subs. Governor of Hongkong, 214, 218–223

Reboredo, Fr. Bartolomeu de, S. J., 21, 22.

Reid, David, country trader, 73

Reid, John, Austrian Consul, 71

Return, E.I.C. ship, 28

Rhubarb, 35

Ricci, Fr. Matteo, S.J., 32, 85

Roberts, John, Pres. of Sel. C'ttee, 98–9, 110, 111

Robinson, Sir George, Bt., Sup't of Trade, 161, 168, 169, 170, 175

Robinson, Thomas, interpreter in Weddell's voyage, 1–27
Russell and Co., 139–140, 144, 146, 155, 157, 200

Schall von Bell, Fr. Adam, S.J., 33
Schneider, Charles, country trader, 73
Scott, Francis, murder case, 69–70
Security system, 49–50
Select Committee (senior super-cargoes of E.I.C.), 62–3, and country traders 70–75, reactions to British measures to protect Macao from the French 92–5, orders to hold church services ignored 113, nearing demise 158
Seven Years' War, 57, 58, 61
Shanghai, 220, as treaty port, 222–4
Shaw, Major Samuel, American Consul to China and India, 124–5
Silk, 34, 37, 42, 63, 83, 84, 130
Silveira Pinto, Adrião Accacio da, Governor of Macao, 184, 187, 188, 192–6, 200
Singsongs, 71–2, 85, 111, 118
Smith, George, country trader, 70, 71, 73, 79, 80, 139
Spaniards, in China trade, 39, 63, 93, 124
Staunton, Sir George, Bt., secretary to Lord Macartney, 87, 88
Staunton, Sir George, Bt., subs. M.P., page to Lord Macartney 88, first E.I.C. Chinese inter-preter 103–4, 108, 110, 112, 114–6, 117, with Amherst embassy 119–121, criticizes Palmerston's measures 159, 160
Swedes, in China trade, 39, 60, 64, 76, Americans take over Swedish factory at Canton 125

Taiwan (Formosa), 34, 65

Tao Kuang, Emperor (1821–50), 175, 176, 182, 183, 188, 200, 203–4, 209, 213, 222
Tea, 8, 34, 37, 42, 63–4, 83, 84, 123, 124, Americans in trade 125, 130
Têng Ting-chên, Governor of Kwangtung and Kwangsi, 176–9, 182, 186, 197, replaced 201, 204, 205, 206
Thomas Coutts, 197
Tientsin, 87, 209
Topaz, H.M.S., 134
Trident, 107, 109

Vachell, George, E.I.C. chaplain, 156
Verbiest, Fr. Ferdinand, S.J., 32, 33, 34
Vernon, Rear-Admiral Sir Edward, 74
Victoria, Queen, 201–2, 215–7
Volage, H.M.S., (Capt. Smith, R.N.) 197–9
Voltaire, 82

Walter, Richard, Anson's chaplain, 53, 104
Weddell, John, 1–27, 35, 36, 102
Wellesley, Sir Arthur; see Welling-ton
Wellesley, Richard, Marquess, Governor-General of India, 92–4, 100
Wellington, Arthur Wellesley, Duke of, 95, 171, 175
Wells Williams, Samuel, missionary, 150–1, on Robert Morrison 163, on Elliot 175, on Lin Tse-hsü 183, 184, 203, on Elliot's tactics 211, 216
Woollen goods, 64, 130, 131

Yankee clippers, 142
Yin Kuang-jen, 51, 52
Yung Chêng, Emperor (1723–35), 47, 65, 123

译后记

本书的翻译工作在历时两年后，终于在各方的共同努力之下完成了。

老子云："九层之台，起于累土"。本书作为早期澳门学重要研究成果，其翻译的完成离不开许多人士为此做出的贡献，在此特表谢意！

首先需要感谢澳门特别行政区政府文化局的黄文辉先生。2015年5月，译者代表暨南大学港澳历史文化研究中心，在与澳门特别行政区政府文化局共商合作开展研究工作时，商定了翻译名著一事。此后，黄文辉先生积极推动翻译工作的开展。在翻译工作进行过程中，该局关慧斌女士积极协助，并审校部分译稿。

其次需要感谢本中心的翻译团队。该团队由暨南大学港澳历史文化研究中心叶农教授领衔，团队成员包括暨南大学外国语学院大学英语教学部英语翻译专业硕士研究生毛瑶瑶、张婧、周润方。具体分工为：毛瑶瑶负责翻译"导言"、第一章第一节至第五节、第二章第八节至第十四节、第四章、第六章、第八章第一节至第二节、第十章、第十二章、第十四章；张婧负责翻译第二章第一节至第七节、第三章第七节至第十一节、第七章、第九章、第十一章第一节至第四节；周润方负责第一章第六节至第十一节、第三章第一节至第六节、第五章、第十一章第五节、第十三章。暨南大学外国语学院大学英语教学部胡慕辉副教授提供了翻译指导。

　　最后需要感谢社科文献出版社编辑廖涵缤女士为本书译稿提出的许多修改意见，以及北京外国语大学博士研究生黄畅女士对译稿第三章、第四章、第五章、第六章、第七章、第八章、第十章、第十一章、第十三章、第十四章的校读。

译　者

二〇一七年二月五日于广州暨南园

图书在版编目（CIP）数据

　　澳门与英国人：1637~1842：香港的前奏／（英）
高志（Austin Coates）著；叶农译．－－北京：社会科
学文献出版社，2017.11
　　书名原文：Macao and the British，1637~1842：
Prelude to Hong Kong
　　ISBN 978－7－5201－1066－2

　　Ⅰ.①澳… Ⅱ.①高…②叶… Ⅲ.①澳门－地方史
－1637－1842②中英关系－国际关系史－1637－1842　Ⅳ.
①K296.59②D829.561

　　中国版本图书馆 CIP 数据核字（2017）第 164057 号

澳门与英国人（1637~1842）：香港的前奏

著　　者／〔英〕高　志（Austin Coates）
译　　者／叶　农

出 版 人／谢寿光
项目统筹／高明秀　王晓卿
责任编辑／王晓卿　廖涵缤

出　　版／社会科学文献出版社·当代世界出版分社（010）59367004
　　　　　地址：北京市北三环中路甲 29 号院华龙大厦　邮编：100029
　　　　　网址：www.ssap.com.cn
发　　行／市场营销中心（010）59367081　59367018
印　　装／北京季蜂印刷有限公司

规　　格／开　本：787mm×1092mm　1/16
　　　　　印　张：16.25　字　数：207 千字
版　　次／2017 年 11 月第 1 版　2017 年 11 月第 1 次印刷
书　　号／ISBN 978－7－5201－1066－2
定　　价／66.00 元